山西明清寺观壁画的内蕴与社会潜流研究

史宏蕾 ● 著

中国科学技术出版社
·北京·

图书在版编目（CIP）数据

山西明清寺观壁画的内蕴与社会潜流研究 / 史宏蕾著 . -- 北京：中国科学技术出版社，2025.1
ISBN 978-7-5046-9347-1

Ⅰ. ①山⋯ Ⅱ. ①史⋯ Ⅲ. ①寺庙壁画—研究—山西—明清时代 Ⅳ. ① K879.414

中国版本图书馆 CIP 数据核字 (2021) 第 246173 号

策划编辑	王晓义
责任编辑	杨　洋
封面设计	中文天地
正文设计	中文天地
责任校对	焦　宁
责任印制	徐　飞

出　版	中国科学技术出版社
发　行	中国科学技术出版社有限公司
地　址	北京市海淀区中关村南大街 16 号
邮　编	100081
发行电话	010-62173865
传　真	010-62173081
网　址	http://www.cspbooks.com.cn

开　本	787mm×1092mm　1/16
字　数	289 千字
印　张	16
版　次	2025 年 1 月第 1 版
印　次	2025 年 1 月第 1 次印刷
印　刷	河北鑫玉鸿程印刷有限公司
书　号	ISBN 978-7-5046-9347-1 / K·391
定　价	128.00 元

（凡购买本社图书，如有缺页、倒页、脱页者，本社销售中心负责调换）

序 言

40多年前，我在研究敦煌壁画中的科技运用时指出：敦煌壁画反映了我国古代近千年的文化和艺术的发展，也反映了科学技术的进步。敦煌壁画可以称为古代科技的画廊，许多内容反映出我国古代科学技术的伟大成就，具有重要的科学技术史研究价值，其他地区的古代绘画亦是如此。

山西大学科学技术史研究所史宏蕾教授即将出版的《山西明清寺观壁画的内蕴与社会潜流研究》就是一部以山西明清时期寺观壁画图像进行综合研究的科技史专著。

山西是中华民族文明的重要发祥地之一，历史传承灿烂悠久，文化遗产博大丰厚。根据山西省文物局的调查统计，山西省现存古建筑28027处，其中元代以前的建筑占到全国同期建筑存量的75%以上，是全国古建筑存量最多的省份。从古建筑的附属文物角度来看，山西省现存彩塑12700余尊，现存壁画共27259多平方米，其中寺观壁画面积居全国之首。特别是明清壁画的数量之多、内容之广、艺术之精，在全国首屈一指，享有美誉。其中壁画图像描绘的世俗场景体现出纷繁多样的古代物质文化遗产，其中既有精彩的造型语言，也有大量的自然科学价值，同时也是山西省地域科技文化与社会潜流的内在表征，是中国古代科技与文化的一座天然宝库。

本书的"绪论"对该书的创作意义和理论依据、国内外研究动态以及所采取的研究方案、研究方法以和创新之处进行了介绍。核心内容分七章，从农业、计量工具、医学、民俗四个方面对山西明清寺观壁画蕴含的历史、文化和科技价值进行了挖掘和提炼。第一章总体介绍研究稷益庙壁画的价值；第二章研究壁画中的农业耕种机械，以新绛稷益庙和太原王家庄六郎庙为案例，通过田野考察对其所蕴含的艺术与科技特征进行综述，尤其是作为以祭祀为主的壁画背景与地域农业灾害史的密切交融性是其本质表征；第三章研究壁画中的收割工具及场上作业工具，并对"砘磟图"的工作原理和其在北方地区的功能与应用进行阐明；第四章考证粮食精加工机械，主要对踏碓和石磨的结构与力学关系进行诠释；第五章延伸至与农业关系重大的计量工具，主要是斗的样式形成与古代量具类型的变迁；第六章关注与普通民众特别是广大农民生活息息相关的医学祛病，从壁画中"五瘟神"图像来源推断出"瘟疫"的传播途径与传播源的关系，通过"人畜同身"的浪漫化艺术处理推断出"畜瘟"与"人畜共患"的瘟病来源以及瘟疫带来的社会恐慌；第七章从社会民俗意蕴方面探讨寺观壁画在历史沿革中存在的必然性。

本书主要有以下五个特色：

第一，注重实地调查。如"绪论"中所列，作者自1998—2016年田野考察山西明清寺观壁画共30余处，涉及运城、晋城、临汾、吕梁、长治、晋中、太原、忻州、朔州、大同多个市区，可见作者实地调查之广，用功之勤。"绪论"中还提到数据库的建立，本书写作的前期准备中，对山西寺观壁画进行收集整理，共整理寺观达200余座，图片资料8000余张。所建立的山西寺观壁画研究平台与数据库，不仅为后期全面启动山西寺观壁画复原工程提供了参考，也为本书的创作提供了图像资料。

第二，内容丰富。明清时期，绘画上承宋元之法度，为中国美术发展过程中集大成之时代。而山西明清寺观壁画艺术为中国美术史的研究提供了确凿而又绝对可靠的实物材料，为我们认识、了解这一时期艺术的真实面貌提供了详细的资料。就山西省明清时期的壁画来说，所具有的科技内容丰富多彩，作者通过系统梳理探讨，揭示其中的科学内涵，探索科学与艺术之关系，以期为系统学的基础科学建设提供案例，为壁画艺术研究提供新思路。

第三，对新材料的首次挖掘。作者是有较高水平的绘画艺术家，既有中国传统绘画的艺术修养，又有科学技术史研究方面的专业训炼。随着作者对壁画的深入解读，发现图像中包含着大量古代的科技信息，给古代科学史的研究提供了新的研究史料，同时还开辟了新的研究领域，使图像学研究在科技史学科领域得到拓展。在对科技画面进行具体论述时，作者首先对多种图像资料进行认真调查、细致辨析和相互对比，再沿着法脉传承之线，把山西和其他地区的相关资料贯穿起来，要言不烦地进行介绍，偶而穿插一些画龙点睛式的评议。仅就此点来说，本书就具有很高的创造性。

第四，兼收并蓄。在一部专著中，作者的挖掘和研究无疑是最主要的工作，尤其是学术研究更是如此。但同时也要善于吸收国内外学者的相关研究成果，使其专著更趋完善。本书不仅有出自作者调查考证所得的第一手资料和新见解，同时也引用吸纳和总结了国内外专家、学者对山西寺观壁画中与科技有关的研究成果。在各个专题的论述中，所涉及的内容远远超出了"山西""明清"的地域和时代范围，所有这些都显示出作者跨学科和在科技史方面的修养和训练。对具体个案作了系统深入的阐释，内容丰富，见地精湛，且始终融会贯通地关照到壁画中涉及的宗教、政治、科技、文化、社会生活等方面，让更多人了解山西明清寺观壁画中所蕴含的信息。

第五，图文并茂。本书收录的插图多达360余幅，图文并茂，雅俗共赏。本书作为科技史与艺术史的交叉研究课题，能够更大程度还原古代壁画创作中的文化价值，这将给山西地方科学技术史研究领域之一的"艺术中的科学"提供一个典型具体的案例，而且丰富了艺术、历史和考古学的历史图像史料。

受篇幅和时间的限制，本书对一些内容的描述和分析还存在不足，有待继续研讨。学术研究永无止境，需要不断探索，相信这些都会在作者以后的研究中得到进一步的升华。

2012年，中国社会科学出版社出版了作者的处女作《神祇众相——山西水陆寺观壁画中的艺术与科技价值》，经过10年蕴蓄，作者关于科学技术史方向的专著《山西明清寺观壁画的内蕴与社会潜流研究》也将出版，十年磨一剑，这是作者对山西寺观壁画中的艺术与科技价值不断探索凝缩的成果。毫无疑问，本书对中国科技史的研究有很大帮助，是一部不可多得的好书。这部作品的成就与贡献、意义与影响，是不言而喻的。我相信它一定会受到广大读者的喜爱。因此，我乐意向广大读者推荐此书，是为序。

王进玉
2022年新春于敦煌

目 录

绪 论 ... 1

第一节 社会史研究概述及在壁画艺术中的文化再现 ... 1
一、山西明清寺观壁画现状概述 ... 1
二、研究地区为山西的依据 ... 5
三、研究对象为寺观壁画中科技文化的依据 ... 7

第二节 国内外研究动态概述 ... 9
一、国内专题研究的代表性著作及论文 ... 9
二、国外对中国寺观壁画专题性研究的代表性研究成果 ... 11
三、国内对壁画与科技史的研究现状 ... 12
四、山西寺观壁画与科技史的专题研究 ... 12

第三节 研究方案、研究方法和创新之处 ... 13
一、研究方案 ... 13
二、研究方法 ... 14
三、创新之处 ... 14
四、阶段成果与新认识 ... 16

第一章 稷益庙壁画研究综述 ... 18

第一节 晋南稷王文化 ... 22
一、稷王文化的地望归属和相关历史考证 ... 22
二、晋南稷王文化遗存状况调查研究 ... 26

第二节 稷益庙的艺术特征及其相关文化内涵 ... 30
一、稷益庙的历史沿革与遗存状况 ... 30
二、稷益庙壁画与稷王文化研究 ... 31
三、稷益庙壁画的内容考释与构图语言特征 ... 32
四、稷益庙壁画的民俗艺术特征 ... 41

第二章 农业耕种机械研究 ... 49

第一节 壁画田野考察及农业科技相关背景 ... 49
一、稷益庙与六郎庙壁画的背景考察 ... 49
二、祭祀与农业灾害研究 ... 51

第二节 两殿明代壁画的农业科技与文化信息 ... 55
一、稷益庙壁画的农具内容研究 ... 55
二、六郎庙壁画的农具图像 ... 56
三、稷益庙《烧荒狩猎图》原始农具研究 ... 57
四、犁耕方式的发展与《耕牛图》的演变 ... 58
五、耒耜图研究 ... 60
六、从耒耜到耕犁释疑 ... 63

第三节 《耕牛图》研究 ································· 67
　　一、"二牛抬杠"图像考辨 ························· 67
　　二、"二牛抬杠"演化图表 ························· 68
　　三、力学视野下的"二牛抬杠" ····················· 71
第四节 "上曲辕犁"的结构功能剖析 ····················· 73
　　一、稷益庙壁画中"上曲辕犁"的结构功能解析 ······· 73
　　二、六郎庙壁画中"上曲辕犁"的结构功能解析 ······· 75
　　三、牵引工具的改良与发展 ······················· 81
第五节 中耕工具与旱地保墒技术研究 ····················· 83
第六节 从壁画看山西明代的播种工具 ····················· 89
　　一、山西农作物种植在壁画中的表现 ··············· 89
　　二、《耧种图》的耧车工作原理及演化 ··············· 92

第三章 收割及场上作业工具研究 ························· 97

第一节 收割工具研究 ································· 97
第二节 场上作业工具研究 ····························· 100
　　一、未作《连枷图》的疑问与释义 ·················· 101
　　二、"碌碡图"的工作原理 ························ 104
第三节 天然风能科技的系统研究 ························ 107
　　一、场上扬簸作业中原始风能的开发与利用 ········· 108
　　二、箱柜式风扇车年代释疑 ······················ 112
　　三、汉代出土扇车类型与工艺 ···················· 114

四、汉代出土风扇车类型样式及功能结构……………………………………115
　　五、宋元以后风扇车的记载及物理研究…………………………………………120
　　六、清代"龙王庙"壁画中的卧式风扇车………………………………………126

第四章 | 粮食精加工机械考证……………………………………131

第一节　山西地区踏碓的产生与发展………………………………………………133
　　一、杵臼是踏碓的原型设计………………………………………………………133
　　二、南北朝时期山西踏碓的发展…………………………………………………134
　　三、《农书》典籍中对于踏碓的记载……………………………………………137
第二节　连体式踏碓的结构设计及力学原理………………………………………140
　　一、山西踏碓小考…………………………………………………………………140
　　二、踏碓的力学分析………………………………………………………………141
　　三、明代单栏杆踏碓考辨…………………………………………………………142
第三节　分体式踏碓的结构设计及力学原理………………………………………143
　　一、"踏碓图"比较………………………………………………………………143
　　二、明代山西寺观壁画踏碓的流变………………………………………………145
第四节　石磨工艺的发展与圆形石磨的力学分析…………………………………147
　　一、山西圆形石磨的形成…………………………………………………………147
　　二、石器时代石磨的功能与作用…………………………………………………149
　　三、圆形石磨技术的发展与成形…………………………………………………149
第五节　石磨及力学分析……………………………………………………………151
　　一、单人手推卧式磨的工艺分解及历史沿革……………………………………151
　　二、从"二人推磨"的农具定型到"二鬼推磨"的力学分析……………………154

| 第五章 | 计量工具研究 ················· 159

第一节　物理计量的变迁与壁画中器具的交集 ················· 159
第二节　斗的样式形成与时代流变 ················· 161
第三节　山西寺观壁画斗的样式与工具 ················· 168

| 第六章 | 医学科技与文化考辨 ················· 172

第一节　瘟疫文化的形成与蜕变 ················· 172
第二节　中国古代对"瘟疫"的记载 ················· 173
第三节　古代医学典著对瘟疫的认识 ················· 174
第四节　"五瘟神"之缘起与演变 ················· 175
第五节　古代医学中的"五瘟" ················· 177
第六节　山西佛教水陆画中"五瘟神"造型体系 ················· 179
第七节　瘟神形象与病原体宿主想象 ················· 180
第八节　五瘟神与古代五行医学系统思想 ················· 183
第九节　关于外科医学的图像 ················· 185
　一、关于"折疡"图像 ················· 186
　二、唐宋时期"折疡"病理记载及医治方法 ················· 187
　三、明代"小夹板固定法"在壁画中的表达 ················· 188
　四、虫蛇咬伤的防治 ················· 189

第七章 山西明清寺观壁画中的民俗意蕴
——以太谷圣果寺与河曲观音堂为例 ················ 192

第一节 太谷圣果寺壁画中的民俗价值研究 ················ 194
  一、壁画图像空间意义 ················ 194
  二、地域民俗影响下水陆缘起图像嬗变因由 ················ 196
  三、壁画图像装饰造型表达 ················ 200
  四、生动的世俗情节与民俗价值 ················ 204

第二节 河曲观音堂清代壁画中的多样社会表达 ················ 207
  一、河曲观音堂遗存 ················ 207
  二、"婴戏图"民俗化之滥觞 ················ 208
  三、婴戏图在绘画中的空间意趣 ················ 210

第三节 大同广灵水神堂"百工图"中的晋北民俗意蕴 ················ 215
  一、东壁图像解读与民俗语意 ················ 216
  二、西壁图像释义与工艺描述 ················ 220

第四节 繁峙公主寺壁画中的菩萨璎珞工艺 ················ 223
  一、公主寺壁画概述 ················ 224
  二、公主寺壁画中的菩萨璎珞形制 ················ 225
  三、公主寺菩萨璎珞的构成元素 ················ 228

结 语 ················ 230

主要参考文献 ················ 234

绪 论

第一节　社会史研究概述及在壁画艺术中的文化再现

本书选取山西明清寺观壁画中的艺术与科技作为社会潜流的内在表达，其中包含3个核心要素：①研究的时限为明清时期（1368—1912年）；②地域为今山西省的行政版图（晋南、晋东南、晋中和晋北），以及今天山西省以外的一些地方；③研究对象为寺观壁画中的农业器具及其相关联的计量工具、医学祛病和观象授时、天学宇宙观及民俗图像。

一、山西明清寺观壁画现状概述

山西是中国古代文明的发源地之一，由于大量的文物遗存，被称作中国的"地上博物馆"。现存壁画共27259多平方米，其中寺观壁画居全国之首。在这些寺观壁画中，有国内仅存的唐代寺观壁画——五台山佛光寺东大殿壁画（61.68平方米），宋、辽、金时期的壁画6处，面积近1000平方米，元代壁画9处，1700多平方米；至于明清时期的壁画，据不完全统计有300余处，面积13000余平方米。而明代壁画就有6000余平方米，谓之冠首，有：运城新绛稷益庙、稷山青龙寺、芮城永乐宫；晋城高平铁佛寺；临汾洪洞广胜寺上寺大殿、上寺韦陀殿，提村乡干河村净石宫；吕梁汾阳圣母庙、太符观；离石安国寺、刘家堡关帝庙；长治平顺龙门寺、佛头寺；晋中平遥安国寺、双林寺、寿阳普光寺；太原万柏林区六郎庙及尖草坪多佛寺、晋源区明秀寺及枣园村永宁寺；阳曲不二寺、晋祠关帝庙、寿阳普光寺、阳泉永清寺、青石寺、天齐庙（明清时间再进一步考证）、忻州五台山佛光寺、繁峙公主寺、朔州崇福寺、应县木塔、大同善化寺、阳高云林寺、浑源永安寺（今河北蔚县重泰寺、故城寺，古代属大同府）等。因此，研究明代寺观壁画在山西有着得天独厚的地域优势。清代壁画在数量上更胜一筹，各地的关帝庙与龙王庙比比皆是，保守估计在7000余平方米，各地的小庙未列入县级以上保护单位，但建筑壁画皆有者甚众，大同华严寺、太原六郎庙等都具有代表性。

  明代壁画在笔者博士论文中已经详述，而清代寺观壁画在山西的整体遗存数量更是甚巨，基本各个县乡皆有分布，面积逾上万平方米。从壁画艺术表达与图像水准似乎较之前朝粗陋萎靡，线描与设色更是与唐宋之制相去甚远。散落在乡野之间的土地庙、龙王庙与奶奶庙在宗教属性的判别上模糊不清，大量民间宗祠祭祀与祈福神灵信仰介于佛道之间。由于粉本缺失与专业画匠系统衰落，大量臆造的神祇出现在壁画中。而清代作为中国最后一个封建王朝，重修壁画之风几乎断档，这就导致了一些前朝壁画在重绘或修补过程中面目全非，失去了昔日风采。虽然清朝壁画整体的艺术趋向如此，但艺术表达无论优劣最为重要的是在场性，也就是与社会不能割舍的时间属性。壁画的功能无外乎劝诫教化、装饰美化，功能与宗教往往趋同，而图像在画匠笔下往往有着超越本体的虚妄，但真实也同样裹挟其中。

  从清代建筑来看，整修与重建寺观由清初开始，建筑格局呈现出大小两极分化，皇家敕建所营造的巍峨与村野之内呈现的小巧都有壁画粉饰。由于空间上的悬殊，表现内容极大不同，有三世佛与华严三圣的庄严呈现，也有土地、伽蓝神的独立描绘，或宏大殊胜，或别有意趣。但壁画依旧充满画匠不经意流露的奇思妙想。在绘画技法的表现中，重彩丹青仍旧是主流，但也不乏以水墨晕染为主的描绘。这种技法的改变一是因为石色颜料的昂贵，普通寺庙不能承受，再者清代壁画地仗的发展使壁面能够水墨纵横，同时文人画的雅趣也对壁画创作造成了一定程度的影响。

  清代壁画分为佛教壁画、道教壁画与宗祠神庙壁画三大类，但在每个类别中又根据地域不同分类若干，具体如下。

1. 佛教壁画

  （1）以净土与华严两宗为主的佛教题材壁画，代表有大同善化寺，华严寺大雄宝殿壁画，繁峙县光峪堡乡东文殊寺壁画，沙河镇三圣寺壁画，应县净土寺壁画，沁县西张乡净土庵等。

（2）水陆壁画是这一时期存量较多且以佛教为主要题材的图像，但由于三教之间的过度渗透，其中神祇包罗万象，且有密教遗痕。代表有太谷范村圆智寺壁画、太谷阳邑净信寺壁画、盂县上社镇青石寺壁画。

（3）佛本生故事壁画，这种题材是较为常见的，清代多是以连环画的形式展现，无论是本生故事或经变及佛传故事，情节或独幅表达，或杂糅一体，故事的陈述与展开皆在山林草木之间排序，代表有五台县台怀镇极乐寺、太原市马头水乡多福寺、寿阳县南庄乡大明寺、榆社县河峪乡福祥寺等。

（4）冥界诸神壁画，以地藏王及十王信仰为主的壁画，代表有怀仁县金沙滩镇崔府君庙、左云县小京庄乡地藏王庙、古交市镇城底乡十王庙等。

2. 道教壁画

（1）玉皇庙壁画，此类多是表现道教诸神三清四御或二十八宿等神祇，同时也有黄箓斋图为主的描绘。代表有原平市后口乡玉皇庙、翼城县南梁乡玉皇庙、新绛县泽掌镇玉皇庙、汾阳县杏花镇太符观。

（2）道教神祇壁画，代表有平遥县段村真武庙、介休市宋咕乡三官庙、安泽县和川镇二郎圣庙、石楼县龙交乡东岳庙等。

（3）关帝庙壁画，以三国故事及关羽事圣迹进行的故事描绘，图式结构风格多样，由于关圣籍属及信仰的普遍，此类图像存世量极大。代表有太原晋祠关帝庙壁画、应县羲井乡壁画、繁峙大营镇壁画、山阴县城关帝庙壁画等。

（4）龙王庙壁画，与关帝庙相仿，此类壁画在各地乡镇均有存留，风格各异，南北不同且趣味盎然，其宗教属性亦佛亦道。代表有怀仁县马辛庄龙王庙、浑源县西河口乡龙王庙、太原市晋祠镇九龙庙、天镇县米薪关镇龙王庙、盂县王村乡诸龙寺等。

3. 民间神祠壁画

（1）观音庙与娘娘庙壁画，这一类壁画以女性神祇信仰为中心，虽然是采用了佛道神祇的身份，但过分的世俗化将此类壁画趋向于单一的祈愿或禳灾信仰空间。代表有应县下马峪乡奶奶庙、洪洞县明姜镇娲皇圣母庙、太原市马头乡圣母庙、河曲县娘娘庙等。

（2）行业神壁画，以农业及手作行业为主的图像，代表了古代农业社会制度下以单一神祇信仰为主的行业崇拜。代表有太原市晋源镇玉皇庙（描绘鲁班故事）、霍州市白龙乡华佗庙、稷山县城关镇后稷宫等。

（3）往古文臣武将壁画，以历史人物作为祭祀主体的壁画图像，代表有代县新高乡赵武灵王庙壁画、太谷县小白乡李靖庙壁画、霍州市三教乡唐太宗庙壁画。

从这三大类十一种的壁画样式中，粗略地将山西清代壁画从宗教及社会属性上予以归纳，最为重要的是对图像的表征予以强化。虽然这种划分并不能够代表图像本体语意，但也是代表了山西清代地域信仰下的空间分布。从目前存世的寺观祠堂来看，在造型中，清代壁画艺术虽然缺乏吴道子灵动与遒劲的笔力，亦没有武宗元"千官列雁"的飘逸，但造型的夸张与灵动的想象能够弥补匠意笔墨之不足。这种"缺憾"成为一种超然物外的夸张，抒发出画者臆气。山西地处中部要扼，"表里山河"成为天险屏障守护着一方水土，而黄土高原干旱的气候与漫长的无霜期成为壁画静默留守的环境基础。在漫长的历史长河中，壁画作为一种图以载史的证据记录着文明的演进与生存环境的演变。山西清代壁画在强烈的世俗情境中再现真实，记录历史，用一幅幅意象的图景拼接出三晋风物。

山西明清寺观壁画的造型技艺与人文价值在表达当中继承了唐宋风韵，尤其是对三教合一的秩序重组延伸了壁画内容的传递。这一图像上的变化虽然在规模上有所收缩，但纵深世俗的画笔显然包罗了更多的信息。由于明代政治上的紧缩，壁画的创作趋向一种饥渴的回溯，而大量"粉本"流逝使得一些新的图式语言不断超越传统宗教。明代万历年间，由于受到利玛窦传教的影响，文人绘画受西洋绘画的影响，涌现出大量的写实主义题材的"国画"。这种影响逐渐蔓延到民间壁画创作当中。画师们试图通过"摹写"来对这一潮流表示"礼遇"。因此，无论是画法的革新还是图像的重置都显示出一种巨变与割裂。社会的压抑与战事的频仍并没有压制画师的创作欲望。相反，宗教意趣的逐渐消退使得这些丹青高手毫无牵绊，放任的思维就是对生活的图真写实，如同文艺复兴时期对人性的呼喊与回归。壁画创作在悄无声息地进行着一场顺应时代的变革。青龙寺、公主寺、永安寺，这些以超度亡魂为主的水陆法堂演变成一座座"无声的闹市"。山西明代寺观壁画跨越南北，在图像的表达上大胆、创新，力求生活之真实，贩夫走卒、市井天桥、酒肆茶楼一应俱全。明代的寺观壁画是逐步走向衰落的，同时也是民生生动的再现。

科技的发展在明代发展迅速，如医学、天文学、农学、数学、机械工程学等方面的巨著迭出：医学有李时珍的《本草纲目》、吴有性的《温疫论》；工艺有宋应星的《天工开物》和黄成的《髹饰录》；农学有马一龙的《农说》、黄省曾的《稻品》与徐光启的《农政全书》；数学有徐光启与利玛窦合译的《几何原本》（前六卷）；天文历学诞生了《崇祯历书》、周履靖的《天文占验》、宋濂等的《大明日历》、马沙亦黑译的《回回天文书》、王英明的《历体略》、陆仲玉的《日月星晷式》；军事方面有茅元仪的《武备志》、戚继光的《纪效新书》、赵士祯的《神器谱》、孙元化的《西法神机》、焦勖的《火攻挈要》，等等。

在数量和质量上，山西明清寺观壁画蕴含的科技内容是极其丰富的，价值是极为巨大的。1998—2016年，作者田野考察山西明代寺观壁画37处（图0.1），通过对明清时期壁画的分析，能够进一步还原当时的农业、医学、天文、机械、度量衡科技的发展，可作为中国古代科技史研究的一个重要的补充。

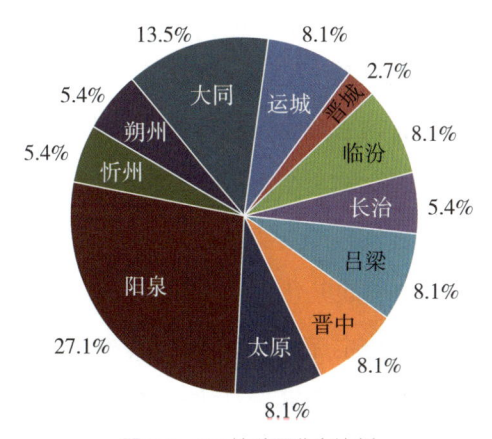

图 0.1　37 处壁画分布比例

（运城3处、晋城1处、临汾3处、长治2处、吕梁3处、晋中3处、太原3处、阳泉10处、忻州2处、朔州2处、大同5处，该图不含立项后田野考察报告中提到的12处）

二、研究地区为山西的依据

山西是中国古代文明保存甚多的省份之一。从寺观壁画的角度来看，与地域文化有着极为密切的关系。晋南是中华农耕文明的发源地，后稷作为农业始祖在此诞生。后人为了纪念他的功业在此修建了许多祭祀后稷及相关农业始祖的庙祠。在这些遗存当中，有建筑、绘画、戏曲和雕刻等大量的艺术形式。本次研究，进行了大量的田野考察。值得一提的是，研究是建立在笔者16年前期积累的基础之上进行的。高科技数码扫描使得壁画研究更加自如。有了这样高清的资料在对壁画进行定性和定量分析时自然一目了然。对农业的研究是从稷益庙壁画开始的，从壁画中解码这些农具和机械是详细了解明代社会的窗口。如此丰富的图像，堪称一幅中国古代农业题材的风俗图。在对太原六郎庙的考察中发现的一幅《春耕秋收图》，其中的农业工具与机械科技尤为突出，与稷益庙壁画有着异曲同工的妙处。同时，卧式风扇车成为明代这类风扇车起源的证据。必须不断揭开这些壁画的真实面貌才能够得到历史的还原。同时，这两墙壁画中的科技则承载了黄河文化与汾河文化的地域科技特征。

除了大量的农业科技内容以外，本选题还选取了晋中地区的寿阳普光寺、永清寺、晋北地区的浑源永安寺、阳高云林寺、繁峙公主寺进行"五瘟神"诸像的医学科技研究。"五瘟神"的造像印证了温病学的起源说，同时，也将古代医学发展过程中的科学性进行诠释。古代医学的起源与宗教或巫术的关系已是不用再讨论，在人类蒙昧时代，不存在宗教与医学认识上的分野和认识事物的孰先孰后。医学愈进步，两者分歧愈大是不争的事实。但在山西水陆寺观壁画当中闲庭漫步时我们发现，宗教的蒙昧无知，并非是唯一的充满着愚弄与欺骗。在这些图绘着众多神祇的墙壁之上，同样充满着智慧与启迪。那是民众在生活中对自然规律的总结所得到的启示，也是人类在认识自我、完善世界与消灭瘟疫过程中科学的图像资料的真实记载，这些纷繁的人物造型与色彩传递出的是人类走向文明的伟大预言，同样也是历史赋予医学图像研究的史诗巨作。

此外，对稷山青龙寺、繁峙公主寺、浑源永安寺、阳高云林寺、寿阳普光寺、阳泉永清寺等多个寺庙进行田野考察，挖掘天学科技与文化，以此来揭示明代天学的发展轨迹。图像中并没有完全按照"三垣""四象"的样式进行排练，而是对明代"唐密曼荼罗"样式进行再现，这是对唐代失传"密教"的有力佐证。同时，对道教神祇的多重研究，发掘了其中的神祇排列秩序，这是普通壁画在二十八宿与黄道十二宫之外对天文的全面表现，而明代万历年之后出现的这一图像范式不由得让我们将利玛窦进入中国后的天文学传播相联系。这一时期出现的天文图书也在告诉我们二者之间有着必然的联系。由于山西地处古代兵家必争之地，大量的水陆壁画在晋中、晋北出现，充分体现着强烈的地域特征。同时，壁画上出现的大量星官既是对星占术的表现，也是古代天文观测中关于恒星和卫星的记载以及天区的划分这一中国天学科技的综合反映。

三、研究对象为寺观壁画中科技文化的依据

本书选取山西明清寺观壁画中最有代表意义的科技图像进行分析研究。首先在对山西寺观壁画全面考察的基础上进行数据分析和资料归类，共有七大类的科技图像可供研究。

第一类是农事活动全流程的研究，晋南作为中国农耕文化的发源，也是农神信仰滥觞之地。以稷王山为中心，在万荣、稷山、新绛、闻喜等地分布着大大小小的稷王庙。其中，新绛阳王镇稷益庙不仅有着恢宏的明代戏台与大殿，其壁画所描绘的丰富的农事活动与文化内涵冠绝海内，成为明代寺院壁画极品之作。稷益庙大殿内东西南三壁以"朝圣"主题为核心，其间分布着不同的关于稷王的故事以及祭祀场景，将农业耕种、病害防止、储藏与运输等农事活动流程完整地表现出来。

第二类是农业科技与耕种农具的研究，撷取其中富含科技价值的图像进行分析，归类出了以农业科技为题材的两堂壁画——稷益庙壁画和六郎庙观壁画，以古代耕种工具，与旱地"保墒"技术以及气象气候对农业的影响为专题进行深入挖掘，利用大量农书文献进行佐证类比，将其中的图像与壁画图像相互印证，验证明代山西农业工具的结构功能。

第三类是场上作业工具，最为突出的是"风扇车"年代释疑和考辨，此类农业机械是中国最具代表性的脱粒工具，通过对其样式和功能的剖析论证卧式大型风扇车出现的年代为明代晚期。

第四类是粮食加工类工具，包括踏碓、石磨这些粮食精加工工具在壁画中的科技图像表现，并结合山西出土的大量陶碓与墓室壁画来论证这一工具的力学原理与构造特点。尤其是怀仁崔府君与定林寺踏碓工具的样式转换间接地说明了这一工具的广泛性。

第五类是计量工具研究，分析了壁画中量具斗的样式，通过各个时代量器的变化来说明斗的形成原因与设计特征。

第六类是医学科技的研究，分析了"五瘟神"图像、"骨折夹板固定治疗"和"虫咬蛇伤防治"等大量的图像，印证了古代"瘟病学"的病理起源以及外科医学技术的发展。

瘟疫的产生伴随着人类的不懈抗争。同时，由于医学条件的限制，导致了古代先民对瘟疫的恐惧心理。由于科技医疗手段的局限，只能借助一些民间的宗教仪式来进

行"治疗"。早在西周时期，利用"大傩"驱瘟，因此"瘟疫文化"随之诞生，并不断演化，逐渐形成一种祈福驱灾、祛病纳福的驱疫传统。在与传统中国文化和宗教体系互相交汇后，逐渐消弭于其中，逐渐成为中国传统文化当中的隐形主体文化形式。明代的吴有性在《温病论》一书中指出温病的发生，因为感受到一种外界的异气，并非受风、寒、暑、湿造成。一年四季均可发病，并非春、夏、秋三个季节才会得此症。而明代寺观壁画中的"五瘟神"图像正是暗合了温病发生的原理和特征，以及病因的形成和流传。因此，温病与瘟疫之说分为两派，一种认为温病就是瘟疫，同一疾病的两种称法。另一种说法认为传染者为瘟疫，不传染者为温病。从现在来看，温病虽然不能完全成为瘟疫，但属感染性热病应该包括在瘟疫的范畴之中。通过对壁画中瘟疫文化的破译，为中医学病理的成因研究提供了丰富的图像例证。此外，寺观壁画中五瘟的形象代表了古代道医，从这些神祇手中的器物与形象分析推演出个案中神祇的具体名称，具有极高的医学科技意义。

骨科夹板固定法源于唐代，元、明两代进入技术成熟期，壁画中的图像记载了两种治疗骨伤的外科治疗方法。同时蛇咬伤的防治也是其中的重要题材。

第七类是山西明清寺观壁画中的民俗意蕴研究，选取田野考察报告中太谷圣果寺、河曲观音堂、大同广灵水神堂和繁峙公主寺为例，就其中民俗价值、多样社会表达与晋北民俗意蕴展开解读，对壁画中深藏的民俗价值深度剖析。

其次，本书还有更为积极的几点意义，成为支撑研究的重要手段。

第一，研究山西明清寺观壁画的科技文化价值，能够深入挖掘壁画中所蕴含的古代科技文化信息，为中国科学技术史的研究提供丰富的图绘史料，同时与古代文献、考古发掘相呼应，为古代科学技术史提供立体的多维视角与图证。

第二，在对其科技性的研究过程中，必然会涉及其他学科。这种交融性的学科研究能够积极地支持本门学科的有力发展。这些在欧美及日本学者研究中已非常普遍。当然，研究效果也是在交叉学科的介入中逐步完善和深入的。

第三，对壁画所蕴含的科技图例进行个案分析，能够为各个学科（农业、天文学、医学等）复原一些古代科技工具提供图例支撑。

第四，利用科学的方法研究山西寺观壁画，能够更好地为保护壁画提供资料和技术支持。

第五，多角度的方法研究山西寺观壁画，能够为其成为世界级研究学科提供理论基础。

第二节 国内外研究动态概述

一、国内专题研究的代表性著作及论文

由路甬祥总主编，张柏春、张治中、冯立昇编著的分册《中国传统工艺全集·传统机械调查研究》（2016）中通过由中国古代犁、耧车、水车、筒车、翻车、风车等机械的系统考证，梳理出中国农业机械史当中最具代表的部分工具。书中通过大量的田野考察，测绘数据，复原了散落在各地的机械设备，通过这些定量分析对中国农业机械发展史进行了深入研究。这套丛书的其他分卷分别研究了陶瓷、漆艺、金属工艺、雕版印刷和造纸等十多种工艺技术，是中国古代工艺与技术的集大成。

作为国内研究山西寺观壁画的专家，山西省古建筑保护研究所的柴泽俊在 1997 年就出版了《山西寺观壁画》一书。书中对唐宋至明清 32 处壁画进行了逐一解读，从建筑到图像都予以分析，壁画整体考察翔实。但由于考察年代较早，当时的测量设备比较落后，因此，数据和图像考证不够准确。柴泽俊作为山西最为权威的壁画专家能够在有生之年编著如此巨作，确实代表了壁画研究之高峰。①该书是系统记录山西古代寺观壁画现状的资料性图集。全书以实地调查和文献考证后获得的文字资料为主，配有反映各个时代壁画风貌的彩色图版。②文字部分由全面论叙山西古代寺观壁画演变的总论、按时代论叙历代寺观壁画的分论和具体论叙每个时代典型作品的专论组成，同时还配有记录有关数据的图表，以资参照。③彩色图版精选每个时代的典型作品，用以展示其艺术风格和绘画技巧。

中央美术学院金维诺教授的《中国寺观壁画典藏》（2001），将山西十几个寺观的壁画进行独立出版。金维诺的一生都在研究壁画，而他 50% 的时间和精力放在了山西寺观壁画的研究，弟子罗世平教授亦是步其后尘，不遗余力。此外，《中国美术全集》为山西寺观壁画单列分册，足见其艺术价值在中国壁画之林令人瞩目的地位。

由北京大学李松教授编著的《山西寺观壁画新证》（2011）是近几年本学科国内学术价值较高的论著。书中对永乐宫三清殿、稷山青龙寺、繁峙公主寺、新绛稷益庙、汾

阳太符观及田村圣母庙进行了翔实的田野考察。该书的研究不仅是对寺观壁画图式的一次再认识，更是从多个文化角度进行了分析，试图解开掩藏在壁画之后的诸多难题。遗憾的是，由于学科的壁垒，该书仍然难以突破图像学研究的范围，在佐证这些图像时视线仍显得窄小，因此，一些即将破解的深层问题戛然而止。但作为一部合集论文，超高的专业角度与精确的数据分析仍然是近年难得的研究专著。

中国社科院的孟嗣徽研究员出版的《元代晋南寺观壁画群研究》（2011），选取了元代晋南地区壁画作为研究对象，包括在故宫博物院收藏的稷山兴化寺，美国纳尔逊-阿特金斯收藏的洪洞广胜寺下寺壁画，美国大都会博物馆收藏的《药师佛佛会图》，美国宾夕法尼亚大学收藏的《炽盛光佛佛会图》和《药师佛佛会图》。通过对这些流失海外或失而复得图像的整理，对元代寺观壁画的形成进行了系统梳理，为山西晋南寺观壁画的基础性研究拓展了视野。通过芮城永乐宫壁画的画工问题考证推演出了晋南地区壁画区域特征与形成特点。

《云谁之思——山西古代壁画研究》论文集由科学出版社于 2015 年结集出版，张焕君主编，书中共有国内 30 多名寺观壁画专家进行了论文撰写。壁画涉及面广，科技含量极高，是近几年在山西寺观壁画研究中不可多得的佳作。其中，对于山西各地壁画在纺织、天学、农业等方面的专论已经渐渐脱离了单一的研究模式，为山西寺观壁画的纵深研究提供了新的范式。

《以法相会——宝宁寺、毗卢寺明清水陆画展暨学术研讨会》，由台湾南华大学与财团法人佛光山文教基金会在 2015 年共同举办并且结集成册。此次研讨论文集以水陆图像为研究内容，包括山西右玉宝宁寺水陆画、南宋佛画与仪轨中诸神降临的图像，朝鲜时代水陆斋甘露图的诞生，韩国民俗中所摄的水陆斋以及流传日本的水陆画。该书显然将东亚地区的水陆仪轨和图像样式进行了系统的类比。通过各国水陆画表现出来的图式关系，呈现中国水陆绘画在宇宙与自然中的思考。

国内代表性论文研究现状评述如下。

关于"壁画中的社会史"研究成果有：西北师范大学贾小军 2014 年的《榜题与画像：魏晋十六国河西墓葬壁画中的社会史》，通过大量分布在河西墓葬中的题记书法介绍魏晋十六国墓葬壁画中的农牧生产场景、器具物品、建筑名称、珍禽怪兽、建筑构件等社会问题与文化内容。这些榜题广泛分布于敦煌、嘉峪关、酒泉、高台等地的魏晋十六国墓葬里，书写灵活，书法多样，反映了丰富的魏晋十六国时期河西社会历史信息，为研究该时期河西历史、文化、风俗等提供了重要资料，通过该壁画了解到了魏晋时期书法与壁画的内在联系。

中国科学技术大学硕士学位论文朱晓珂的《罗睺、计都图像研究》展示了外域文化在本土演化的一个案例，阐述了罗睺、计都形象传入中国后发展演变的经过。文章共分为五个部分。首先分析了印度雕塑的汉传之路，通过汉译佛经、敦煌与西夏文献结合寺观壁画等内容，梳理出罗睺、计都由印度神话中的恶魔，变为佛教中的星神的关系，之后跟随佛教在中国进行了内化，并逐步演变为中国道教星君的过程，表明了具有神话背景的罗睺、计都前后"神格化"和"世俗化"的倾向。这篇论文也是为数不多的以古代星君图像作为研究主题的学位论文。中央美术学院曹巍的博士学位论文《山西大同上华严寺壁画研究》以山西省的大同上华严寺壁画在1997年维修时发现经橱下的两幅明代万历年间的壁画切入，这些壁画显然与如今大雄宝殿东西壁的壁画不同，通过对比发现了清代光绪年间对壁画进行了破坏性重绘，这就导致了壁画原样的丢失，通过详细比对与系统梳理，最终确定了水月观音、千手观音等十余处原始图像，而其图像显然是杂糅了密宗与华严宗及禅宗体系，对壁画进行了全面的反思。

黄兴、潜伟在《中国农史》2013年第2期发表了《中国古代扇车类型考察与性能研究》一文，通过传统风扇车的风洞实验来检测中国古代风扇车类型演变与结构优化。这种研究方法显然具有极高的科研学术价值。其数据真实可靠，还原度极高，通过研究能够对各个时代风扇车的合理化演进予以技术性论证。

二、国外对中国寺观壁画专题性研究的代表性研究成果

国外的一些研究有 William C.White（怀履光）出版的《中国壁画》(*The University of Toronto Press*，1940年）。该书是传教士、艺术史家怀履光"中国艺术研究"系列的第三部。研究的对象是加拿大皇家安大略博物馆藏的出自晋南的三幅元代壁画，是中国宋元寺观壁画研究领域的开拓性著作，具有较高的学术和史料价值。Ka Bo Tsang（曾嘉宝）在《美术研究》1989年第三期发表《永乐宫纯阳殿壁画》。

An ning Jing（景安宁）《元代道教壁画——神仙赴会图》一书，对1937年入藏安大略博物馆的一套晋南元代大型道教壁画"神仙赴会图"，从五个方面进行了研究：一是

介绍了壁画的来历与现状，对壁画的背景、转卖、修复保护、安装和安装后保护的现状作进一步的说明；二是介绍国外发表的论文、专著和存在的问题；三是探讨了与壁画内容有关的历史事件，对壁画的内容作了新的解释；四是围绕壁画中最重要的十位神讨论道教神仙体系和这个体系在宋元期间演变的历史过程；五是分析了壁画的技术风格特色，并在风格和内容的基础上推测壁画的具体年代。他们从20世纪五六十年代就组成了山西寺观壁画的研究团队，在理论上进行了深入探讨。此外，还有 Ludwig Bachhofer（巴绍夫）和 Nancy Shatzman Steinhardt（夏南息），都对山西寺观壁画进行了长期的关注和研究。

三、国内对壁画与科技史的研究现状

山西寺观壁画虽然拥有足可媲美敦煌石窟壁画的面积，但在研究方法和研究内容上却不能与之比拟。敦煌学之所以成为三大显学之一，壁画研究在其中占有极其重要的地位。近几年，关于敦煌石窟壁画科技内涵的一些专著和论文开始出现，如王进玉《敦煌石窟全集 23·科学技术画卷》[①]。这些专著和研究着手于敦煌壁画中蕴含的大量古代天文、地理、农业、冶炼和计量等科技文化信息。深入地对其进行考察研究，能够将中国古代的科技文化更加深入地进行解析。2011年，王进玉将该书升级成《敦煌学和科学史》[②]，成为最具代表性的壁画科技史专著。此外，由李最雄编著的《丝绸之路壁画彩塑保护》[③]介绍了丝绸之路石窟壁画彩塑的概况，系统地论述了丝绸之路石窟壁画地仗、彩塑的制作材料及结构；壁画彩塑颜料及颜料的稳定性研究；壁画颜料中的胶结材料分析；壁画的主要病害及病害机理研究；昆虫及微生物对壁画的危害与防治；石窟环境对壁画的影响；壁画塑像的修复、修复材料及工艺；壁画的揭取、搬迁及复原。

四、山西寺观壁画与科技史的专题研究

目前的山西寺观壁画研究，仍然处于图像和图形的基础性研究中。而且这些壁画在时间和外因的剥落下会逐年消退，隐藏于其中的科技、历史、社会和艺术等讯息也随着

[①] 王进玉.敦煌石窟全集 23·科学技术画卷[M].香港：商务印书馆（香港）有限公司，2001.
[②] 王进玉.敦煌学和科学史[M].甘肃：甘肃教育出版社，2011.
[③] 李最雄.丝绸之路壁画彩塑保护[M].北京：科学出版社，2005.

壁画的凋落逐渐湮灭。作为把山西寺观壁画独立成为科学技术史研究对象的院校，山西大学科学技术史研究所为全国首当其冲之地，且已培养出一名以山西寺观壁画的科学技术为研究方向的博士研究生。在该研究所，温泽先、郭贵春教授主编，高策、杨小明教授主笔的《山西科技史（上部）》，温泽先编著《山西科技史》和高策教授编著的《科学史应用教程》均对山西寺观壁画的科学技术有专门的篇幅进行研究。而杨小明教授撰写的《佛教壁画与技术——以山西为例的一个研究》和李树雪教授的《山西古代壁画中的技术》以及徐岩红教授《壁画艺术与科学技术——以山西地区宋元时期的寺观壁画为例》更是将山西寺观壁画的科学技术研究推上了一个新高度。由此，一个以专题研究山西寺观壁画科学技术的学术梯队逐步形成，并逐年壮大。

山西寺观壁画科技研究的开端，是科学技术史研究所徐岩红的博士学位论文《宋元时期山西寺观壁画中的技术成就》，"对宋元时期山西寺观壁画所包含的技术图像资料，结合文献资料和其他研究成果，运用计算机技术复原图像后，对其进行考释与研究，从而说明壁画艺术再现的技术内涵，反映宋元时期山西地区技术发展水平。在论文的研究中，将壁画从艺术中'剥离'出来，暂时脱离艺术的范畴，从建筑、机械、桥梁和造船四个方面，阐发它在技术层面上的意义与价值。"可以说，如此精深地对山西寺观壁画的科技进行如此专题的研究尚属首次。而本人的研究正是延续徐岩红的研究成果，以明代为主线进行研究，题材上撷取农业科技、医学科技和天文学几个方面，从技术层面到哲学的分析，全面展开解读和考证艺术与科技的内因关系。

第三节　研究方案、研究方法和创新之处

一、研究方案

（1）山西明清寺观壁画中的科技内容研究，主要是建立在田野考察了大量的山西寺观壁画图像资源的情境下所进行的研究。结合美术学、考古学、天文学、机械学、医学和民俗学等学科，以科学的精神对壁画中的科技内容进行梳理分析，对其中的工艺技法进行深入研究，为中国古代科学技术史进行补充。

（2）以传统的古籍及大量的文献资料为依托，系统地对山西明清寺观壁画进行全面归类，将其中蕴含不同科技信息资源的壁画进行整理，再从中抽取最具代表性的科技信

息进行逐个研究，充分挖掘其中的内涵和价值。

（3）将图像学的分析性进行扩大，从机械学、力学、医学、计量学、天文学等科学的多维的视角解析山西明代寺观壁画中的科学意义。

（4）对山西明清寺观壁画的图式与内容进行分析，结合具体案例为山西寺观壁画的保护与修复工作提供技术支持。

二、研究方法

（1）田野考察法

利用数码设备和考古设备，对其图文资料以及遗存实物进行拍摄测量。并详细了解山西明代寺观壁画的地域文化的特点和科技文化价值。

（2）图像分析法

丰富的图像资源为"山西明清寺观壁画中的文化内蕴与社会潜流研究"提供了极为直观的条件，通过对不同地域、不同形式寺观壁画的研究，将其中的科技文化价值进行提取和分析是还原古代科技最好的例证和方法。

（3）文献资料法

针对"山西明清寺观壁画中的科技内容研究"，通过国家图书馆、山西大学图书馆、山西省图书馆、中国学术期刊网和专业报刊等途径，收集相关方面的学术论文、专著及古文献资料，为论文写作提供了理论支撑。

（4）专家访谈法

针对本书研究的需要，拟订访谈提纲，对地方文化艺术专家和民间艺术家进行访谈，内容主要是山西明清寺观壁画。

三、创新之处

在内容方面，本书的资料收集始于1999年，20余年的资料收集与田野考察为本书积累了大量的原始素材。在进行图像采集的过程中，由于山西各地的地貌特征非常复杂，大量的小庙属于"深山藏古寺"，因此，需要坚持和毅力才能够拿到第一手的优质数据。而这些寺观数量非常巨大，在后来的雨水冲刷下，壁画已经漫漶或消失，令人痛心。

采集到的数据资源分类和后期处理需要付出巨大的劳动，有的寺庙壁画在拼接过程中每一殿壁画都要经历数月的工作才能够完成，尤其是在分析天文学图像时，必须要有超高清的图像进行还原，这样才能够全面地对星官的方位进行比对，而每一位丢失了榜题的神祇需要复位或是溯源时则要启动整体的壁画数据库进行全方位比对，这样才能够得到准确的信息。因此，今天在论文中体现的某一组星官神祇有可能是我们经过几十天的反复比较寻踪才确定的，这些工作往往是最不易体现的。

壁画中科技图像的采集同样大费周折，一般的壁画高度都在5米之上，这些壁画大部分都是没有面世的尘封之作。需要利用超高的辅助设备进行水平拍摄才能够收集到真实的图像，如此，在画面比较之时才不至于失去真相，也能够看清物体的结构与造型。而有些寺庙是不容许拍摄的，因此，必须现场进行临摹复原图像的真实性，这一工程也是非常巨大的，笔者一个人经常在阴冷潮湿的古庙当中利用手机的微光进行比对绘制，多少个中秋节都是在与满殿的"神鬼"一同度过。虽然比较辛苦，但是看到保存下来的图像，心中还是甜蜜无比的。

此外，还有一些梳理工作也是比较辛苦。在考察六郎观壁画时，之前只是一堂破败不堪的废旧寺院，被一名道长发现，遂改为道观，题名为"居贤观"，因此，一度"误入歧途"，直到与村中老人进行多次长谈才发现其庐山真面目。这样的例子不胜枚举。

壁画内容在融入科技史学科当中，并不被一些专家看好，如同对待中医理论一般。个别的专家认为图像绘制艺术性创作会蒙蔽其中图像的科学性。这样的论断往往只是看到艺术的单方面功能。在古代，没有摄录影像的设备，图绘成为最主要的表现手段，中国的画匠往往是多重的复合身份，身兼农民与画匠的双重身份。而多重身份也使得他们拥有大量观察生活的时间和体验生产的实践经验，因此，在一些壁画中进行图绘完全没有必要根据"粉本"进行描摹，对当时熟悉的生活以及工艺技术进行再现是画匠实现自我的一种"自我满足"的表达。因此，这些图像在实际描绘的过程中是具有高度准确性的再现。艺术与科技在人类诞生之初本来就是一体，因此，即使在科技分类已经细致到"纳米"的今天，这些图像不仅代表着一种简单的人文历史，更是对自然的一种看法。而这种"守旧"的创新恰恰是对创造这些"神鬼"之人的敬畏。

本书在写作前已有200余座山西寺观壁画的图像资料图片8000余张，并收入数据库。建立的山西寺观壁画研究平台与数据库是后期全面启动山西寺观壁画复原工程的开始。主张山西寺观壁画国际化战略研究是本书的最终目标，联动美国、日本及欧洲馆藏的山西寺观壁画，全面启动山西寺观壁画复兴工程。

　　山西寺观壁画图像学的研究由来已久，但简单的图像收集分析已远远不能跟上国际壁画研究的潮流。本书利用历史学、科技哲学、农业学、中医学、天文学、建筑学和机械学等学科的介入，极大地丰富了壁画研究的渠道。在研究的过程中，能够帮助其他学科建立其古代学科图像体系，二者互为互用，交融并蓄。

　　本课题的研究，立足于田野考察方法，并将实现图像信息与文献资料、遗存实物三者的互证互动，是"三重证法"的运用；同时，将采用口述访谈即口述科技史的新的研究方法。

　　本书虽然融合了多个学科对壁画图像进行印证，但是主旨就是推动山西寺观壁画脱离简单的图像学分析。利用科技史的诸多研究方法进行还原，使研究内容耳目一新，发掘其中的科学技术能够极大地补充科技史文献图史资料的不足。文中主要深度突破的三个方面内容恰恰也是中国文明演进过程中的精髓文化。这些文明推动着古老的中国不断向前发展，在认知宇宙、修订历法、农耕发展、审度自身之时起到了指导性的作用。因此，研究这些古老的壁画图像，是抽离其本身最有意味的符号语言同时伴随着深度科学价值的完美遇见。

四、阶段成果与新认识

　　第一阶段，属于单向思维时期，虽然拥有大量的数据和图像资源，但学科的壁垒与认知的偏差形成了极深的桎梏，束缚着思维的推移。

　　因此这一时期在阶段性成果的表现当中突出图像的演化与田野考察的分类，缺乏哲学的思辨和全局的观察，因此，并没有看到图像的根源和背景，完全被困在囿中。

　　第二阶段，属于破冰期，通过大量的比对和文献检索发现，壁画中的图像承载着的农业科技信息。利用还原论的手法对这些农具和机械设备进行定性分析，并根据历史模型进行定量假设，强调这些工具与技术的时代语境。

　　第三阶段，属于独上高楼，望断风景无限。在深入的研究当中，大数据的利用解决了长期依画论画的单向思维。尤其是梳理清楚每一时代的图像特征，能够抽取出一些共性的图像资料，这样，新的研究范式自然出现。在美术史一以贯之的断代问题当中，科技史的参与完全打破了"自说自话"的尴尬局面，利用科学的眼光对壁画进行扫描是解析其历史架构最为深层的缘由，也是分辨壁画之间千丝万缕内在联系的重要纽带。

第四阶段，属于回归。大量的壁画图像固然需要挖掘性整理，这种首次获取信息的冲动是研究不断深入的内在动力，但是，壁画研究返璞归真是其归宿。因此，除了对壁画科技价值的不断还原之外，提升哲学的思辨方式是解决壁画研究陷入"技术论"的纲领性条件。同时也是山西寺观壁画推向大众视野的关键，只有读取之人越多，壁画才能够被多维解读，而图像的真实正是思维的多向与参与者的多学科背景对其的解读促成的，也就是我们离真相越来越近。

第一章 | 稷益庙壁画研究综述

稷益庙壁画图像的研究已有学者分别从不同学科角度做过一些讨论与分析。首先，从整体性进行研究的数量不多。诸如段友文和段彤彤的《山西元明寺庙壁画图像叙事的农本意识——以新绛东岳稷益庙和洪洞广胜寺水神庙为中心》将特定空间中对农事活动的时间秩序进行描绘，展现了晋南乡村对农事灾害的应对方法与措施；耿纪朋的《新绛县稷益庙壁画新考》重新考证了壁画的人物，确定了东壁主尊为后稷、周文王、周武王，西壁主尊则是伯益、造父和秦非子；叶磊和王泽庆的《山西东岳稷益庙壁画与根祖文化源流探析》对壁画中的三皇图像与后稷、伯益与中华根祖文化源流进行系统探析；王泽庆的《山西新绛县东岳稷益庙壁画》是最早对壁画图像进行系统梳理与分析的论文，也是确定主尊神祇的关键研究；史宏蕾的《稷而祭之——晋南稷王文化研究与新绛稷益庙及其图像表征意义》、史宏蕾和伊宝的《稼穑以画——浅析山西稷益庙壁画的民俗文化特征》都对稷益庙壁画图像中系统的图式语言进行了分析与艺术文化考证，论证稷益庙壁画相关文化历史价值的同时，阐释其中意义；李井岗的《山西稷益庙壁画中的〈祭祀奏乐图〉》、史宏蕾和杨小明的《稷益庙壁画中的农业祭祀礼仪与科技文化考》相较整体性研究，更多讨论则是针对稷益庙壁画中不同类型的图像展开；任春光和史晓雷的《新绛县稷益庙壁画〈耕获图〉反映的农耕文化再探》、史宏蕾的《新绛稷益庙正殿壁画之农业科技及民俗文化考》、梁冬的《从壁画〈驱疫捕蝗图〉看古人抗灾情怀——山西阳王稷益庙壁画〈捕蝗图〉观后感》以及山西晋之源有限公司提供的《新绛稷益庙明代壁画——煮茶图》等，学者对图像中所反映出的农业发展状况、特点、技术水平结合民俗学、史学、社会学加以解读，以讨论当时的农业现状和其背后的社会、政治、文化问题。其次，学者对稷益庙壁画多是从史学与艺术学领域进行研究。史学研究方面，对农业科技史的研究较多,强调壁画中农耕图像的写实性意义;艺术学研究方面,多是从壁画的题材、图饰、技法、色彩等方面解读,研究壁画图像的艺术风格与成就。诸如叶磊的《山西稷益庙壁画主题与装饰探析》;行卫东的《东岳稷益庙壁画山水艺术初探》;杜欢欢的《东岳稷益庙建筑绘画及壁画装饰纹饰艺术初探》等。

综上所述,在现阶段,对稷益庙壁画的研究多集中于史学与艺术学领域,相关研究多停留在"写实性"和"描述性"上。而稷益庙潜藏着大量关于农耕文化及民间习俗的描绘,但目前整体研究的广度与深度不足,且部分性研究多于整体性研究,未成体系。本章依据稷益庙艺术、建筑、民俗、农业四大范畴,对壁画进行总结性的探析与考证,力图获取壁画初期的绘画意义。

稷益庙建筑坐北朝南,原山门、献亭、两厢房已毁,其正殿系明弘治(1488—1505)年间重修,面阔五间,进深六架椽,单檐悬山式屋顶,檐下五铺作单下昂斗拱,三彩琉璃瓦饰光彩照人。中轴线由北向南直入眼帘的是舞台(戏台),为明弘治年原构。戏台面阔五间,进深二间,单檐歇山顶,周檐大额枋,台口宽近10米,稍间空间稍大。戏台的兴建与中国戏曲发展有很大关系。众所周知,戏曲在元代有了快速的发展,许多寺庙在正殿建筑的正对面建造戏台已成为一种传统建筑格局,也成为元朝以来神庙建筑的特有形式。为了适应当时戏曲表演的要求,元代戏台的平面尺度基本上是一致的,如洪洞水神庙壁画所表现的,戏台没有固定的前后台分隔,演出时中间挂幔帐以分隔前后台[①]。明清时期的戏曲得到了进一步发展,舞台乐器增多,戏台才分出前后台和左右伴奏的区域。这也是后来因改建而不同于元代戏台形式的一个主要原因,同时这又与现存的稷益庙的戏台有着异曲同工之处。像这样格局的戏台,在山西很多寺庙古迹中均有存在。如晋祠的"水镜台",创建年代虽不详,但从斗拱等形制来看,可能是明代建筑,功能是为酬神演戏之用。

稷益庙作为中国古建筑,其建筑格局汲取了中国传统建筑的精华。中国建筑是世界建筑中独树一帜的体系,保持着悠久的建筑设计传统。中国的东南地区是人海,西南及东北地区是高山森林,西北地区是戈壁沙漠。上古时候,环境使得生活在这些地区的人们几乎不可能和外界来往接触,只能按照自己的生活方式、风俗习惯和材料技术等来创

---

① 刘敦桢.中国建筑史[M].北京:中国建筑工业出版社,1984:270.

造建筑，并且按照自己的需要和经验去发展它[①]。虽然我国和西方的交通往来从汉代开始频繁起来，文化也逐渐受到外来影响。但我国的建筑由于积累了丰富的经验，已经发展成一个完备的体系。砖石结构及木砖结构的技术已经成长起来，主要的建筑材料砖、瓦已能大量生产，中国建筑特有的布局形式已经形成，建筑已经能满足社会生活的各种需要，已具有以后2000余年中建筑的基本雏形。

传统的住宅、寺庙、宫殿、坛、陵等建筑，大多由若干个建筑物组成。中国古代建筑师善于利用自然环境来设计神庙的平面布局，把周围环境和建筑物有机地结合起来，使它们相得益彰。今天的稷益庙建筑留下的是一座小小的寺院正殿和戏台，它作为祭祀神的地方，在平坦的地面上用建筑物自身或树木营造出一定的氛围。寺庙正殿门窗的洞孔还能够看到极美的风景，把环境中的景色通过门窗引到室内来，好像是室内悬挂的画幅。因此，门窗的边框被设计成各种画框的样式。这可以说是建筑和自然风景巧妙结合的一种方法。在个体建筑物中一般采用标准做法的同时，又能组成极其丰富生动的造型，这也是中国建筑的重要特点。另一种布局是：中轴线上建筑物的外围使人在到达神庙之前，思想感情被宁静的环境陶冶澄净，促成了神府的神秘幽静感。按个体建筑的立面来说，一座建筑物可以分为基座、屋身、屋顶三大部分。屋身部分有用隔断墙、槛窗、格扇门、版门分隔或全部敞开等各种布局。屋顶分为庑殿、歇山、攒尖、卷棚、悬山、硬山六种基本做法，以及十字形平面的四面歇山做法等。在庑殿、歇山、攒尖下面，还可以加腰檐，成为重担屋顶。这种三个部分的结构，不仅用于单层建筑，多层建筑也是如此。稷益庙正是基于第一种方式的单层建筑。建筑物的各部分及其每一构件都有严格的比例规定，按照规定的比例去做，得到完全相同的外形。也就是说，建筑物的局部及其构件是完全标准化了的。这一做法是长期经验积累的结果，把它灵活运用，适当地结合，就能够适应当时社会对建筑的各种要求。局部构件及平面的标准化，使匠师易于记忆熟悉，便于分工制造和装配，因而提高了施工效率。把建筑物各部分的构件和平面制定出标准做法，匠师就可以按照使用需求，把它们组合起来，得到各种不同的平面及立体布局，是多样化和标准化的统一。

建造者的创造性就是通过把标准化的局部组合成整体，使之成为适用的、合于结构的和富于艺术表现力的空间构图。在不同时代的建筑中，我们看到了古代匠师在这方面

---

① 中国科学院土木建筑研究所，清华大学建筑系合编.中国建筑［M］.北京：文物出版社，1957.

取得的杰出成就。应当注意，标准化并没有限制建筑的发展改进。历代匠师都曾运用自己的智慧，创造新的更符合需求的标准。所以，各个时代都有不同的建筑标准而产生不同的建筑风格。稷益庙从其形制看可称得上是明代官式建筑，趋于当时的标准化、定形化，由此可推断出稷益庙正殿与戏台的修建时代。

中国建筑结构最突出的成就，主要是在木结构方面。而木结构的主要成就是框架式结构。这种框架结构是用立柱和横梁组成的骨架，建筑物的全部重量都通过柱子传递到地下，墙壁只起着隔离室内外的作用，不负担荷重，这样就使得开辟门窗有了很大的灵活性。这种柱梁系统的框架结构在汉代已经成熟了，一直沿用到现代的民间建筑中。无论哪种木结构方法，结构零件主要是用榫卯结合的。古代匠师掌握了复杂的榫卯技巧和极其丰富的经验，使得这一技术在中国建筑中贯穿始终。从明代开始，斗在结构上已逐渐失去它原有的意义。明初的建筑，虽然仍旧在檐下做出斗拱，但是斗在结构上的作用已远逊于它在装饰上的作用了。建筑匠师经常把结构构件予以巧妙的处理，使它同时具有一定的装饰效果。如须弥座、屋顶、格扇菱花、栏杆等优美的轮廓或图案，都是经常被利用的。在石构件上加以雕刻，利用不同材料的质量色泽如琉璃、砖、石等，与石灰、贵重木料等适当的配合，是建筑装饰常用的手段。而在稷益庙建筑中，琉璃的使用不得不引起重视，这反映了明代琉璃瓦的生产，无论数量还是质量都超过过去任何时代。其颜色和装饰题材的使用虽受到封建制度的严格限制，但却在建筑中起到了至关重要的作用。琉璃瓦是一种带有釉面的缸瓦，颜色鲜明发亮，主要有黄、绿、蓝、黑等色，也有紫、孔雀绿、乳白等色。这种材料的色泽和我们惯用的纯色相协调，尤其是黄绿琉璃和朱红配合起来，使得中国建筑展现出独特的庄严富丽。可以说我国古代建筑是从大量生产、使用琉璃后，才用强烈的纯色作装饰的。

稷益庙与社稷坛虽然都是祭祀神人的场地，但稷益庙是地方百姓作为风俗拜祭的神庙，而社稷坛是古代皇帝祭祀社神和稷神（即土神和五谷神）的地方。据记载，我国劳动人民最初对土地和五谷非常崇拜，将它们视为神灵。社坛祭祀，祈社神和稷神，原是古代的一种祭神仪式，只为祈祷丰年，后来封建帝王自诩"受命于天"，就把"社稷"说成是国家的基础之一，祭祀也有了浓厚的封建色彩，所以，每年春秋仲月上戊日清晨，必须祭祀。稷益庙作为民间的一种风俗神庙建筑格局形式，反映了中国古代建筑设计艺术的一小部分。既具有一定的代表性，又具有时代性，其建筑和壁画是古代匠师留下的丰富范例，也是我国古代物质文化的重要典型遗存。

稷益庙建筑墙壁上依附的壁画，总共绘有神祇、鬼卒、人物400余位。在他们的前后穿插了大量的树木、花草、鸟兽、山水和祥云，使画面浑然一体。另外，精巧别致的构思和独特的绘画技巧，使它成为明代壁画艺术的精品典范。同时在形式上反映了民间画工的精湛技艺和明代农业科技方面的历史风貌。在艺术上有不可估量的价值，在考古方面有图像考证的功能。在题材上，它既不同于佛教题材的敦煌壁画，也不同于道教内容的永乐宫壁画，更区别于儒释道合流的稷山青龙寺壁画，作为民间文艺对于绘画艺术的影响，不只是表现在稷益庙描绘的历史传说人物上，更是表现在壁画对题材的选择、情节的处理、形象的塑造。文艺上的这种相互影响，大大促进了文化艺术的发展[1]。作为祭祀后稷和伯益的神庙，在复兴民族传统文化的时代，我们不但要呼吁关注它，同时要加大发掘力度。因为它是一个不可再生的人类文化遗存，是中华民族文化的深度积淀，并且更需研究它曾给人类文化带来的艺术价值和民族精神。

第一节　晋南稷王文化

一、稷王文化的地望归属和相关历史考证

后稷的历史和起源是由来已久的争辩问题，国内最为主流的说法是西北关中说（神农崇拜以陕西宝鸡市渭河南岸的峪家村神农祠为代表）[2]和山西晋南说[3]，而近些年又有山东台州说的新论点[4]。这些论点都有相应的依据，现存大量遗址和文献以山西为最。另有些学者认为：晋南大量的后稷文化遗存是周人由关中迁居到晋南后对祖先的祭祀。[5]这些新论在一定程度上质疑了晋南后稷起源说，同时也说明晋南作为后稷故地，是最为有力的竞争者。

---

[1] 金维诺.寺院壁画的考察与研究[J].文物，1998（4）：47.
[2] 乌丙安.中国民间信仰[M].上海：上海人民出版社，1995：223.
[3] 《隋图经》曰："稷山，在绛郡，后稷播百穀于此山。"《左氏传》（卷四十五）谓："晋侯治兵于稷，以略狄土"，是此也.[宋]李防等.太平御览[M]//左氏传（卷四十五）.北京：中华书局，1960：216.
[4] 曹书杰.后稷传说与稷祀文化[M].北京：社会科学文献出版社，2006：66-67.
[5] 黄怀信.先周族及其文化的渊源及流转[C]//周文化论集.西安：三秦出版社，1993：59.

关于后稷的起源，先要提到的是其母亲姜嫄。《诗经·大雅·生民》中有记载："厥初生民，时维姜嫄。生民如何？克禋克祀，以弗无子。履帝武敏歆，攸介攸止，载震载夙。载生载育，时维后稷。诞弥厥月，先生如达。不坼不副，无菑无害，以赫厥灵。上帝不宁，不康禋祀，居然生子。诞寘之隘巷，牛羊腓字之。诞寘之平林，会伐平林。诞寘之寒冰，鸟覆翼之。鸟乃去矣，后稷呱矣。实覃实訏，厥声载路。"

这样的说法，显然是对后稷出生于母系氏族社会的表述。《诗经·大雅·生民》所谓："载生载育"，所言的为生育之事。可以看出，神农的记载与生殖文化有着强烈的联系，因为其原始的神性都属于妇女。①

关于后稷名"弃"，在《史记·卷四·周本纪》中载："周后稷，名弃。其母有邰氏女，曰姜原。姜原为帝喾元妃。姜原出野，见巨人迹，心忻然说，欲践之，践之而身动如孕者。居期而生子，以为不祥，弃之隘巷，马牛过者皆辟不践；徙置之林中，适会山林多人，迁之；而弃渠中冰上，飞鸟以其翼覆荐之。姜原以为神，遂收养长之。初欲弃之，因名曰弃。"

由此看出，这里并未指出后稷的生父姓甚名谁②。而且帝喾与后稷的非父子关系也是学术界长期以来肯定的说法。在这两本典籍中分别对姜嫄（原）生后稷而弃做了解释，为何弃之？学者大都认为无父而弃是为真实原因。③同时，找到遗弃后稷的证据也能力证"晋南后稷起源说"。

在山西省运城万荣县汉薛镇（旧称三文乡）东文村"落子坡"至今流传着姜嫄骑骡半坡生子的传说。④而在其村西的重修柏树庙的碑中也记载了东文村为后稷的舅家（图1.1）。⑤而另一个更能体现后稷晋南说的地点是运城闻喜县的冰池村，在一些古籍文献中大都提到了"诞寘之寒冰"的说法，学术界也一直在为此寻找，都没有准确的地

---

① 丁山.中国古代宗教与神话考［M］.上海：科学出版社，1961：18.
② 丁山.中国古代宗教与神话考［M］.上海：科学出版社，1961：7.
③ 赵国华.生殖文化崇拜论［M］.北京：中国社会科学出版社，1990：275.
④ 根据东文村村民周崇祥（62岁）口述整理：姜嫄怀孕骑骡子上坡至此，骡子突然受惊，将姜嫄摔下产出后稷。因姜嫄怀恨，故诅咒骡子至此不能生育。因是骑骡子而产子故名"骡子坡"，后更名为"落子坡"。
⑤ 据田野考察《重修柏树庙碑记》："柏树庙者前植粗柏故名。文氏后裔创于明嘉靖，建前廊后窑供奉三位尊神，观音菩萨、姜姬娘娘、后稷稷弃。相传东文四间为稷王舅家，每岁大年除夕村人将神驾请进庙内以祀香火，大盛经旬于正月十六送回高庙，安位沿袭已久佑甲闻人丁兴旺，财源广进。素有富巷之称，日寇侵华毁于兵灾，改革开放，百废俱兴，重建柏树庙乃是广大干群的心声……宏愿已遂，人神共庆，立碑为志，以昭后人。"

点。最后终于通过对闻喜县冰池村的走访，找到了传说姜嫄丢弃后稷的冰池。史志中也有姜嫄庙的记载。① 民间传说虽然缺乏有力佐证，但足以表明稷王文化在晋南植根已久，同样能够表明后稷与晋南难以分割的"亲缘关系"。

此外《左传·昭公元年》里记载了台骀这一上古神人：

"昔金天氏有裔子曰昧，为玄冥师，生允格、台骀。台骀能业其官，宣汾、洮，障大泽，以处太原。帝用嘉之，封诸汾川。沈、姒、蓐、黄，实守其祀。今晋主汾而灭之矣。由是观之，则台骀，汾神也。"

其中的台骀正是《史记·卷四·周本纪念》中记载的姜嫄的父亲。汾河源头始于山西晋北宁武县管涔山，流经晋中平原直至禹门口汇入黄河，凡流经之地就都建有台骀庙，其中最为著名的当数宁武、太原和侯马等地的台骀庙。根据大量的信息分析，台骀神的起源地应是在早于夏代前的峨嵋台地一带。峨嵋绵延百余千米，东北部接邻即唐尧所封大夏之地（今山西省临汾市翼城、襄汾一带）。稷王山则正是坐落在峨嵋台地东北区的正中之上。台骀应该就是远古民族有邰氏的一名成员。与后稷弃一样，他属于同一时期的传说始祖人物。笔者沿汾河流域进行了考察，共有四处关于台骀神的遗址，其中包括汾河市源头的宁武台骀庙②、太原市晋源区（古太原县）台骀庙（图1.2）、

图1.1 万荣县汉薛镇东文村柏树庙重修碑记

图1.2 晋源区台骀庙

---

① "姜嫄庙在城西水冰池村，元至元初创建，后至元六年重修。县尹张敏记。"［清］李遵唐. 中国地方志集成·山西府县志辑·乾隆闻喜县志［M］. 南京：凤凰出版社，2005：27.

② "台骀庙，在城南二十余里定河村，乡人至今犯之。""台骀嫁庙，太原沿州并有之，其障沿挑初不在此，特里俗传会耳，守愚作碑殊失事实，文亦无可观，以其年岁颇古，故与元尚思明魏知院碑并存之"。［清］魏元枢. 中国地方志集成·山西府县志辑·乾隆宁武府志［M］. 南京：凤凰出版社，2005：128-166.

晋祠市圣母偏殿台骀庙①和侯马市台骀庙②（图1.3）。此外，史志记载当中的汾阳台骀庙已消失殆尽，无从考证③。晋源区的台骀庙也已在整体古建恢复的过程中被修缮的"脱胎换骨"，全然没有了历史与沧桑感，残留上半身的雕塑泥胎也较为破旧（图1.4）。其碑记被随意堆放在杂草丛中，睹之令人心痛。这也是对古建"修旧如旧"的反面例证。保存最为完好的当数侯马台骀庙④，晋南作为后稷文化的归属地，与台骀文化有着很强的"宗亲"关系。对台骀庙的研究侧面证实了后稷文化在晋南的深厚根基，也证明了上古劳动创造神之间息息相关的历史与文化。

姜嫄和台骀都是与后稷文化紧密结合的上古农业文化的代表人物，通过三者关系的推敲与论证来验证中国农耕文明的源远流长是非常有说服力的。同时，后稷归属地的问题也能在如此"旁敲侧击"的引证中得以回归，还能够将中国农业文化神祇进行系统的完善和整合。

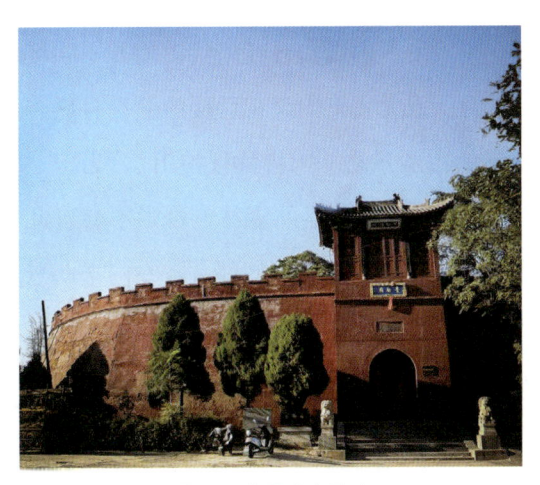

图1.3　侯马市台骀庙

图1.4　晋源区台骀庙之台骀神像

---

① "台骀泽南十里，晋水下流汇为泽，广二十里。今为沿水所没，尽为民田。旁有昌宁公庙及台骀庙。"[清]韩子泰.中国地方志集成·山西府县志辑·乾隆太原府志[M].南京：凤凰出版社，2005：188.

② "在沿水东驺神村，翰林朱舞尊有诗"。其村就以台骀为名，可见晋南对台骀神的重视与礼拜。[清]韩子泰.中国地方志集成·山西府县志辑·光绪续修曲沃县志[M].南京：凤凰出版社，2005：79.

③ 在沿阳县志中记载了朱舞尊的这首台骀神诗："凤鸟书官后，鸿荒障泽年。神功开白壤，帝系出金天。分野扣参次，山川奠马先，按图移岸谷，纪远昧星壤。乱水沿挑别，诸姐沈妙联。唐风谁始犯，鲁史至今传。萧鼓横流散，风沙急溜穿。势曾吞北汉，润亦被西边。璧马黄河并，云旗玉井旋。轩上存想象，凭吊一茫然。"[清]韩子泰.中国地方志集成·山西府县志辑·光绪沿阳府志[M].南京：凤凰出版社，2005：413.

④ 在沿水东驺神村。晋平公疾。卜曰："实沈台骀为祟。"叔向以问子产。子产曰："昔金天子氏有商子曰味，为玄写师，生台骀，能业其官。宣沿挑，障大泽。帝用嘉之，封诸沿川平。"公曰："博物君子也。"即创建神庙于此。[清]张坊.中国地方志集成·山西府县志辑·乾隆新修曲沃县志[M].南京：凤凰出版社，2005：71.

二、晋南稷王文化遗存状况调查研究

山西省内的后稷文化遗迹中，首先让人想到的就是以稷为名的稷山县和稷王山。根据稷山县志记载："稷王城县西三十里地微存又县南五十里稷王山相传后稷教稼地有陵墓"，① 同时县志还把《汉志》和《左传》中关于闻喜自古为稷山的说法进行了表述。② 而顾颉刚先生则肯定地认为"晋南之有稷地和稷山是很早的"。钱穆先生则干脆提出，今天的晋南稷王山一带无疑就是周人始祖后稷当年的教民稼穑且育成五谷之地。西周政权的都城虽在陕西，但细溯源头，岐人之根却是在晋南的稷王山。③ 这也在一定程度上对稷王的始源地进行了定位还原。

峨嵋台地本是位于晋西南地区的一条黄土巨埠④，在这条黄土巨埠之上则耸立了两座孤立的大山。东北是稷王山，多石灰岩质；西南是介山，几乎全为花岗岩。稷王山海拔1279米，由闻喜⑤、夏县、运城、万荣和稷山诸县环抱，自古土地肥沃，是山西最大的产粮区，同时也是当时农业最为发达的地方。稷王山下的稷山县在隋代以前并不叫稷山县，而称"高凉县"。⑥ 隋开皇十八年（598）后，因为稷王山祭祀后稷的活动日盛，遂以山名作县名。古时的稷王山也曾经是稷山县的古八景之一（古称稷神山），名曰"稷峰叠翠"。⑦ 这说明稷王山作为一方名胜，古时曾经有过茂盛的森林，否则不会有此美称。旧时，稷王山上的后稷祠与姜嫄祠名声很大，远处州县的人们都常常专门来此登山

---

① ［清］沈凤翔.稷山县志［M］.台北：成文出版有限公司影印，1976：813.
② "龙门故郡隋志稷山县有后魏龙门郡，开皇初废稷山亭。汉志闻喜有稷山亭，隋改为稷山县。左传晋侯治兵于稷，即此水经注山下有稷亭。铸钱监久废有石志在城内三灵庙，质实亭按纲目在县境。"［清］沈凤翔.稷山县志［M］.台北：成文出版有限公司影印，1976：814-815.
③ 从姜嫄、前稷一柱的"母系先舅时代"，一直到后稷一弃、不窋、鞠（陶）时期，他们始终生活在晋南、晋中，从公刘开始西进，由"晋迁陕西"。王晖.商周文化比较研究［M］.北京：人民出版社，2005：414-425.
④ "峨嵋岭在县南四十里，东西袤二十里，高九里八十步，山有雨峰，湾环凝翠，望若修眉，南峰尤高。"［清］沈凤祥.中国地方志集成·山西府县志辑·同治稷山县志［M］.南京：凤凰出版社，2005：328.
⑤ "稷王山在县西北五十里，接稷山界。后稷始播谷处，上有陵庙，稷山主之姜嫄陵庙。"［清］李遵唐.中国地方志集成·山西府县志辑·乾隆闻喜县志［M］.南京：凤凰出版社，2005：562.
⑥ "高凉城有二。一在县东南三十里，后魏孝文所筑。一在城里许址存俗名古城。按北魏志，太和十一年析龙门，置高凉县，有高凉城。"［清］沈凤翔.稷山县志［M］.台北：成文出版有限公司影印，1976：813-814.
⑦ "稷神山在县南五十里。东连闻喜，西连万荣，南连夏县。峰峦层出，邑景稷峰叠翠，即此以后稷教稼于此故名……东西二十里，南北三十里，高十三里，西去介山十五里。山上有稷祠，山下有稷亭。峨嵋岭在县南四十里，东西袤二十里，高九里八十步。山有雨峰，湾环凝翠，望若修眉，南峰尤高。"［清］沈凤祥.中国地方志集成·山西府县志辑·同治稷山县志［M］.南京：凤凰出版社，2005：328.

祭祀，为的是祈求丰年。祭祀礼毕后，临行还要捡些"五谷石"以求吉祥，或是再绕行到闻喜县的冰池村和蛇虎涧去，虔诚地瞻仰一下后稷当年的受难之地。现在的稷王山上只有一座孤零零的稷王塔挺立顶端。① 稷王塔虽然有些残破，但颇具古风（图1.5）。碑记只剩顶端，但仍有信徒祭拜。尤其是在稷山、闻喜（图1.6）、运城、夏县和万荣这五个县靠山交界的地方，过去几乎村村都有稷王庙或是后稷庙。② 现在遗存下来的稷王庙有：稷山县城稷王庙（现为稷山县博物馆），万荣县太赵村稷王庙，东文村柏树庙遗址（供奉姜嫄和后稷）和高村稷王庙，闻喜县冰池村稷王庙遗址、稷王山稷王塔③和新绛县稷益庙。

稷山县稷王庙位于稷山县城（图1.7），稷王庙内遗留了大量的建筑。④ 院内的道光、

图1.5 稷王塔　　图1.6 闻喜县吴吕村后稷庙　　图1.7 稷山县稷王庙

---

① "后稷庙在汾南五十里，稷神山顶青峰峦峙，石城巍然，是谓王之寝宫，邑八景曰'稷峰叠翠'即此东南有塔，刻'后稷明堂'四字，累朝遵奉。明初太常定甲，以夏四月十七日遣官致祭，后邑令代，今仍之。元至正间道士李志贞重建。"［清］沈凤祥.中国地方志集成·山西府县志辑·同治稷山县志［M］.南京：凤凰出版社，2005：344.

② 张克嶷所著《重修后稷庙庙记》记载："闻之人非谷不食，封稷而祀之，谓其长百谷也，谷非稼不殖，祀稷而配，以后稷谓殖谷也。古者祭社必及稷，而里皆有社。故后稷之祀常遍天下……落成于四十三年四月。凡重建大门二，门享亭、正殿、寝殿若干间。左右姜嫄殿、三工殿若干间。""后稷庙在城北门外，宋太平兴国三年建，明嘉靖年间重修"。［清］李遵唐.中国地方志集成·山西府县志辑·乾隆闻喜县志［M］.南京：凤凰出版社，2005：22-222.

③ 根据实地考察，由万荣县境内登稷王山才可近稷王塔。

④ 王时济所著《重修后稷庙庙记》记载："后稷庙，在邑南五十里有庙，祀稷古矣……正殿三间，前露台方十四丈五尺，周筑萧蔷露台，东过萧墙别殿三间，祀姜嫄。台南甬道左神厨三间，自甬道东行折北为官亭三间，稍西钟楼一间。"［清］沈凤祥.中国地方志集成·山西府县志辑·同治稷山县志［M］.南京：凤凰出版社，2005：562.

光绪年间重修的碑记①记载了其修缮的时间。稷山县是晋南稷王文化继承和发展的最好地区。近些年，当地政府还新建了后稷街和后稷广场（图1.8）。同时，在县城随处可见以后稷为名的商铺店面。此外，县志中还记载了后稷陵②、社稷坛③和先农坛④的位置，可惜这些宗庙祭坛至今已经荡然无存。

万荣稷王庙遗存保存较为完整的为南张乡太赵村稷王庙（图1.9），⑤其大部分建筑已毁于抗日战争时期，现存稷王殿和民国十年（1921）修建的舞台（20世纪70年代中期翻修），稷王殿创建年代不详。重修碑记有同治四年（1865）六月⑥和民国十三年（1924）⑦，其中最久远的碑记记载为元至元八年（1271）（图1.10、图1.11）。而殿内存有宋金时期的钟一架，⑧从建筑结构上看，因整个建筑中没有通长大梁承托，而得名"无梁殿"。原庙

图1.8　稷山县后稷街　　　　　　　　　　图1.9　南张乡太赵村稷王庙

---

①《重建庙宇落成请归合街商贾公办碑记》：稷尊神殿宇于道光丙申偶遭回禄，神无凭依………道光二十七年三月十五日立。

② "县南五十里稷山碑志，昔稷尝躬稼于此，死遂葬马。"［清］沈凤翔.稷山县志［M］.台北：成文出版有限公司，1976：827.

③ "社稷坛在城西北，明洪武间知县茹伯贤建，隆庆元年知县孙惜修，坛崇三尺，东西二丈五尺，南北如之四出狴各三级。"［清］沈凤祥.中国地方志集成·山西府县志辑·同治稷山县志［M］.南京：凤凰出版社，2005：344.

④ "先农坛在城外西南二里，雍正三年敕天下，郡县各建先农坛，颁坛制，并祀先农，及有司耕籍典式，雍正五年知县王梦熊建设如制"。［清］沈凤祥.中国地方志集成·山西府县志辑·同治稷山县志［M］.南京：凤凰出版社，2005：562.

⑤ 万荣县志办公室.万荣县志［M］.北京：海潮出版社，1995：628.

⑥《重修后稷庙碑记》：自古稼穑之事起于神农，成于后稷，神农创耒耜之制，神以农名。后稷办树艺之宜□□□地者专退，后稷历代之祭祀所特隆也，予村就有后稷庙一所，正殿周围共十八间……后稷之德亦无以为士为公为商也，已易舍宏光大□□□□后稷之德于斯永ँ。同治四年六月。

⑦《重建稷王庙戏楼碑记》：功高万古者可以享万古之祀典，德著千秋者可以著千秋之雅韵。□后稷出于姜嫄，封于有邰，为周始祖，创八百余年之业，立我蒸民，开万代粒食之源，故诗人咏之……后稷之德，教稼明农。嗟嗟小子无德而明，略叙俚语以为后警。中华民国十三年，下浣吉旦。

⑧ 钟体铸文：时大宋宣和四年四月二十六日安邑县。

28

图 1.10　太赵村稷王庙民国十三年重修碑记

图 1.11　太赵村稷王庙元代至元八年重修碑记

宏伟壮观，颇具规模，可惜抗日战争中被日本侵略军烧毁，保存下来的仅有正殿（即无梁殿）和民国十年（1921）重修的戏剧舞台。走进稷王庙正殿举目瞻仰，整个大殿好似一把撑开的大伞。它面阔五间，进深六椽。房屋四檐整齐，四周廊下全用斗拱承托。单檐五脊顶，殿内中柱一列，直通平梁以下。平梁分前后两段，穿插相构，两根斜撑木集结屋顶，重力四散下层。方形间架，互相牵依，顶脊小而灵巧，因而房屋坡度很大，形似扇面，整个屋顶部分不及殿长的五分之一。这种别具一格的建筑结构和特殊的民族风格，在我国古代建筑研究中具有一定参考价值。万荣稷王庙"无梁殿"距今已有八百余年的历史，金代建筑在山西省亦不多见，为全国重点文物保护单位。但整个建筑长期闲置，进入院内，荒草丛生，其大殿气度恢宏，对面戏台雕梁刻栋，木雕精湛。整体建筑繁简适度，装饰自然古朴。

万荣县另一座稷王庙位于高村乡东北角，距县城 10 千米处。[①] 曾被日本人占领作为碉堡，投降时毁坏殆尽。

万荣县东文村柏树庙遗址也是供奉后稷和姜嫄的庙宇，但整体建筑已在抗日战争期间被日军所毁。现在的遗存只剩半截蟠龙柱，新修的柏树庙位于村西。闻喜县冰池村稷

---

① 该庙建于明嘉靖年间，有正殿 5 间，献殿 5 间，东侧有娘娘庙 3 间，西侧有财神庙 3 间。两庙的正前方各有献殿 3 间。东有坐东向西的二郎神庙 3 间，南有配房 3 间。再向南有一座小院，建有正房 3 间、东西厢房 3 间，曾为"育婴堂"住所。庙最南建有舞台 1 座。舞台两侧各有角门，庙外建有照壁。万荣县志办公室.万荣县志［M］.北京：海潮出版社，1995：630.

王庙遗址几乎无存，只残留简单的坏墙。

稷王文化的遗存在晋南分布广泛，是中国上古历史研究的重要史证。同时，也构成中国文明史和农业发展史的源头。深入解析其丰富的文化价值和历史根源，能够帮助我们完善中华五千年文明史，同时，也为其相关的研究奠定基础。田野考察晋南稷王文化耗时5年之久（仅暑期考察），在实际的走访和考察中，与相关的一些当地农民和学者进行了详细的交谈，收获甚多。正是这些"活字典"在历史的斑驳中将稷王文化口口相传、发扬光大。

第二节　稷益庙的艺术特征及其相关文化内涵

一、稷益庙的历史沿革与遗存状况

稷益庙全称为东岳稷益庙，为全国重点文物保护单位（图1.12）。其大殿中的明代壁画最能反映稷王文化历史和文化信息资源的图绘艺术，具有极高的科研学术价值。稷益庙创建年代不详，据史料记载，元至元五年（1268）由北社村治都提举司重修，明代弘治、正德年间又曾两次重修与增葺。嘉靖二年（1523）[①]（图1.13）和清代光绪二十七年（1901）重修[②]。

稷益庙俗称阳王庙，这是因为它位于新绛县县城西南20千米处的阳王镇阳王村。它南临稷王山，西望黄河水，环境优美宜人。据史志记载：新绛古称绛州，新绛古为台邰之国，商为冢韦三国，周代时属晋，春秋时曾为晋都，战国时属魏，南北朝时，北魏置雍州，北周明帝改为绛州，隋开皇三年（583）州治迁至今县城处。距今已有一千四百多年的历史。阳王村位于山西省南部，临汾盆地西南边缘，北靠吕梁山，南依峨嵋岭，汾浍二河穿境而过，是一座名副其实的水陆交通城。关于稷益庙创建时间迄今尚未确定，现仅存正殿和舞台两处建筑。明代弘治、正德年间两次修葺，在大殿梁架记载了明弘治十五年（1502）扩建重修的准确时间（图1.14）。壁画绘制的年代

[①] 《重修东岳稷益庙之记》：绛坤隅柏壁之易，峨眉之阴，巍然而突镇乎阳王之墟者，东岳稷益庙也，罔知何代，元至正元间重修正殿，旧三□……大明嘉靖二年，岁次癸未，秋九月初三日立石。

[②] 《重修东岳庙立关帝土地诸神庙碑记》：从来有非常之功，必待非常之人，乃成非常之功，本郡阳王镇创建……列后稷贻万姓粒食之原。由殿而外关帝及土地诸神，具有裨于民生者。浅鲜我□□推圣人神道设教之意，下车尚禋祀之典，四社□荫庥，敢忘崇抱之。诚……光绪二十七年岁次辛丑孟冬之月。

在南壁西边的左上角能找到。根据题记所载，这是由山西翼城县画师程儒及其两子程纲、程耜与门徒张谏，绛州画师陈圆及侄陈文，门徒刘崇 7 人所绘，完成于明代正德二年（1507）秋九月十五。在记载的山西历代著名画师中均未找到这几位的名号。但通过对其画风的研究发现，此处画与芮城永乐宫和稷山青龙寺同出一脉，应该是有着师承关系。

图 1.12　东岳稷益庙　　图 1.13　稷益庙重修碑　　图 1.14　稷益庙脊题记

二、稷益庙壁画与稷王文化研究

晋南稷王庙的重修碑记不胜枚举，尤其是明清两代，仅稷益庙的重修碑记就有 4 块，碑记记载包括明代弘治十五年（1502）进行的重修和扩建。①

明代中叶以后，农业有了极大发展，纺织业已经形成工厂化生产。松江人何良俊说："正德以前，百姓十一在官，十九在田。"② 由此也就不难想象，稷益庙位居山西省南部的主要农业生产区，发展农业始终是中国古代社会的主旋律。重修和绘制以反映农业题材内容的稷益庙壁画在当时具有高度的社会性和现实性。此外，当时朝廷在崇佛、妄道、拉拢民间宗教方面相互平衡，某种意义上形成了一种宗教宽容的气氛。民间寺庙修建，也就由此形成了一种蓬勃发展的势头。

"稷益庙"作为对农业始祖的崇拜，主要供奉的是与晋南农业文化息息相关的后稷与伯益二神。在古代的许多文献中都秉承了《尚书》的说法，将伯益说成能知鸟语、善

---

① 在殿顶的主檩上有明确题记："时弘治十五年岁次壬戌三月□□□四日报讯大夫知绛州事济宁□重建坚柱大吉"。

② 何其敏.中国全史·中国明代宗教史［M］.北京：人民出版社，1994：2-3.

训鸟兽之神人。《吕氏春秋》和《淮南子》更是认为伯益不但善占卜，且会掘井。同时，晋南很多地方也有伯益的庙祠。① 稷王山由于其所处的海拔甚高，古代时常常掘水井至百余丈深，饮用水极为珍贵。因此，将伯益与后稷同庙祭祀，是把农业与水利资源同等看待的集中反映。虽然伯益同后稷一样是传说人物，但据现代考古发掘，证明伯益存在已有端倪。1974年由中国社会科学院考古研究所、中国历史博物馆与山西省文物工作委员会历时5年，在距稷王山不远的山西省运城市夏县东下冯古文化遗址中，发现了多眼距今4000年左右的水井遗迹，这些水井遗存正是"夏墟"纪年之内，与伯益所处的夏末商初时期相吻合。② 同时，祖籍在稷王山西麓的万荣县皇甫乡的考古学家卫聚贤于1931年发现了万荣荆村遗址。③ 遗址中炭化物经过日本专家鉴定为谷类，④ 经理学士高桥基生鉴定为粟和高粱的炭化物。因为是孤证，所以有专家对此质疑，⑤ 但作为黄河流域古文明的起源地，这个例证是非常鼓舞人心的，同时，也是后稷教民稼穑有力的物证。此后近70年间，稷王山四周发掘的新石器时代文化遗址数不胜数，这些新石器时代文化遗址的发现，让我们能够更加科学地认识后稷所生活的那个时代，同时，也更加能够证明后稷其人存在的可能性。

三、稷益庙壁画的内容考释与构图语言特征

稷益庙壁画内容方面虽然是反映农神始祖后稷与伯益民俗儒家文化题材的壁画，但其中穿插有大量的佛道神祇，因此，仍然是归属于寺观壁画的范畴。它的正殿东、西、南三壁绘满精彩的工笔重彩人物，北壁原来有三圣塑像，后被毁。内容以古代农业为题材，描绘并歌颂了古代历史神话传说中大禹、后稷和伯益教民稼穑、为民造福的事迹。其壁画绘制有神仙、鬼卒、平民及各类人物和鬼神形象共609位。⑥ 东西壁面建筑构图

---

① 伯益庙在城南宋家庄。[清]李遵唐.中国地方志集成·山西府县志辑·乾隆闻喜县志[M].南京：凤凰出版社，2005：27.
② 遗址位于东下冯村东北的青龙河南、北两岸台地上，属于二里头文化东下冯类型或东下冯类型文化。1959年春考古开始发掘。历时5年。共发掘六期，在一至四期的发掘中，发现有灰坑、房子、墓葬、水井、沟槽等遗址。
③ 1931年由董光忠主持发掘的山西万荣荆村新石器时代遗址。
④ 1943年日本人和岛诚一报告了碳化物的成分。[日]和岛诚一.山西省河东平原以及太原盆地北半部的史前调查概要[J].人类学杂志，东京：日本人类学会，1943（58卷）：4.
⑤ 安志敏.大河村炭化粮食的鉴定和问题——兼论高粱的起源及其我国的栽培[J].文物，1981（11）：68.
⑥ 此数据为仔细核实所得，其中，不包括动物30余只。

为"凸"字形，东壁画面高 5.56 米，壁面最宽 8.26 米（图 1.15）。西壁画面高 5.58 米，壁面最宽 8.25 米（图 1.16）。南壁左右分列两块壁画，南壁东墙壁面高 5.51 米，宽 2.87 米，南壁西墙壁面高 5.52 米，宽 2.86 米，面积总计 131 平方米（图 1.17）。[①] 画面的顺序为由东向西观看：南壁东侧《张大帝赴会朝圣图》→东壁《朝圣图》（伏羲、神农、黄帝三圣）→西壁《三界礼圣图》（天、地、水三界朝拜大禹、后稷、伯益）→南壁西侧《奔赴酆都狱门图》。表面看来，四墙壁画的内容各自独立，但仔细研究发现内含了佛家的因果报应之说。南壁由东墙张大帝率众部朝圣出行开始，最后以西墙阴曹地府结尾，中间部分则是描绘了庞杂而热闹的朝圣场景。一首一尾、一出一入相互呼应，使得整体画面如行云流水一般。同时，这样的布局使壁画更具叙事性，教化的作用也更为强烈。

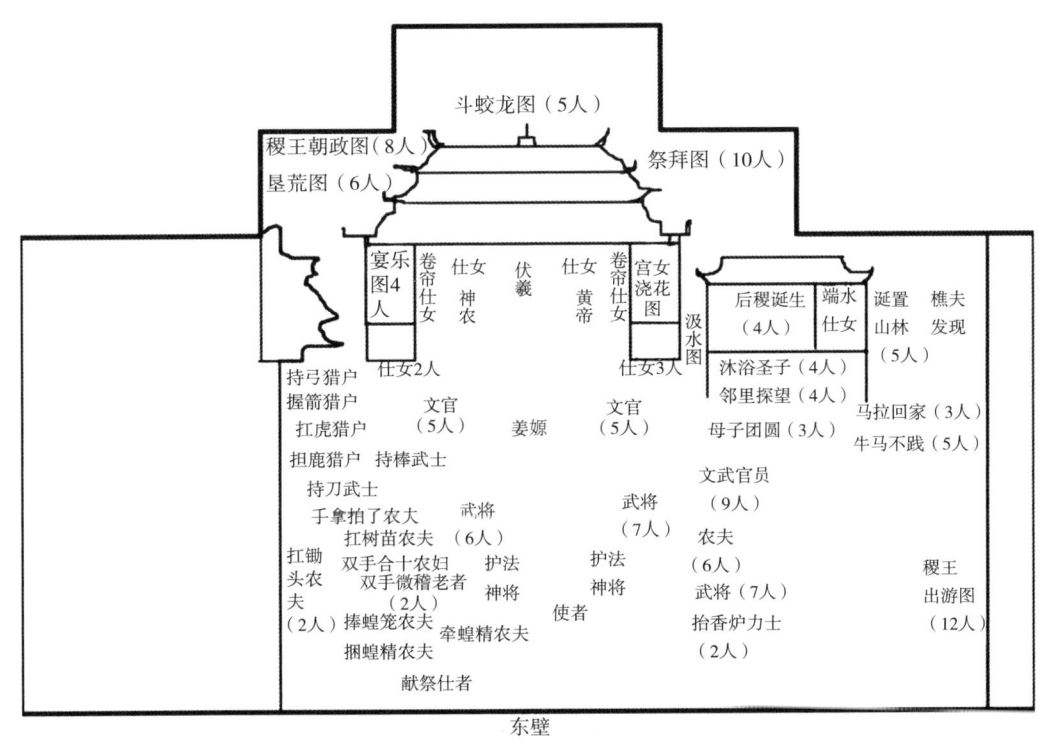

图 1.15　稷益庙东壁构图

[①] 柴泽俊.山西寺观壁画［M］.北京：文物出版社，1997：125.

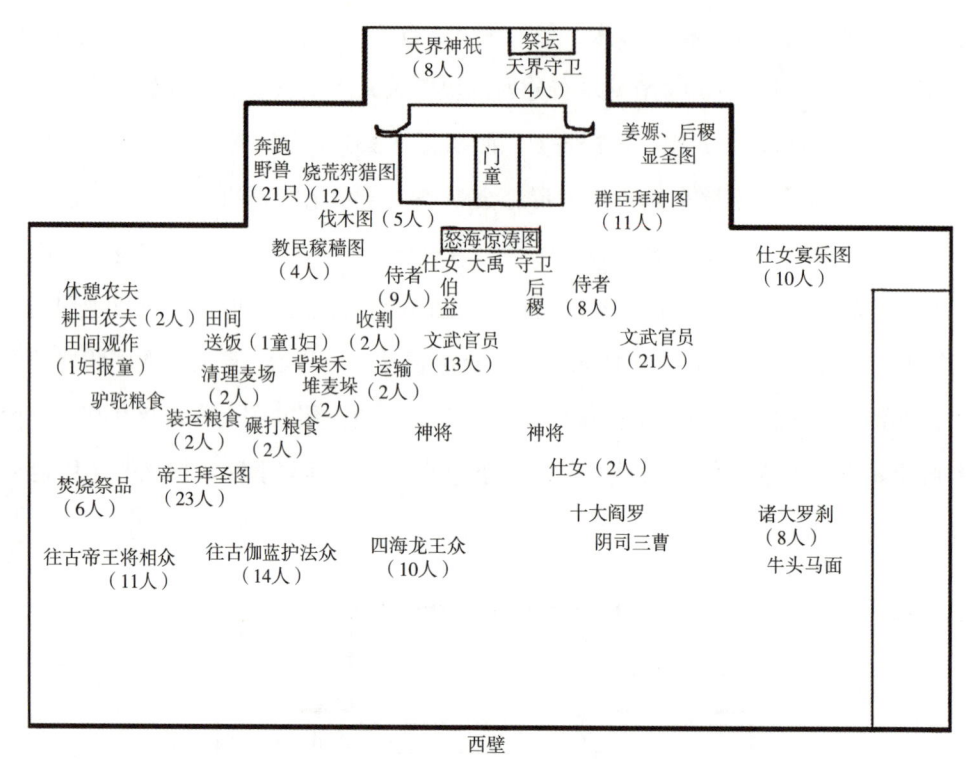

图 1.16 稷益庙西壁构图

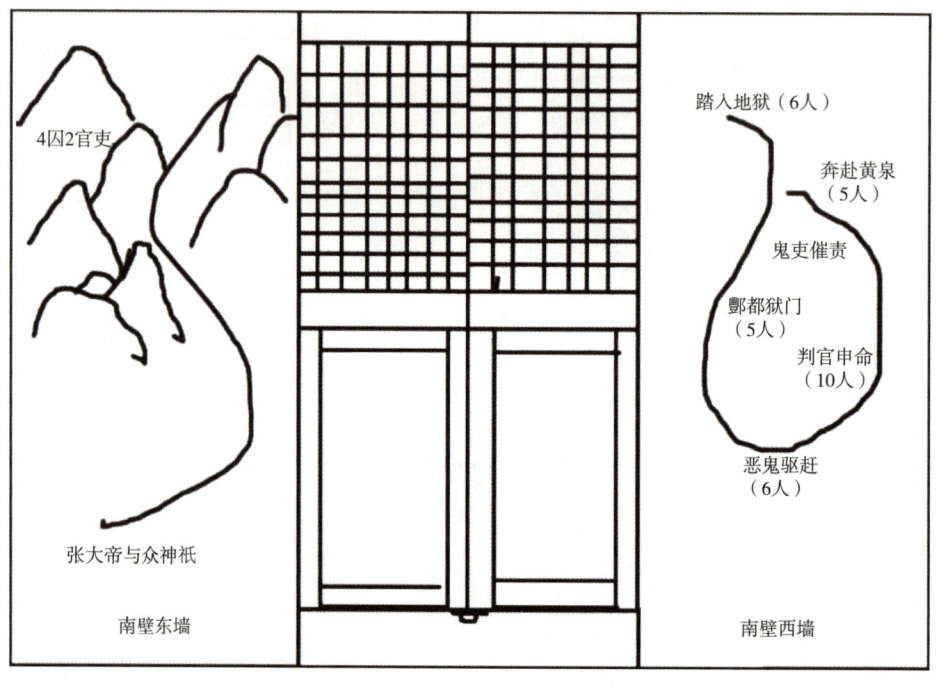

西壁布局（自上而下、自左而右）：

- 天界神祇（8人）
- 祭坛　天界守卫（4人）
- 奔跑野兽（21只）
- 烧荒狩猎图（12人）
- 门童
- 姜嫄、后稷显圣图
- 伐木图（5人）
- 群臣拜神图（11人）
- 教民稼穑图（4人）
- 怒海惊涛图
- 侍者（9人）　仕女　大禹　守卫　伯益　后稷　侍者（8人）
- 仕女宴乐图（10人）
- 休憩农夫
- 耕田农夫（2人）田间
- 田间观作（1妇报童）
- 收割（2人）
- 送饭（1童1妇）
- 文武官员（13人）
- 文武官员（21人）
- 清理麦场
- 背柴禾堆麦垛
- 运输（2人）
- 驴驼粮食
- 装运粮食
- 碾打粮食（2人）
- 神将　　神将
- 仕女（2人）
- 焚烧祭品（6人）
- 帝王拜圣图（23人）
- 十大阎罗
- 阴司三曹
- 诸大罗刹（8人）
- 牛头马面
- 往古帝王将相众（11人）
- 往古伽蓝护法众（14人）
- 四海龙王众（10人）

图 1.17 稷益庙南壁构图

南壁东墙：
- 4囚2官吏
- 张大帝与众神祇

南壁西墙：
- 踏入地狱（6人）
- 奔赴黄泉（5人）
- 鬼吏催责
- 酆都狱门（5人）
- 判官申命（10人）
- 恶鬼驱赶（6人）

稷益庙壁画的艺术构图形式继承了中国传统元明寺观壁画的精髓，人物场景浩浩荡荡、绵延不绝。布局中又巧妙地利用了树木山石进行掩映衬托，使得画面看起来动静结合，令人叹为观止。整个壁画气势恢宏，布局巧妙。环顾四壁，到处是山石树木、人物和禽兽，其中不乏殿宇楼台、奇花异果和珍馐佳肴。此外，画面的整体节奏正是在人物与景物的互衬之中得以彰显。

南壁东墙为《张大帝赴会朝圣图》（图1.18）：画面中的张大帝头戴东坡巾，羽扇白髯，飘飘神仙老者样。前面二鬼扛斧，为开山辟路之引路鬼卒，身后和侧旁有持印仙童和举幡鬼卒相伴。身后逶迤盘曲紧随着48位部众，场面声势浩大。队伍的尾部是三处歇山式宫殿建筑被云雾盘绕，从其门厅的匾额来看（上书"伺山张大帝"）为张大帝的行宫。整壁画面中的人物虽是整齐排列，但其间交头接耳、相互顾盼，使得画面灵动起来。而画面中的宫殿只作屋顶处理也是画家之匠心独运。如此处理表现出人群在山峰之间穿行，浩浩荡荡、难见其尾。此外，在画面的左上角，有两名差役押解着身戴枷锁的4名囚犯摇旗怒喝，甚是凶恶（图1.19）。这与山间行进的掌薄判官张大帝慈眉善目样形成鲜明对比。一边是掌管生死的判官神态和蔼，另一边是人间官吏的怒目凶神，这样的场景富有强烈的戏剧效果，同时，也是画家的情感宣泄。

图1.18　南壁东墙张大帝赴会朝圣图

图1.19　南壁东墙左上押解图

稷益庙东墙壁为《朝圣图》（图1.20）：画面的上部正中三重檐歇山式宫殿，金顶碧瓦，其中端坐着三圣，宫殿周围云霞氤氲、群山环抱。殿顶上方，在群山之间，左右共有 5 人，其中有两人正挥剑与蛟龙搏斗，这组故事应该是歌颂大禹治水的情节。在其殿顶左侧有《稷王朝政图》和《垦荒图》，右边是人间君王祭拜后稷的内容。整个画面的正中间为朝拜仪式，也是人间宫廷朝政的真实反映。三圣的两侧分列有持花仕女（荷花）和卷帘仕女。下方左右分列持宝仕女，手中捧着玉石、珊瑚和何首乌。仕女的安排为上左 2 人、上右 1 人、下左 2 人、下右 3 人。这样是为了求得在均衡中有变化。持宝仕女两端是文武百官和护法神将。文官人人表情严肃，手持笏板而立；武将英姿飒爽、威仪有度。画面正中描绘的是神女姜嫄，姿态婀娜。为了调节气氛，画家在姜嫄的下方绘制了一名持令旗的使者，步履匆匆，右手拿着的一根禾苗随风飘动（图 1.21）。这一人物将整个肃静的大殿瞬间活跃，其禀报之事必为农事。东壁左右两侧是整墙壁画最为精彩之所在。左边自上而下绘制了持弓猎户、握剑猎户和担鹿猎户。再向下有持拍农夫、扛树（苗）农夫、捧笼农夫和缚蝗农夫。这些人物都是当时以农猎为生的劳动人民典型代表。此图描绘的是百姓手拿祭品前往稷王庙拜祭的场面。画面的焦点当数下方捆缚蝗虫精的情节。画家对蝗虫精的描画运用了夸张的手法，其形体与人等高，蝗口张大，满嘴利牙，双爪猛蹬，做冲状。两位农夫身材高大，咬牙瞪目，一拉一捆，将蝗虫精牢牢擒拿。画面气氛紧张，剑拔弩张之势跃然壁上。画面右侧上方是一组连环画，描绘了《诗经·生民》里姜嫄遗弃后稷的故事。整个场景为 9 个故事情节：姜嫄生子、出生沐浴、邻里看望、诞置山林、禽鸟护之、樵夫发现、牛马不践、马拉回家、母子团圆。右下方

图 1.20　东壁朝圣图　　　　　　　　　　图 1.21　东壁神女姜嫄图

有一组很有意思的宫廷君王图，描绘了稷王常服出游，宫娥嫔妃前后相拥，一幅其乐融融的场景。同时，也缓解了左壁《缚蝗图》中的惊心态势，使画面张弛有度。

西壁与东壁相比场景更为丰富，画面中间描绘百官图，与东壁极为相似，但主体人物由神农、伏羲、黄帝变为后稷、伯益、大禹。后稷的形象最好辨认，手中持禾。大禹的身后有一幅怒海惊涛图，象征着他治理黄河的丰功伟绩。整个西壁描绘了三界诸神对三圣的礼拜。首先，画面上方描绘了天界诸神进天门入祭坛祭拜的过程，众神由天门而入，呈蛇形行进。有刚至门外互相寒暄的神祇，还有进入天门接近祭坛的神祇。队伍之中旌旗飘扬，画面下方左边绘有往古帝王将相众、往古伽蓝护法众、四海龙王众。往古帝王将相众当中有唐太宗、宋太祖，往古伽蓝护法众当中有关羽和苏武。四海龙王众是这三组当中最为精彩的，由于壁面残毁，只存有三只龙王，其身后的虾兵蟹将是刻画最为传神的神怪（图1.22）。画家用拟人手法将这些海中动物进行完美结合，塑造出十余只活灵活现的水中精怪。西壁右侧描绘了一组地狱世界，包括十大阎罗、阴司三曹和诸大罗刹众与牛头马面。整个人物的布局借鉴了水陆寺观壁画的结构安排。此外，在画面的左下方和右上方分别绘制了两组祭拜图，左下方为《帝王拜圣图》（图1.23），

图1.22　西壁四海龙王众朝圣图

此图人物众多，参拜领首之人身着帝服冠旒，率领百官朝拜三圣牌位。牌位正中为"昊天玉皇上帝位"，左边为"始祖后稷神位"，由于整体人物呈45度角参拜，因此，右边的牌位只能看到背面，根据推断应该是"始祖伯益神位"。此组图最有趣的是在画面左侧，4位祭祀人在焚烧祭品，火光冲天，两个小童其一坐地仰头观望，另一位手指向天，似有神迹之事出现，饶有情趣（图1.24）。位于右上方的祭拜图有11位文武官员在祭拜后稷和姜嫄，所为何事，观者可以把目光投向与此图平行的左壁。左壁上方绘制了一幅《教民稼穑图》，正是这样的千秋功业，才使得帝王俯首、百官朝拜。在教民稼穑图中描绘了10个场景，分别是：收割粮食、运输庄禾、堆砌谷垛、清扫麦场、碾打粮食、兜装粮食、驴驮粮食、背运柴火、田间送饭、农夫休憩。10个画面既能独立成画，同时又联系紧密。画面中洋溢着晋南自古以来农作的文明史，富有极强的现实意义。与此图相关联的是位于《教民稼穑图》上方的烧荒图，画面中伯益亲临山中，教授农民烧荒狩猎。图中一共有17人和21只野兽，有锯木工、烧荒工和驱赶野兽的农民。场景烟雾缭绕、火光冲天、鹿奔蛇蹿，一派热烈的场景，同时，也是渔猎时期先民开辟家园，征服自然的真实写照。

图1.23 西壁帝王拜圣图　　　　　　　图1.24 西壁焚烧祭品图

在南壁西侧描绘的是"阴曹地府"和"酆都狱门"主题的画面。画面中并未出现"挖眼掏心"的悲惨场景，而是以众鬼驱赶游魂野鬼进入酆都城来展开情节描绘。画面和《张大帝朝圣图》略有相似，整个酆都城外，怪石纵横，阴森恐怖。画面的色彩和山

石造型给人一种沉重的负担。这种暗示更甚于直白的血淋淋似的宣扬,而且有一种儒家的含蓄蕴藏其间。

整个四墙的壁画除了在首尾上暗含着"出"和"入"的关系外,构图当中也承载着许多中国画的形式语言。其中,稷益庙壁画共有 5 种大的构图形式(表 1.1)。其中有两种在整个南壁的东西两墙得以展现。其中南壁东墙的《张大帝赴会朝圣图》应用的构图形式为"S"形,南壁西墙的《酆都狱门图》运用了"引""堵""回""伸"的螺旋状构图,这样的旋转式绘制可以将故事情节更为巧妙地进行"讲述",同时也能够有指向性地引领观者"阅读"。此外,还有"千官列雁式"构图、"△"形构图和"U"形构图。"千官列雁式"构图的表现形式在寺观壁画中随处可见,最为著名的永乐宫壁画就是采用这种构图。其构图特点是神祇在行进当中如流云般前进,适合表现群体神祇人物。"△"形构图是绘画中较为常见的一种构图形式,能够赋予画面稳定的表现力,如东壁《朝圣图》与西壁《文武百官图》。《朝圣图》中三圣的位置呈三角形排列,《文武百官图》中众人按放射状分布,形成一个大的三角形。通过构图的表现,将封建社会"江山稳固"的寓意渗透其中,同时也是对皇权最好的诠释(图 1.25 ~ 图 1.35)。

表 1.1 稷益庙壁画构图分析

图像名称	构图形式	图像位置	图式表现
《张大帝赴会朝圣图》	"S"形构图	南壁东墙	(图 1.25)
《神祇赴会图》	"S"形构图	西壁顶端	(图 1.26)
《猎户农夫赴会图》	"S"形构图	东壁左下侧	(图 1.27)

续表

图像名称	构图形式	图像位置	图式表现
《酆都狱门图》	螺旋状构图	南壁西墙	（图1.28）
《后稷降生图》	螺旋状构图	东壁右上	（图1.29）
《田祖教民稼穑图》	螺旋状构图	西壁左上	（图1.30）
《东壁朝圣图》	"△"形构图	东壁中间	（图1.20）
《西壁文武百官图》	"△"形构图	西壁中间	（图1.31）
往古帝王将相众	"千官列雁式"构图	西壁左下（南）	（图1.32）
往古伽蓝护法众	"千官列雁式"构图	西壁左下（南）	（图1.33）

续表

图像名称	构图形式	图像位置	图式表现
《十大阎罗图》	"千官列雁式"构图	西壁右下（北）	（图 1.34）
诸大罗刹和牛头马面众	"千官列雁式"构图	西壁右下（北）	（图 1.35）

四、稷益庙壁画的民俗艺术特征

民间大多用庙祀的形式表达对圣人贤人的追念，这是民间崇拜的独特形式。[①] 稷益庙壁画的祭祀主体是"三圣"，东壁的"三圣"为黄帝、伏羲和神农；西壁"三圣"为大禹、后稷和伯益。

伏羲、神农和黄帝，或作为三皇被同奉为农业祖师，或其中的神农[②]被单独奉为农业祖师。[③] 这是华夏文明流传最为广泛的说法。东壁的后稷同样被奉为农业之祖，这也是学术界广泛认可的事实。关于后稷与神农的文献记载也是非常之多。最后的论证结果是神农是商代的农神，后稷是周代的农神，[④] 同样都是华夏文化中的农业始祖，只是所

---

① 乌丙安.中国民间信仰[M].上海：上海人民出版社，1995：235-236.

② 神农以赭鞭鞭百草，尽知其平毒寒温之性，臭味所主，以播百谷，故天下号神农也。〔晋〕干宝，李剑国辑校.新辑搜神记卷二四[M].北京：中华书局，2007：397.

③ 奉三皇为农业始祖的理由：盖因伏羲画八卦定四方，作网罟教渔猎；神农艺五谷，兴农事，尝百草，辟药圃；轩辕造农具，定节气，定为发明农事之圣人。三皇中以神农为农业之祖师的传说最多。《易系辞传》云："包牺氏作，斫木为耜，揉木为耒，耒耨之利，以教天下。"大体说来，神农氏是耒耜的发明家，是耕种技术的发明者，而且留下遗嘱教人民，男必自耕而食，女必自织而衣。这是农业生产的社会惯例。李乔.中国行业神崇拜[M].北京：中国华侨出版社，1990：336.

④ 《礼记·祭法》："是故烈山氏之有天下也，其子曰农，能殖百谷。夏之衰也，周弃继之，故祀以为稷。"《左传·昭公二十九年》："稷，田正也，有烈山氏之子曰柱，为稷，自夏以上祀之，周弃亦为稷，自商代以来祀之。"这是关于农业始祖和祭法流变的记载。丁山.中国古代宗教与神话考[M].上海：科学出版社，1961：18.

处时代不同而已。在西壁左上方有一组《教民稼穑图》，一般学者理解为后稷教民稼穑。根据图像分析，其应为"田祖"叔均。其人为后稷之侄或孙，因"始耕田者，谓之神农"。① 由此，稷益庙壁画出现了三个时期的"神农"。这也是中华神话人物演绎史的最好图证。神农文化代表了"百草""稼穑"和"耕种"三种农业形式，同时，更大化地将稷益庙壁画的神祇人物谱系进行了延伸。

西壁中的"大禹""伯益"同样是农业文化的始祖人物。相传伯益是为舜训练鸟兽之人，而且是掘井的发明人，但在稷益庙壁画描绘的伯益，并非是这两种神职之人。西壁左上方有一幅《烧荒狩猎图》（图1.36），其中的情景描绘的正是伯益教民以火烧荒而狩②的情景。画面中展现的正是人类原始社会进行的最为原始的生产方式（以火狩猎），同时，也是人类对火掌握以后的自由掌控的体现。尽管现在看起来有些野蛮，但作为人类由田猎社会发展到农耕社会，这是一个必不可少的环节。而位于《烧荒狩猎图》下方的田祖教民耕种图正是对这两种生产方式的图像演变。

图1.36 烧荒狩猎图

土地五谷神崇拜缘起于黄河流域，先民早期就是定居于此，由于耕种技术的发明，使得人们对土地的依赖性越来越强。原始的土地五谷神是自然力的直接化身，而社稷神

---

① 叔均果为后稷之孙，台尔宜为后稷之子，无论是叔或孙，叔均"始作耕"或"始作牛耕"而且又善于驱赶旱魃，后人封他为田祖是理所当然的。丁山.中国古代宗教与神话考[M].上海：科学出版社，1961：23.

② 尔雅解释："冬猎为狩、宵田为獠、火田为狩"。中央研究院十三次发掘甲骨文有云："……其焚，毕，癸卯猎豕十一，豕十五，兔十五"。由此看来以火猎田，越古越盛行。而且，胡家厚先生据此论定商代确有"以火猎田"的习惯。此外《史记·秦本纪》对伯益为舜驯兽之事使得其落入其中的窠臼。而在《孟子滕文公》中将伯益称为"舜使益掌火，益烈山泽而焚之，鸟兽逃逸"。如孟子说：山虞，泽虞不是驯服鸟兽之官，他的职责是"烈山泽而焚之，以驱除野兽"，这是相当原始的田猎方法。丁山先生认为此处的烈山氏并不是帝王的称号。丁山.中国古代宗教与神话考[M].上海：科学出版社，1961：29.

却与古代的英雄圣人崇拜结合在了一起。此圣人就是"后土句龙"和"后稷弃或柱"。①后稷代表的是社稷之"稷",而"后土句龙"又是谁?在丁山先生的分析中,后土句龙就是大禹。②众所周知,大禹为远古治水之功臣,与尧、舜并称三圣。稷益庙壁画将三皇与三圣同时位列祭祀已经远远超越了简单的农业祭祀习俗,其中蕴藏着劳动人民对千秋万代江山社稷的崇敬与礼尚,这些都在东西两壁的三皇与三圣图中得以展现。

从整体的壁画来看,这是为祭祀这些上古的农业圣人而设。中国民间信仰在先秦就对远古这些部落首领进行崇拜。神农氏创造了农业、灌溉和医药;伏羲氏开创了最早的畜牧业,还创造了八卦;黄帝作为中原部落首领,扩大了部落联盟,发明了舟车、弓箭、屋宇和衣裳。这些都为部落文明带来新的进步。③因此,为这些先祖歌功颂德是历史赋予老百姓的职责。正是这些圣人英雄为我们人类文明的进程敞开了大门。

作为民间农业祭祀,其祭祀的内容一定是围绕农事来展开的。其中这些礼俗包括了"祈谷""求雨"和"祈年"这些习俗。"祈年"不是特指一定的祭礼,而是整体祭祀完成的最终结果。④而其中的"祈谷"与"求雨"是祭祀真正的目的。此外,仪式的社会功能还能帮人们解决心理问题。例如农耕和渔业,一旦遇上大的自然灾害,像虫灾、干旱和风暴,只能通过祈求达到安全而有效的结果,解除人们的焦虑。⑤因此,稷益庙所承载的社会功能是十分强大的,而赋予其功能的不仅仅是巍峨的建筑与仪式。人们在面对整墙绘制精美、寓意深刻的农事壁画时,产生了对农业始祖深深的敬仰与感激。这种图像的教化超越了宗教力量对人类的思维束缚,是自发自愿的,具有高度的自觉性。

在整个农业祭祀的礼仪当中,最能够与稷益庙壁画当中的场景相吻合的是源于商周时期的"大蜡(蜡音索)"。其祭祀的种类有8种,又称"八蜡"⑥,这8种神代表了农业的8个方面,同时,八蜡也是除虫、抗灾和御患的神祇。壁画中最有代表性的当数东

---

① 詹鄞鑫.神灵与祭祀[M].南京:江苏古籍出版社,2002:62.
② 据《鲁语》所载展禽说:"共工氏之伯有九也,其子曰后土,能平九土,故祀以为社"。丁山.中国古代宗教与神话考[M].上海:科学出版社,1961:31.
③ 乌丙安.中国民间信仰[M].上海:上海人民出版社,1995:223.
④ 詹鄞鑫.神灵与祭祀[M].南京:江苏古籍出版社,2002:354.
⑤ 罗竹风.人·社会·宗教[M].上海:上海社会科学院出版社,1995:279.
⑥ 八蜡包括农神:先啬神农,后啬后稷;作物神:百种;农官田畯:领导督促劳动之神;田间设施神:邮表畷;农业益虫神:猫虎;水庸:城隍;昆虫之类。詹鄞鑫.神灵与祭祀[M].南京:江苏古籍出版社,2002:375.

图1.37 东壁左下缚蝗图

壁左下的《缚蝗图》（图1.37）。陈正祥先生说："有八蜡庙和刘猛将军庙存在的地方一定有严重的蝗灾。反之，没有蝗灾或蝗灾不严重的地方，也就不必建此等庙了。"① 由此可见八蜡庙与刘猛将军庙是相随相伴的。由此，笔者在《新绛县志》中找到了关于八蜡庙与刘猛将军祠的记载。② 在《新绛县志》中同样记载着八蜡庙与刘猛将军祠的"伙伴地位"。同时，在晋南的闻喜③、稷山④和曲沃⑤县志中都有八蜡庙的记载。壁画中的缚蝗大汉应该就是刘猛将军。此人怒目虬髯，威猛孔武，似有万夫不当之勇。刘猛将军虽然威猛过人，但画面中最为精彩的当属夸张的"蝗虫精"。将蝗虫绘制得如此巨大，可见在明代的新绛地区曾遭受过重大的蝗灾。据史料记载，山西在明代曾经遭受过多次大的蝗灾。⑥ 这只是全国的统计，追溯到山西晋南，具体的小蝗灾更是难以计数。画面当中的蝗虫精为大青蝗，学名棉蝗（图1.38）。⑦ 壁画正是以这种体长近8厘米的超大蝗虫为创作的原型，使人望而生畏。同时，在缚蝗图的旁边，还有一幅关于农作物害虫的图。一戴帽老者

---

① 刘猛将军是中国最有名的驱蝗正神，明清时期各地普遍立庙供奉。国际著名地理学家陈正祥认为：民间以为刘猛将军赋有神力，可以驱除蝗虫，便在一些比较现实的地方建立刘猛将军庙，想用武力来镇压蝗虫。孔蔚.江西的刘猛将军庙与蝗灾[J].江西师范大学学报（哲学社会科学学报），1994（11）：95.

② 《新绛县志》：八蜡庙在南关，清道光十七年（1837）重修。是岁六月蝗入境，有飞而不集，集而不食之异常。刘猛将军祠在八蜡庙东侧，清同治元年创建。据民国徐昭俭修，杨兆泰纂.新绛县志[M].台北：成文出版有限公司，1976：796.

③ 八蜡庙在城南门外，明正德四年（1509）知县王启霄创建。[清]李遵唐.中国地方志集成·山西府县志辑·乾隆闻喜县志[M].南京：凤凰出版社，2005：27.

④ 八蜡庙在城南门外，明正德五年（1510）县丞姜文诗建，隆庆元年知县孙佰修，梁维记。万历间知县刘三锡、康熙六年知县孟孔脉重修。[清]沈凤祥.中国地方志集成·山西府县志辑·同治稷山县志[M].南京：凤凰出版社，2005：344.

⑤ 八蜡庙在城北。明正德三年（1508）知县王锷建。一日先啬神农为二日司啬。后稷为主。三日田畯也……[清]张坊.中国地方志集成·山西府县志辑·乾隆新修曲沃县志[M].南京：凤凰出版社，2005：69.

⑥ 登云特《中国救灾史》统计，明代（1368-1368年）发生过蝗灾94次，灾害频数之高史无前例。其中洪武六年（1373）七月、洪武七年（1374）二月、永乐元年（1403）夏、宣德九年（1434）七月、崇祯十三年（1640）五月都有大的蝗灾。孟昭华.中国灾荒史记[M].北京：中国社会出版社，1999：480-481.

⑦ 体型大，长5~7.5厘米，草绿色（这与壁画中描绘的蝗虫精极为相似）。前胸背板有高起的中隆线，前后翅都很发达，其长超过后足腿节顶端，后翅基部红色，后足胫节褐色，刺白色，刺端黑色。为害棉、甘蔗、豆类等作物。分布地区有华北、华中、华东和华南等地。《中国农作物病虫害图谱》编绘组编.中国农作物病虫图谱·第一集[M].北京：中国农业科学出版社，1959：268-269.

手握通体黑褐色的六足虫，根据比例，虫子约有30毫米长，在老者手中拼命挣扎，试图逃跑（图1.39）。其旁侧立一老者，其口张大，表情紧张，手握一拍，随时准备将害虫打死。根据图像资料证实，图中的害虫为华北蝼蛄（图1.40），别名土狗子，是晋南极为常见的害虫，体长39~45毫米。[①]不管是蝗虫还是蝼蛄，都是体型较小的昆虫，人们将蝼蛄与蚂蚁合并称为"蝼蚁"，来比喻较小的事物。而壁画中的这两种昆虫被放大了几十倍，画家这种表现手法，使得画面具有浓郁的神话色彩和艺术感染力，同时，也表达了劳动人民对这些害虫既痛恨又恐惧的心理。这是一幅极富创造力的超现实主义绘画，同时也洋溢着浓浓的民俗生活气息。

图1.38　棉蝗标本图

图1.39　老者手握蝼蛄图

图1.40　华北蝼蛄标本图

在农业祭祀方面，另外一种祭祀礼仪的展现就是求雨。晋南位于华北地区，自古以来干旱就是最为突出的灾患。明代，全国大的旱灾达到了174次，[②]这是一个"史无前例"的数字。其中，山西的旱灾在整个明代就有15次之多，因此，在稷益庙壁画中反映"祈雨"

---

① 体黑褐色，头狭长，触角丝状，生于复眼的下方，头的正面中央有单眼三个。前胸呈盾形，前翅黄褐色，覆盖腹部不及一半，腹部近似圆筒形，背面黑褐，腹末亦具二尾毛。为害以小麦为主。《中国农作物病虫害图谱》编绘组编.中国农作物病虫图谱·第一集［M］.北京：中国农业科学出版社，1959：74-75.
② 《中国农作物病虫害图谱》编绘组编.中国农作物病虫图谱·第一集［M］.北京：中国农业科学出版社，1959：480.

的神祇和场景也较多。其中有南壁东墙的张大帝、西壁中央的大禹、西壁下方的龙王海族精灵众。这些神祇的描绘都是对祈雨强烈心愿的表达，尤其是在龙王旁边赫然有一条黑龙舞动，这完全是在行"雩礼""作土龙"①在求雨。"作土龙"这一活动被以平面的形式进行了表现，效果是相同的。此外，黑龙的上方有一貌似罗刹状的巫师正在舞蹈。这正是"雩礼"中求雨所跳的舞（图1.41）。

图1.41 雩礼求雨图

如果说农业祭祀是人与神的对话，那稷益庙壁画南壁的《张大帝赴会图》和"酆都狱门"以及西壁右下方的"十大阎罗""阴司三曹""诸大罗刹"和"牛头马面"就是对劳动人民的精神奴役与情感桎梏。《张大帝赴会图》中率领的鬼界大军和"鬼帝"②遥相辉映，诏示着人们要谨言善行，勿有异行。同时，在浏览整殿壁画的时候，仍然不忘用"十殿阎罗"③"牛头马面"（图1.42）④这些耳熟能详的地狱使者来暗示众生要日日行善，毋要作恶。

图1.42 牛头马面图

稷益庙壁画还有一些反映当时晋南的民俗图像，其中包括大量的生活、生产劳动的场景（表1.2）。这些都是当时社会生活的真实反映，同时也是一卷卷的人类文化史料的真实图证。

---

① 《后汉书·礼仪志》中有"行雩礼求雨，作土龙"，詹鄞鑫.神灵与祭祀[M].南京：江苏古籍出版社，2002：359.

② 鬼帝，全称"酆都北阴大帝"，晋代又称"北方鬼帝"，道教鬼神谱系中位列很高。民间认为鬼帝是冥府的最高统治者，如人间皇帝之权威。此鬼帝原出于四川酆都县，该县被道教附会传说为北极地狱所在。乌丙安.中国民间信仰[M].上海：上海人民出版社，1995：169.

③ 又称"阎罗王"属于佛教中主宰地狱的冥神，传入中国后成为民间广泛信仰的众鬼王。第一殿秦广王蒋，第二殿楚江王历，第三殿宋帝王余，第四殿五官王吕，第五殿阎罗王包，第六殿卞城王毕，第七殿泰山王董，第八殿都市王黄，第九殿平等王陆，第十殿轮转王薛。阎王崇拜在民间影响极大，地狱酷刑的阴影给人间造成极大的精神压力，六道轮回的轮回观念又诱使人们对来世的寄托幻想，历代王朝利用这种崇拜加强对百姓的残酷统治，麻醉民众精神，消磨人们意志。

④ 牛头马面为地狱中较大的鬼卒，民间崇信广为流传，最早佛教传入时有"牛头阿旁""马面阿房"两个半人半兽的恶鬼，牛头人身，马头人身，双脚双蹄的地狱鬼卒，晋代以后变为牛头马面。

表 1.2　稷益庙壁画中的民俗图像分析

图像名称	图像位置	生活、生产劳动场景	民俗特征
《宴乐图》（图 1.43）	东壁左上	饮酒、奏乐、表演	两贵妇饮酒作乐。左旁立一侍女，作谦恭状。右下一女扮男装（头戴交脚幞头，耳配耳环）的乐者表演，与宫廷贵妇作乐。
《汲水浇花图》（图 1.44）	东壁右上	汲水、浇盆景	一名地位卑微的婢女屈身在桥上取水，上方一名被树遮住的婢女正浇灌盆景。与左边相同位置的宴乐贵妇形成鲜明对比，暗示了宫廷侍女的悲惨命运。
《后稷降生图》（图 1.45）	东壁右上	生育、沐浴	场景巧妙地把产妇姜嫄安排到画面的上方，三位女邻居正在帮助刚出生的后稷沐浴。姜嫄坐于床上侧身观看，但有碍于中国传统的生育保养观念（坐月子）不能下地。此图体现出母爱的慈祥与"无父生子"的无奈。
《烧荒狩猎图》（图 1.36）	西壁左上	狩猎、烧荒	伯益或烈山氏教导农民放火烧山而狩的情景，场面当中有伐木工挥刀砍树，打猎者拉弓射虎，密林深处动物拼命奔跑逃命，是先民渔猎生产方式的最佳图证。
《田祖教民稼穑图》（图 1.30）	西壁左上	收割粮食、运输庄禾、堆砌谷垛、清扫麦场、碾打粮食、兜装粮食、驴驮粮食、背运柴火、田间送饭、农夫休憩	整个场景人人忙碌，其中展示了大量的古代劳动工具，有镰刀、犁、石碾、扁担、独轮车、锄头、锹、叉子、毛驴、耕牛等。画面中的送饭图中的小童与挑饭母亲动态生动，与耕种的父兄呼应，一幅其乐融融的样子。画中其他人埋头苦干的精神正是对古代晋南劳动人民的歌颂。
《后宫仕女图》（图 1.46）	西壁右上	宴会筹备	画面中的侍女脚步匆匆，手中端食盒、酒杯、酒壶、果盘。下楼梯时仍在回头交谈，似乎在交代什么。此图把后宫仕女勤劳活泼的天性显露无遗。

图 1.43　宴乐图　　图 1.44　汲水浇花图　　图 1.45　后稷降生图　　图 1.46　后宫仕女图

稷益庙壁画色彩鲜艳，除了沿用宋元壁画庄重的石青、石绿色外，加入了大量的红、蓝和黄色（三种以上）。矿物质颜料的应用使得稷益庙壁画色彩经久不衰，但由于屋顶失修，导致漏雨使壁画冲刷毁坏严重。东壁左部和右壁右边遭受不同程度的损坏。在造型语言上，稷益庙壁画秉承了晋南寺观壁画严谨细腻的风格，铁线描和莼菜描及钉头鼠尾描是最主要的造型手法。其艺术创作手法大胆创新，并未按照传统的寺观壁画形式构图（一般寺观壁画用线条分割），人物多而不杂，密而不乱，不仅充分应用了中国传统绘画的表现技法，更是将纸本绘画的创作语言挪移到壁画当中。此外，由于其独特的文化形式和所包容的文化资源，稷益庙壁画为我们打开一扇又一扇了解上古及古代社会的历史之门，同时作为稷王文化的艺术表现，稷益庙壁画可谓是一枝独秀，无法超越，在逐步深入的研究中势必为我们展现出中国农耕文化的卓然璀璨。

第二章 农业耕种机械研究

第一节 壁画田野考察及农业科技相关背景

一、稷益庙与六郎庙壁画的背景考察

山西新绛稷益庙，全称为东岳稷益庙，是全国重点文物保护单位。稷益庙俗称阳王庙，这是因为它坐落于新绛县县城西南 20 千米处的阳王镇阳王村。它南临稷王山，西望黄河水，环境优美宜人。其庙具体初建年代不详，据记载元至元五年（1339）北社村治都提举司富国治管□张□佐施重修，明弘治（1488—1505）、正德（1506—1521）年间曾又两次重修与增建。据《重修东岳庙立关帝土地诸神庙碑记》载，该庙在明嘉靖二年（1523）和清光绪二十七年（1901）重修。[①] 大殿中的明代壁画是最能反映稷王文化历史和文化信息资源的图绘艺术，也是中国极少以农业题材为主旨的寺观壁画，具有极高的科研学术价值。

根据题记，壁画是由山西省翼城画师程儒及其两子程絧、程耟与门徒张谏，绛州画师陈圆及侄陈文，门徒刘崇七人所绘，完成于明正德二年（1507）秋九月十五。搜寻山西历代名画师记，未有相关记载，通过对稷益庙壁画风格的研究，可看出技法与芮城（原永济）永乐宫和稷山青龙寺相近，作者之间应该有着较强的师承关系。

六郎庙现名聚贤观，始建之时已无从考证。从大殿脊榑题记来看重修于明代万历四十一年（1613）九月。殿内遗存壁画的风格色彩在形制上同样是属于明代。其庙背靠崛围山，远眺落凤坡，东临汾水，西连卧虎山。一株周槐在庙址所在的王家庄村西与其

[①] 史宏蕾，伊宝. 试论明代稷益庙壁画的艺术成就[J]. 沧桑，2004（6）：28—30.

毗邻，蔚为奇观。2008年之前，六郎庙大殿严重坍塌损毁，由于长期得不到有效的保护，一度面临消亡。2008年全真教龙门派二十三代玄裔弟子张宗健道长募资重修，对六郎庙的三间硬山顶结构建筑进行了很好的修缮，及时地保护了东、西山墙上的明代壁画。同时还修造了聚仙殿、大财神殿、碧霞元君祠、钟、鼓楼及山门，遂整体命名为聚贤观。

现存的六郎庙位于聚贤观后殿，仍沿用旧名。殿内供奉了司雨天神范六郎、唐代镇国大将李靖、驱瘟治蝗大神张六郎三位神祇。此庙正是因有两位神祇名为六郎而得名。同时，整座寺观儒释道三教皆存，是明代寺观重要的特点。

六郎庙壁画分布于东、西山墙两侧，两幅壁画呈对称构图。壁面主要分作上中下三层，与一般的寺观壁画构图较为不同的是，整墙壁画上下人物尺寸较为悬殊。上部最高的神祇约55厘米，下层人物高12厘米。这在一般的寺观壁画的表现中并不常见。整个东壁的长度为550厘米，高度为243厘米，西壁与其尺寸相当。整个壁画面积为26.73平方米。其中，东壁上部北端为半截门厅建筑，门厅前站立身着红色宋代官服之人。在其南边有司风雨女神行云布雨，东壁上部最南端则是一老者和二鬼使者正在放绛，画面中的七色彩虹自二鬼卒手中划弧而出，搭成彩色虹桥。在彩虹下端还有一组敲打吹锁呐的人物正欢庆喜雨之事。明代太原地区多干旱，而祈雨成为当地百姓民俗活动中重要的仪式科目。东壁中段描绘有大量的骑马、骑龙的神祇，这些人物腾云驾雾，行进于舒卷的云雾之中，其中有头戴黑色幞头、身着绿衣作行雨状者是司雨天神范六郎。在西壁的上部北边同样是一座庭院，门口侍立二人。上部中段描绘了雷公、电神大兴法事。西壁中间部分由于长期被雨水浸透已模糊不堪，难以具体分辨，从细微的遗痕看，也是骑龙、骑马的神祇，中间之人着装与范六郎近似，应是治蝗大神张六郎。庙内供奉的行雨龙王与治蝗神祇说明了明代自然灾害以这两类最甚。

整墙壁画的下半部分描绘了当地农耕稼穑之事，同时也是为了呼应壁画中天界与地祇的祭祀内容。画面自东墙南边开始，将古代农业耕种的耕种、播种、中耕、收割、脱粒、清选、入仓等情景进行完整地表现。画面使用的连环画式的图样表达，每一个场景既是独立的情景，同时又用山水桥石等配景进行了整体联系，使得整幅壁画更加地统一协调。同样是以反映农业科技为题材的壁画，六郎庙壁画的出现打破了稷益庙壁画以完整系统描绘古代农耕稼穑之事的唯一壁画图证，充实了古代农业科技研究的图像资料，其中的农具绘制在种类方面远远超过稷益庙壁画中的数量种类。此外，在图像构成关系上,稷益庙壁画采用了空间交错式的圆形及三角形构图形式对壁画进行表达,而六郎庙则采用分段连续独立式的图式关系,这与山西当地的"炕围画"样式十分相近。因此,壁画作为一种宗教绘画由于其广泛的受众深刻地影响了民间美术的发展。

作为一墙深藏于偏远村落由民间募资绘制的寺观壁画,六郎庙在规模和形制上远逊于稷益庙壁画,但这并不代表其艺术性因此而逊色。无论是画面人物的刻画还是色的赋彩运用都一丝不苟,沿袭宋元山西寺观壁画之华丽与精巧。中国绘画最重要的造型手段,就是线的应用,在六郎庙壁画中,将莼菜描、铁线描、兰叶描等诸多线条融于其中,极为丰富地将人物、山水、云石、树木的体质感表达。在用色方面,六郎庙壁画同样是以石青石绿色为主,配合了朱砂、赭石等暖色,整体用色较宋元壁画更为艳丽,但不够沉稳,这是明代壁画不如前朝壁画之重要特征。在造型方面,六郎庙壁画的神祇虽然继承了宋元壁画粉本,但其中的劳动人物场景的刻画,显然是对当时社会的真实描绘,无论是耄耋老者或是垂髫孩童,都洋溢着浓郁的地域风情,这也是六郎庙壁画较为独特的造型艺术表现。

二、祭祀与农业灾害研究

民间农业祭祀,其内容一定是围绕农事展开的,礼俗包括了"祈谷""祈年"和"求雨"等。"祈年"不是特指一定的祭礼,而是整体祭祀完成的最终结果。[①] 而其中的"祈谷"与"求雨"是祭祀真正的目的。此外,仪式的社会功能还能帮人们解决心理问题。例如农耕和渔业,一旦遇上恶劣的自然灾害,像虫灾、干旱、海上风暴,只能通过仪式来进行心理辅助安慰,解除人们的"焦虑"。[②] 因此,稷益庙所承载的社会功能是十分强大的。而赋予其功能的不仅仅是巍峨的建筑与仪式的操作,人们在面对整墙绘制精美、寓意深刻的农耕稼穑壁画除了进行膜拜以外还能够获取到一定的农业知识,就如同现在能够在媒体上看到自己熟悉的生活场景,本身就是一种对于现实的褒扬。

在整个农业祭祀的礼仪中,最能够与稷益庙壁画场景相吻合的是源于商周时期的"大蜡"祭。其祭祀的种类有八种,又称"八蜡"。[③] 这八种神代表了农业的八个方面。同时八蜡是除虫抗灾御患的神祇。壁画中最有代表性的当数东壁左下的"缚

---

① 詹鄞鑫. 神灵与祭祀 [M]. 南京:江苏古籍出版社,2002:354.
② 罗竹风. 人·社会·宗教 [M]. 上海:上海社会科学院出版社,1995:279.
③ 八蜡包括农神:先啬神农,后啬后稷。作物神:百种。农官田畯神:领导督促劳动之神。田间设施神:邮表畷。农业益虫神:猫虎。水庸:城隍。昆虫之类。詹鄞鑫. 神灵与祭祀 [M]. 南京:江苏古籍出版社,2002:375.

图 2.1 缚蝗图

蝗图"(图 2.1)。陈正祥先生说:"有八蜡庙和刘猛将军庙(图 2.2)存在的地方一定有严重的蝗灾,反之,没有蝗灾或蝗灾不严重的地方,也就不必建此等庙了。"[1] 由此可见八蜡庙与刘猛将军庙是相随相伴的。由此,笔者在《新绛县志》中查证到了关于八蜡庙与刘猛将军祠的记载。[2] 在《新绛县志》中同样记载着八蜡庙与刘猛将军祠的"伙伴地位"。同时,在晋南的闻喜[3]、稷山[4]、曲沃[5]都有八蜡庙的记载。壁画中的缚蝗大汉应该就是描绘的刘猛将军。此人怒目虬髯,威猛孔武,似有万夫不当之勇。刘猛将军虽然威猛过人,但画面描绘最为精彩的是夸张的"蝗虫精"。将蝗虫绘制得如此巨大,可见在明代的新绛地区曾遭受过重大的蝗灾。翻开史料发现山西在明代曾经遭受过上百次大的蝗灾(图 2.3)。[6] 这只是全国的统计,追溯明代山西南部的小蝗灾更是难以计数。《农政全书》对此也进行了详细的论述。画面的"蝗虫精"为大青蝗,学名棉蝗。[7](图 2.4)该殿壁画正是以这种体长近 8 厘米的超大蝗虫作为创作的元素进行了夸张,使人望而生畏。同时,在缚蝗图的旁边,还有一组关于农作物害虫的图像。一戴帽老者手握通体黑褐色的六足虫(图 2.5),根据比例有 30 厘米左右,在老者手中拼命挣

---

[1] 刘猛将军是中国最有名的驱蝗正神,明清时期各地普遍立庙供奉。著名地理学家陈正祥认为:民间以为刘猛将军赋有神力,可以驱除蝗虫,便在一些比较现实的地方建立刘猛将军庙,想用武力来镇压蝗虫。孔蔚. 江西的刘猛将军庙与蝗灾[J]. 江西师范大学学报,1994(11):92-96.

[2] 《新绛县志》:八蜡庙在南关清道光十七年(1837)重修,是岁六月蝗入境有飞而不集、集而不食之异常。刘猛将军祠在八蜡庙东侧,清同治元年创建。据民国徐昭俭修,杨兆泰纂. 新绛县志[M]. 台北:成文出版有限公司,1976,796.

[3] 八蜡庙在城南门外,明正德四年知县王启霄创建。[清]李遵唐. 中国地方志集成·山西府县志辑·乾隆闻喜县志[M],南京:凤凰出版社,2005:27.

[4] 八蜡庙在城南门外,明正德五年(1509)县丞姜文诗建,隆庆元年知县孙偣修、梁维记,万历间知县刘三锡、康熙六年知县孟孔脉重修。[清]沈凤祥. 中国地方志集成·山西府县志辑·同治稷山县志[M]. 南京:凤凰出版社,2005:344.

[5] 八蜡庙在城北,明正德三年(1506)知县王锷建。一日先啬神农,二日司啬,后稷为主,三日田畯也……[清]张坊. 中国地方志集成·山西府县志辑·乾隆新修曲沃县志[M]. 南京:凤凰出版社,2005:69.

[6] 登云特《中国救灾史》统计,明代发生过蝗灾 94 次,灾害频数之高史无前例。其中洪武六年(1373)七月,洪武七年(1374)二月,永乐元年(1403)夏,宣德九年(1434)七月,崇祯十三年(1640)五月都有大的蝗灾。孟昭华. 中国灾荒史记[M]. 北京:中国社会出版社,1999(1):480-481.

[7] 体型大,长 5~7.5 厘米,草绿色(这与壁画中描绘的蝗虫精极为相似),前胸背板有高起的中隆线,板面粗糙,前后翅都很发达,其长超过后足腿节顶端,后翅基部红色,后足胫节褐色,刺白色,刺端黑色。为害棉、甘蔗、豆类等作物。分布地区有华北、华中、华东和华南等地。中国农作物病虫图谱[M]. 北京:中国农业科学出版社,1959(4):268-269.

拼命挣扎，试图逃跑。旁边侧立一老者，其口张大，表情紧张，手握一铲，随时准备将害虫打死。根据图像资料查阅，图中的害虫为华北蝼蛄（图2.6），别名土狗子，体长39~45毫米[①]，是晋南极为常见的害虫。不管是蝗虫，还是蝼蛄，都是体型较小的昆虫。尤其是蝼蛄与蚂蚁，合并成为蝼蚁，来比喻较小的事物。而壁画中的这两种昆虫几乎被放大了几十倍，画家这种浪漫主义的表现手法，使得画面具有浓郁的神话色彩和艺术感染力，并凸显了劳动人民对这些害虫既痛恨又恐惧的心理。这是一幅极富创造力的超现实主义绘画，同时也洋溢着浓浓的民俗生活气息。

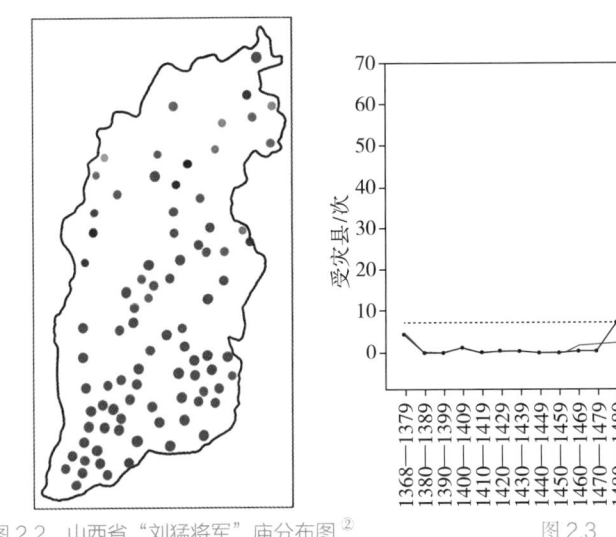

图2.2 山西省"刘猛将军"庙分布图[②]

图2.3 山西省明代蝗灾峰值[③]

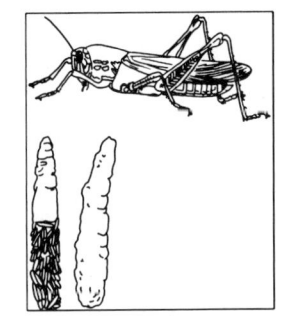

图2.4 中国农作物病虫图谱

图2.5 蝼蛄图

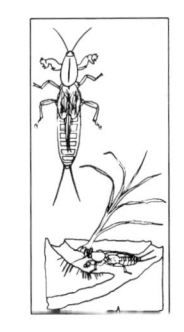

图2.6 华北蝼蛄

---

① 体黑褐色，头狭长，触角丝状，生于复眼的下方，头的正面中央有单眼三个。前胸呈盾形，前翅黄褐色，覆盖腹部不及一半，腹部近似圆筒形，背面黑褐，腹末亦具二尾毛。为害以小麦为主。中国农业科学院，中国农作物病虫图谱[M]. 第一集，北京：中国农业出版社，1959（4）：74-75.
② 陈正祥.《中国文化地理》[M]. 北京：三联书店，1983：52-53.
③ 邹文卿. 明清山西自然灾害及其防治技术[J]. 山西大学博士学位论文，2014（6）：49.

蝗灾对农民造成的恐惧心理主要来自其不可根除性，因此，早期人们认为蝗灾是上天的谴责。唐代之时，治理蝗灾的思想才被确立下来。人们根据蝗虫的生活习性和种类特征确立了一系列的捕杀方法。首先是人工捕杀，当蝗虫来时，使用宽大的工具进行扑打。这种方法只能够除掉一部分飞蝗，效果并不理想。稷益庙壁画《捕蝗图》就是描绘的这种方法。另一类方法就是杀灭幼虫，蝗虫的幼虫为蝗蝻，通过掘取蝗卵在源头上控制蝗虫生长。这一方法非常有效，而且在明代开始大量使用。稷益庙壁画的老者一手持小铲，一手持蝼蛄。此处蝼蛄如果按照旁边的"蝗虫精"作为参照，亦可能是蝗蝻。此类方法在山西大为盛行。

稷益庙还有一幅《赶鸟图》（图2.7），与东壁《烧荒狩猎图》相对应。画面当中有七人正在驱赶一些黑色的鸟雀，从外形上看属于乌鸦一类。《诗经·黄雀》当中就有对黄雀啄食粟黍粱的痛恨。显然，鸟害自古就是农民深恶痛绝的生物灾害类型。在东壁下方（蝗虫精）右侧，一人手托贡盘，盘中放有两只黑色鸟雀（图2.8），这一区域表达的是对灾害生物献祭之场景，因此，盘中的鸟雀应当就是《赶鸟图》中的乌鸦。但比较鸟的外形，此处的鸟雀造型显然与乌鸦不同，而是接近于鸽子或斑鸠，可以断定，明代晋南地区鸟害猖獗，而鸟雀的品种非局限一类。

图2.7　稷益庙壁画赶鸟图

图2.8　鸟雀贡献图

这一场景在收获季节可以看到，田地当中会有成千上万的鸟儿飞来啄食谷物，驱鸟的方法有三类：第一类是人力驱赶；第二类为假人恫吓；第三类为网扑。壁画中显然是采用的第一类方法。画面非常生动，一人手持麦秆，最前方一人情急之下竟然倒屣相向，场面意趣盎然，记载翔实。画面中的鸟类在外形特点上接近乌鸦，而田间的益鸟与害鸟是相对而言。一般来说，乌鸦作为杂食性动物并不会大量地侵扰庄稼，由于乌鸦叫声惨烈，因此被界定为不吉利之象征，而喜鹊却因为叫声被人赞誉。显然，判断的标准在人，此处的《赶鸟图》则是利用了民谚进行的图像表达。

稷益庙壁画是一堂以农业祭祀为题材的寺观壁画，在《教民稼穑图》、《烧荒狩猎图》和《朝圣图》中有大量的农业工具的绘制。这些壁画与古籍农书图及农具考古实物构成了古代农业情景的立体再现。深入研究壁画中的农用工具对古代农业的形成、发展、革新与演变有着极为重要的意义。同时，壁画在展示"成教化、助人伦"的社会功能时，担负着图谱农业科技的重要职责。也许这只是古代画匠对当时农业情景的观察记载，却为后人研究古代农业科技提供了最为直观的图像资料，作为历史考证、科学探索和艺术追摹。稷益庙壁画有着集各家之所长，兼容并蓄的交融性，这种文化属性的多元，正是在科研考察中不断剥离浅层的图像语言，所呈现出来的科学语境。研究稷益庙壁画，是我们不断追寻错综复杂的远古农业形成史的光明之炬。

第二节　两殿明代壁画的农业科技与文化信息

一、稷益庙壁画的农具内容研究

综观整墙壁画，在西壁左上方《教民稼穑图》和东壁左下方《朝圣图》中描绘了大量农业耕作和农夫朝圣的场景（图2.9）。这些人物大都手持农具或耕或立，不重复统计，一共有17种古代农具，包括有犁、镈（锄头的一种）（图2.10）、锄、钱、铚（短镰刀）、铲（两种）、碾（碌碡）、簸、竹杷、帚、杷、担（两种）、桶、袋、车、斧、锛等。如此多的农具，无论是较之农业古籍或是出土农具都是十分丰富，因此，合理的分类能够为研究这些古代农具的起源及演化提供史料基础。首先可以按原始农业的发展来纵向区分。将原始农业划分为刀耕、锄耕和犁耕三种耕作方式，实为"火耕、耜耕和犁耕"更为确切。刀耕或火耕时期的农具主要绘制于《烧荒狩猎图》的《斫木图》中（图2.11）。两名农夫手中持斧、锛进行伐树，其他人则烧荒开山，斧、锛本来并不能算作农具范畴，但当原始农业处于刀耕火种阶段时，斧、锛则应看作土地开发农具。① 而耜耕、犁耕的农具包括了除斧、锛以外的所有农具。这类农具的绘制主要是在《教民稼穑图》和《朝圣图》中。在《耒耜经》和《农政全书》等其他农书当中，犁就是被冠以"耒耜"之名。第二种分类法则按照其功能属性：①切割工具，斧、锛；②挖掘工具，犁、铲、镈、锄、钱；③脱粒工具，碾、簸、竹耙、帚、耙；④装运工具：桶、袋、车、担。这种分法可以直观地感受到稷益庙壁画的场景当中再现了整个农业耕种环节所用农具。将春耕、中耕、收割等农业环节进行了细致地描绘。这些农业劳动工具包括了整地机械、中耕除草机械、收获及脱粒机械，完整地再现了中国古代农业耕作加工体系。令人遗憾的是，稷益庙壁画并没有展现播种常用的耧车，究竟是图像绘制需要还是因为当地作物种植不需要介入，不得而知。壁画中的这些农具在山西晋南地区沿用至今，其工艺结构显然在明代已经非常完备。

图2.9 教民稼穑图 　　图2.10 扛镈图 　　图2.11 斫木图

二、六郎庙壁画的农具图像

六郎庙壁画主要的祭祀对象是范六郎和张六郎，作为一堂以祈雨禳灾为题材的壁画，除了突出其仪式功能外，画匠在壁画的创作过程中极其注重与当地民风民俗的结合。这样的做法使得本来浓厚的宗教意味渐渐淡出，取而代之的是对大量地域文化形态和当时社会的真实写照。壁画最下端的农业耕获图像在2009年太原市文物普查时被发现，初步命名为《春种秋收图》，此题虽不足以概括整个壁画的风貌，但也较为贴切地描绘出整个壁画的表现内容。

---

① 锛与斤是同一工具，都是砍伐树木的工具，这一时期的工具则以斧斤而称。周昕. 原始农具斧、锛、凿及其属性的变化[J]. 农业考古, 2004（8）: 181.

在中国古代农业发展的过程中，汾河流域的农耕文化是其重要一环。在《春种秋收图》中可以看到大量古代农具和农业生产场景，尤其是对农具的刻画包括了碌碡、风扇车、簸箕、锄头、耧车、镰刀、飐篮、斗具、犁、帚等十余种耕种收割农具。

三、稷益庙《烧荒狩猎图》原始农具研究

在农业最初阶段，由于劳动工具的限制导致了生产力的不发达，当人类开始使用砍削制作的石器工具后逐渐开始对加工和制作工具产生了浓厚的兴趣，并且一直进行着改良和创造。"刀耕火种"的石器时代最为常见的当属刀、斧、锛、凿和镰。这一时期生产的工具功能性较为模糊，不仅在农业当中使用，同时也应用在狩猎、战争、加工食物等方面。在原始农业阶段，由于人们尚未掌握深耕技术和工具的制约，使得他们只能选择一些山林之地进行种植，经过几年的种植，土地变得贫瘠，因此，通过土地的烧荒可以再次唤醒土地，因此，火种成为原始农业维持土地脱贫的主要手段。[①] 在人们学会使用工具后，利用石铲或骨耜对土地进行翻松后播种，经过几年后再烧荒，这种新的生产方式称为"熟荒耕作制"。较前面的耕种方法已经跨越了一大步。

在《烧荒狩猎图》的"斫木"组画中（图2.9）。两名农夫手中持斧、锛进行伐树，其他人则烧荒开山，在刀耕火种的原始农业阶段，斧、锛则应看作土地开发农具。[②] 早期的锛是以石质作刃，到青铜时代，与耜一样演化为套刃的工具，发展成为镢一类的农具，由砍砸变为蹲式挖掘类的工具。除此以外，画面中的人物均手持兵器，包括有刀、枪、弓、箭等。这些兵器带有鲜明的时代特征，并非早期人类所使用。从现在出土的刀来看，材质多以石质或动物骨骼及贝类外壳为主（蚌刀、石刀），可以看出，画面中的刀显然是铁器时代以后的产物，由于没有原始刀具遗存作参考，只有通过臆造来解决这一问题。值得一提的是弓箭的使用确实是人类的较早发明之一，这时期的石镞在削制好后捆绑在箭杆之上射击使用，这也比早期人类利用石索投掷猎物更为精准（图2.12）。在狩猎时代，石镞的发明增大了对猎物的捕获准确率，增加了食物来源，是刀耕火种时期重要的发明。

---

① 李根蟠. 中国古代农业[M]. 北京：商务印书馆，1998：10-11.
② 这一时期的工具则以斧斤为主，而锛即是斤。周昕. 原始农具斧、锛、凿及其属性的变化[J]. 农业考古，2004（8）：181.

除了这些实物农具以外,画面还有一种隐性的工具——火,当时的人们使用最原始的工具石斧、石锛、石刀等将树木山林成片砍倒,然后放火烧荒,树木杂草被烧光后遗留下草木灰成为丰富的养料。再利用耒耜进行点掘式耕种,就是原始农业主要的生产方式。由于没有深耕技术,风会将许多杂草籽粒带入土中,作物受到侵害后产量将严重受损,因此导致大片土地将不能够进行再种植,只有另辟新地烧荒开垦。在深耕没有出现以前,这种原始的农作方式一直保持着。而这种燎荒耕种制不仅在中国,早期的日耳曼人的耕种方法也是利用了这种火耕法。由此可见,火作为一种自然形态,不仅给人类带来光明和温暖,通过对火的控制还可以将其利用来耕种、狩猎和烹制食物。

《烧荒狩猎图》主要表现了后稷教民烧荒狩猎之场景(图2.13)。画面一共有17人,21只野兽。有锯木工、烧荒工和驱赶野兽的农民及将士。场景烟雾缭绕、火光冲天,鹿奔蛇蹿,一派热烈的场景。这一场景正是利用火进行开荒和狩猎的真实表达,同时也是原始农业阶段先民开辟家园、获取食物、征服自然的真实写照。

图 2.12 稷益庙烧荒狩猎图

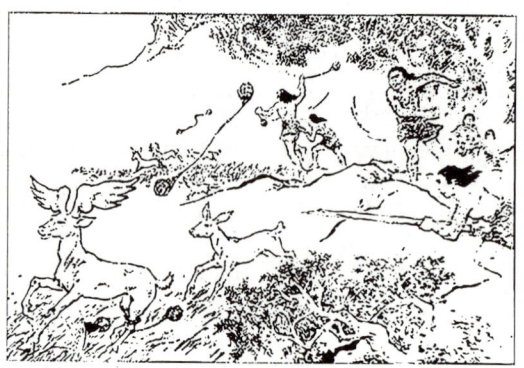

图 2.13 投石捕猎图

四、犁耕方式的发展与《耕牛图》的演变

在农事活动中,耕种是生产方式的开始阶段,而在耕种之前首先应该对土地进行翻整,而整地中最主要的就是犁耕。犁文化的发展贯穿着古代农业发展史,作为中国最早的起土耕种工具,耒耜和犁耕的进步标志着农业脱离狩猎时代走向农耕文明。同时,耒耜向犁耕文化的发展是农业工具改造和进步的开始。耒耜作为农具发展的雏形首先是以

一种独立农具出现的。

　　虽然古代农书中有大量独幅关于农具的记载和图鉴，但将整个农事场景完整地展现在一幅图中，是非常少见的。将壁画中每一个场景单独剥离出来研究，我们会发现这些图中的农具和情节包含了大量古代农业科技信息，可以串联而成一部翔实的古代农书。对其图像进行单独解析，其中表现最为丰富的是《耕牛图》。在墓室壁画和画像砖中，有大量关于《耕牛图》的描绘，在山西平陆东汉枣园墓、甘肃嘉峪关的魏晋墓、陕西唐代李寿墓都有关于《耕牛图》的描绘[①]。在这些耕犁样式的表现当中可以看到随着时间的推移，犁的不断演化与进步。作为中国最早的起土劳动工具，耒耜的进步标志着农业科技的进步。首先，由于牛是最早的圈养动物，而且性情温良容易驯化，有较大的力量能够驱动犁耕作业，这一点在《天工开物》中有着细致的描述："凡牛力穷者，两人以杠悬耜，项背望而起土，两人竟日，仅敌一牛之力……"（图2.14）早期犁只是一个单刃的破土器（图2.15），在山西长治一带现仍留存有锸犁的实物，这种犁则是由"耒耜耕"转变为"犁耕"的重要物证（图2.16）。平陆两汉之间的枣园墓室中犁的样式虽然简单，但也有犁壁，即铁铧犁。稷益庙壁画中的犁从形制来看显然已经非常成熟，各个部件装配齐备，应为曲辕犁。这种犁的发展主要在南北朝时期，盛行于唐代，从图中分析，该犁是上曲辕犁，唐代出现的这种犁辕呈"上曲"状，后高前低的犁耕，为宋元"耕索牛套"的利用创造了条件，一直成为今天沿用的耕犁模式。[②]此图的上曲辕犁与敦煌莫高窟445窟的上曲辕犁极为相似，其图为双牛耦耕，而稷益庙壁画的上曲辕犁为单牛耕，此耕种方式更为先进，而且犁的绘制在结构上较之更为细致。

---

① 中国农业博物馆编. 中国古代耕织图[M]. 北京：中国农业出版社，1995：9-25.
② 王星光. 中国传统犁耕的发生、发展及演变（续三）[J]. 农业考古，1990（1）：271.

图2.14　耕牛 　　　图2.15　耒耜 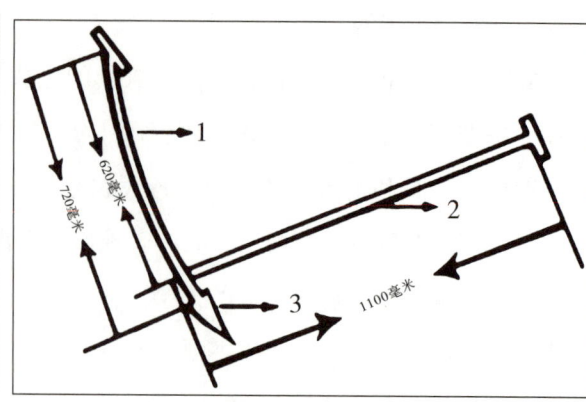　　　图2.16　锸犁（1.犁把 2.拉杆 3.犁铲）

五、耒耜图研究

六郎庙壁画西壁下第一幅图是《耕种整地图》，图中的第一幅绘制了一位躬身劳作的女子，从残存的画面来分析，女子手中持一件直柄农具，前端用绳捆绑了一件上窄下宽的铲状物。女子上身微躬，由于下肢的壁画已经剥落无法判断其动作，但双手呈下压式用力则是在表明对物体施力的状态。从整件农具的样式考订判断应该属于原始农具耒耜。

耒耜出现早在8000年前，尤其是从金文（图2.17）的造型来看完全是象形结体，《说文解字》中释义"手耕曲木也"。①《易经·系辞》云："包牺氏没，神农氏作，斫木为耜，揉木为耒，以教天下。"②此外，《礼记·月令》亦云："命农计耦耕事，修耒耜，具田器。"③耒在最早期，是将木棒一端进行削制加工而成的尖头木棒，其功能则是用来挖土、点穴及发掘地下块茎作物。④耜是一种由早期刃状砍削器演化而成的铲形物，是一般对这两种原始农具的简单认识。在形制和生产方式上二者截然不同。此外，耒是长柄，而耜为短柄，在后来的生产实践当中将这二者进行结合，创造出长柄铲形的农具即为耒耜。这种耒耜的形成过程一直为学术界所认同，细究其中发现，耒耜的形制与结构并非是简单的木棒与铲形物的关系。

---

① [汉]许慎.《说文解字》[M].北京：九州出版社，2001：252.
② 徐澍，张新旭.易经·系辞下[M].合肥：安徽人民出版社，1992：381.
③ 陈成国.《礼记校注》[M].长沙：岳麓书社，2004：127.
④ 闵宗殿，彭治富，王潮生.中国古代农业科技史图说[M].北京：中国农业出版社，1989：43.

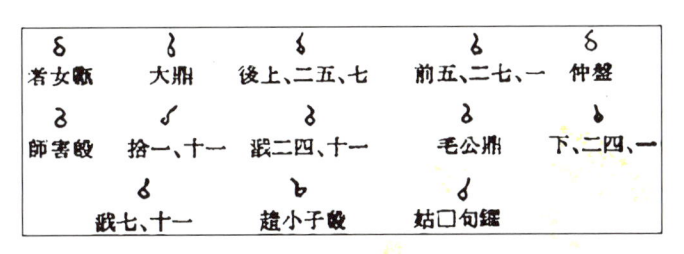

图 2.17　耜的金文形象

耒在早期是直柄状似乎是一种不争的事实,而在后期与耜结合后,发展成为曲柄的工具。这种样式的转变在早期是偶然的,比如树木的弯曲形状,在使用过程中,古人发现曲柄的更加利于开掘土地,因此就开始制作曲柄的耒耜,《汉书·食货志》将《易经》的"楺木为耒"改换为"煣木为耒",意思就是用火烤制使木头弯曲,而在《说文解字》中直接将此译作"曲木"。从这一点可以看出,曲木的耒在耕种时要比直柄的更为方便,这在甲骨文当中均能找到痕迹,无论是"男"或"力"都被描绘为"↓"、"↓"、"↓"。从图形中不难看出,早期的古耒是生产活动中主要的工具之一。其中无论是耒头向左或者向右,都代表了耒在这一时期的形象特征,即为弯曲的尖状物。而早期古耒,其形状应该是"↓",不仅是头部的变化,更重要的是下端的横木,因为带有横木的耒耜是"踏犁"形成的象征,而对文字图形分析不难发现,古耒在早期是拥有这根横木的。因此,耒并非只是尖状的木棒,而是带有横木弯曲的掘土工具。这主要是借鉴了杠杆的作用,在曲木耒耜与直杆耒耜受力分析比较图(图 2.18)中不难发现,在将耒插入地面后利用杠杆原理进行掘土形成垄沟,由于曲柄的原因,在挖掘的过程中可以形成一定的缓冲力,既可避免耒杆受力过猛折断,同时也可省力。此外,由于杠杆支点的作用,直柄耒与曲柄耒耜角度完全不同,左图中需要人弯腰向下施力,如果将 DB 施力掘土,DA 这一力臂将向下接近 30 度,

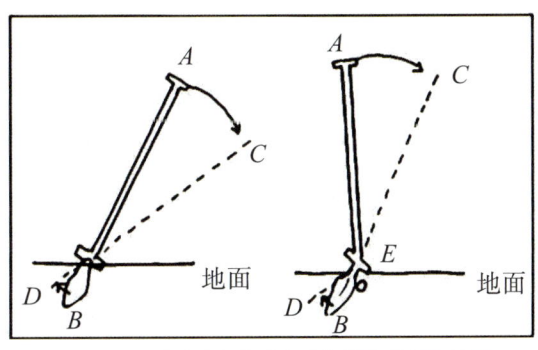

图 2.18　曲木耒耜与直杆耒耜受力分析比较图

OC 与地面则形成不超过 30 度的幅度，这种施力方法显然需要劳动者耗费大量的精力完成一次作用工。右图弯头耒则不同，由于 AO 的角度为垂直地面，只需要将 AC 向后拉动 30 度的幅度就可将 DB 施力完成，如此简单的一个流程是更加符合省力耕种的需要。虽然曲柄耒较之直柄耒在掘土功能上有着明显的优势，但古耒还有另外一种功能，即是播种点穴制用。在这种劳作当中，显然是直柄耒有着天然的优势。上下插取动作的连续是曲柄耒无法达到的。因此，直柄耒是否完全演化为曲柄耒，仍然是一个疑问。由于功能的不同，二者同时存在的可能极大，但毋庸置疑的是，古耒在早期绝对不是简单的木棒装置。在随后的发展当中，耒从单一的木棒演化为结构更为复杂的农具（踏犁），手脚并用，加强了这种工具作用力的深入，是对土地深耕的开始。六郎庙壁画中的耜是上小下大的铲形物，此前耜的形状多是圆形或者前端半圆形。此时的耜更像树叶的形象。而《说文解字》中的耜被描绘为"枱"，从金文中就可以看出，耜的写法为"㠯"，是没有木字旁的。从图像学的角度分析，这种耒耜没有脚踏与横木，前端插地部分如同扁长的树叶状。[①] 可以看到，这与古耒有着显著的不同，同时在材质上古耜由木质演进到骨耜（图 2.19）和石耜（图 2.20），骨耜主要由大型动物的肩胛骨制成，而石耜则由石块削凿而成。这一时期出现的耜与铲的形状极为相似，而耜在后期则是从单齿向双齿发展（图 2.21）。武梁祠砖雕壁画神农持耜图（图 2.22），从结构来看，此种椭圆形的耜非常缺乏一个承托脚的支撑，因此，与有横木的耒进行结合是最终形成耒耜耕的必然趋势。此时的耒耜共有四部分组成，

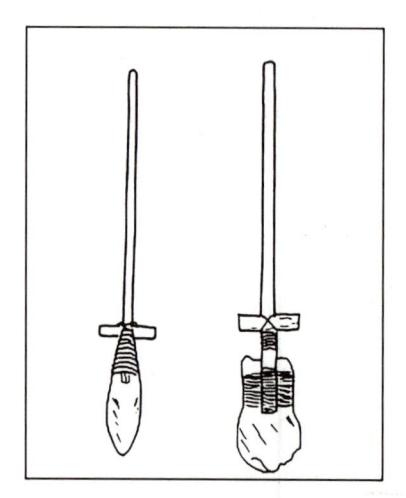

图 2.19 骨耜图　图 2.20 石耜图

第一部分是顶端的横柄，第二部分是耒身，第三部分是庇，第四部分为耜。《考工记》中耒耜（图 2.23）在耕种过程中，当用手握横柄向下用力，配合脚踩耒身横木，由于耒身的弯曲度，耜头斜向插入土地，再向后压耒身，轻松地对土地形成翻掘。早期的耒耜耕是由一人独立操作完成，但效率极低，随着对工具的掌握，形成一人用绳牵引耒身，一人掌握耒耜耕种的方式。

---

① 孙常叙. 耒耜的起源及其发展 [M]. 上海：上海人民出版社，1959：29.

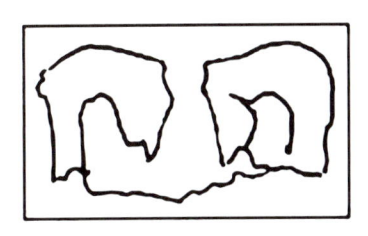

图 2.21 双齿套耜   图 2.22 武梁祠砖雕壁画神农持耜图   图 2.23 《考工记》耒耜图

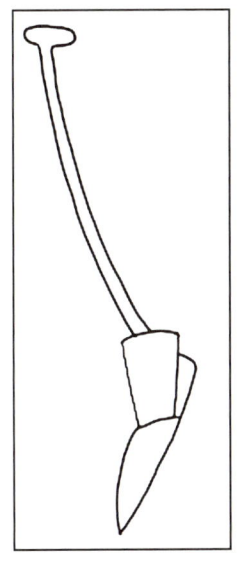

六、从耒耜到耕犁释疑

耒耜一直以来被认为是犁的雏形阶段,但同在新石器时代中期就有石犁的出现,夏之乾认为,中国北方发现的这种铲状掘土工具并非石犁,众所周知,耕犁的发展伴随着对大型牲畜的利用,而商周时期显然并不具备这种条件。① 汉代以后,随着耒耜工具的进一步发展出现了镵铧(图2.24)。这种简易犁的犁身呈"S"形,在犁身末端有一脚踏,为左脚踩踏施力之处,犁身顶端同样是一横柄,工作流程为双手握紧,左脚向下踩踏,铧头入泥三尺余时放脚用手下压翻泥,如此一个流程结束,依次向前自成泥垄。由于工作重心由手转向脚,至宋代此犁被称为踏犁。踏犁的出现虽然只是对耒耜耕的延续,但相比早期人类使用鹿角和一些树木进行耕作的方式,在掘土深度上有了明显的提高。

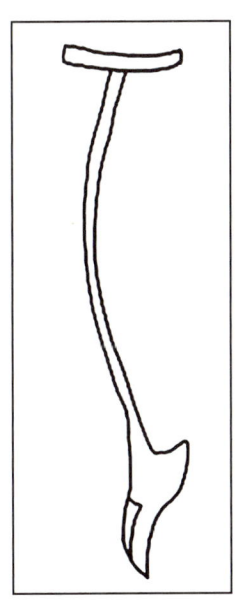

图 2.24 《考工记》镵铧

根据古代耒耜的生产方式,其发展发现有两类,第一类是演化为挖掘类工具,第二类

---

① 曹毓英. 中国牛耕的起源与发展[J]. 农业考古,1982(7):271.

就是向着犁的方向演化。① 无论是作为划沟或起土农具，耒耜的发展都是朝着省力、省时、高效的方向前进。但在六郎庙的明代壁画当中，这种直柄的耒耜工具在文献当中已经绝迹，无论是《农书》《耒耜经》等，都是曲柄的。严格来讲，这种原始耒耜的样式是不应该出现在明代的，因为工艺的改革只会朝着先进的方向发展，绝不会倒退。

从图像来分析，《耒耜图》与《耦耕图》在同一画面，是否可以假设，这种铲状耒耜工具在当时非常盛行，除了具有掘地功能外还承载着另一个农具的性能，即"耰"的功能，虽然在造型上有着区别，但此时的直柄耒耜更像锹，从北方现代的耕种技术来看，用此种类似锹的工具进行碎土是极为常见的。这种与犁合作的耕种方式就是"二人合作垦耕"，前面的人犁地后面的人碎土。这也是农业生产中最为常见的搭配，同时也是土壤保墒中的重要环节。深耕熟耰就是将土壤进行物理破碎，通过细碎土壤达到通气和改善微生物生存条件之环境。因此可以断定，六郎庙壁画中的耒耜实则是明代锹的一种样式。这种长柄小铲的农具在掘地功能的基础上又增加了碎土功能（图 2.25、图 2.26）。此外，壁画中的耒耜由于耜头拥有方的肩部，已经将原始耒身的下端横木取缔，工具本身更加简洁。从唐代流传到日本的"辛手锄"（图 2.27）来看，曲柄是耒耜一直沿用的形制，但六郎庙壁画中的耒耜图（图 2.28）却是并未将这一功能进行延续，而是以一种原始直柄耒耜

图 2.25　曲柄耒耜　　图 2.26　古代锹

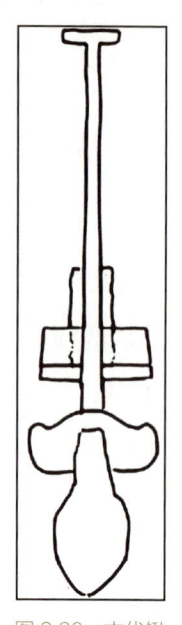

进行绘制，单独来看这是不符合图像时代化这一特征的。但与后面的《耕牛图》相配合，似乎作者更想展示农具演化史的历程。而明代依然使用直柄耒耜工具是符合北方地区农业需求的（图 2.29）。因此，农具耒耜的演化并非单纯的以一条线索进行，而是根据生产的需要，派生出不同式样的区域生产工具，而且多功能与复合型是此类工具重要的特征。

---

① 犁播. 中国古农具发展史简编 [M]. 北京：中国农业出版社，1981：12.

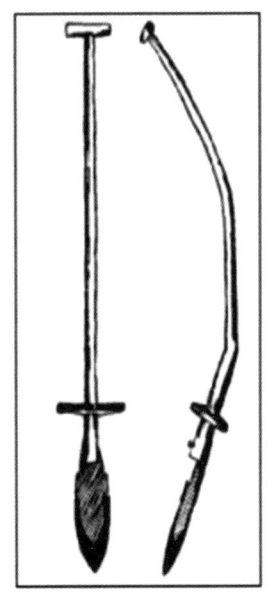

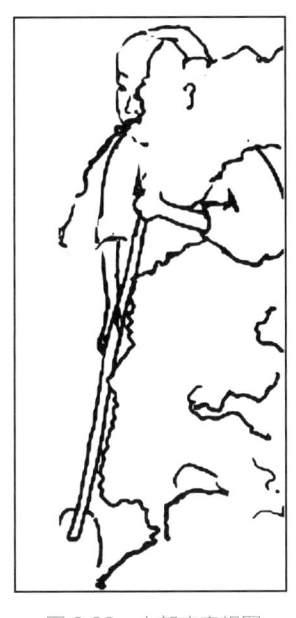

图 2.27　辛手锄　　　　图 2.28　六郎庙耒耜图　　　　图 2.29　直柄耒耜

在现代农业生产中，农业机械化的高度应用逐渐替代了传统手工低效率的耕作方式，尤其是在广袤的平原地带更是采用了耕收与加工全部机械作业的生产方式进行。但中国的人均耕地面积较少，而且，大面积的山区地形同样也制约了这种机械作业的进入，尤其是在偏远山区和丘陵地带，这就导致了许多古代遗留下来的农业工具仍然延续使用。原因是这些工具的设计和制作就是根据当地农业生产条件而进行的变革。而耕犁的形成与发展尤其是代表了古代农业机械在华夏土地当中的合理化衍生，聚焦其工艺结构，是理解传统农业工具最为直接的途径。

犁耕的发展在新石器时代就开始萌芽，并且产生了大量的石器农具，有石斧、石锄、石镰及石铲等器物。磨制工艺和精湛的技术，促使早期人类脱离了刀耕火种的简单农业形势，此时，犁在耒耜的演化当中，与石器铲逐渐形成了原始犁的形状。但铜制农具和铁制农器的出现与参与才标志了犁耕时代的开始，20世纪80年代开始对犁耕源头的重新定位，作为耕犁的主要构件，犁铧是最为重要的部件，其锋利程度的提高能够在掘土效率和深度上起到革命性的变革，因此，这样的论断，也是符合农业工具发展史规律的。商周是铜铧的兴盛期，从历史的发展角度来讲，公元前8世纪—前476年，周室衰落，各地诸侯争霸，青铜铸造业不再为周王室垄断（图2.30、

图 2.31 是商周时期的铜铧）。公元前 475 年—前 221 年，奴隶制逐渐瓦解，呈现"礼崩乐坏"的局面，此时，物质文明由青铜铸造逐渐进入铁器时代。

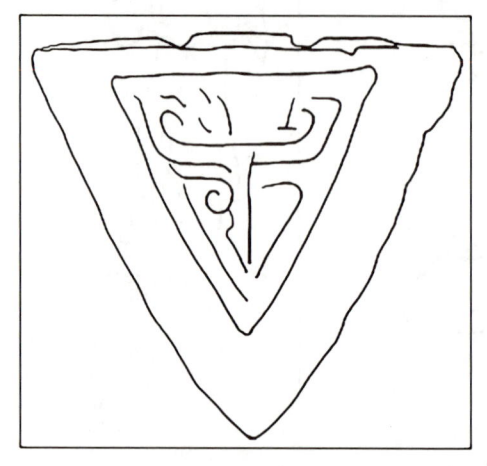

图 2.30　商代铜铧图（江西省新干县出土）　　　　图 2.31　东周铜铧

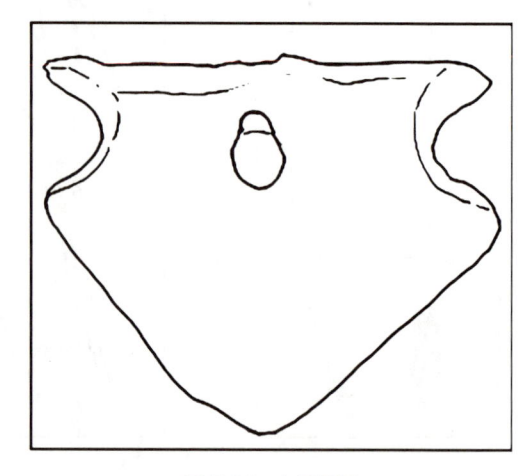

因此，春秋战国时期是铁制犁的主要发展期，[①]而铸造工艺中，器物铸铭文有对犁的记载："今君躬犁垦田，耕发草土，得其谷矣"。[②]在山西平陆东汉枣园墓室壁画的描绘中，犁的样式虽然简单，但也有犁壁、犁辕和犁铲，即为铁铧犁（已经构成了较为完备的铁铧犁形态）。汉代史游的《急就篇》记载了犁的功能："犁亦耕具也。犁之言利，则发土而绝草根也。"[③]由此可以看出，犁既是开荒破土的垦田工具，同时也是掘草松土的利器。

关于耕犁的研究，自刘先洲和周昕开始做了大量相关的研究，其中主要是对各类古代农书典籍中的图像文字进行论述并梳理了犁耕的发展脉络。但这些古籍当中的耕犁，无论是直辕或曲辕都是相互传抄誊写，缺少耕犁在各个地域的演化细节，因此并不能够代表犁的多样性特点。而太原六郎庙的两幅《耕犁图》与新绛县稷益庙中的《耕犁图》以其独特的结构工艺特征，代表了北方地区（山地和平原）最为经典的样式，不仅是局限在山西，在整个黄河以北的地区，这两种犁的样式都极为普及。因此，研究这三幅《耕犁图》能够解析犁文化在中国发展过程中的地域性变化特征，丰富了中国农垦科技图库。

---

① 李根蟠. 中国古代农业 [M]. 北京：商务印书馆，1998：34-35.
② 马非百. 管子轻重篇新诠 [M]. 北京：中华书局，1979：56.
③ [西汉] 史游撰.《急就篇 卷三》[M]. 北京：中华书局，1986：25.

第三节 《耕牛图》研究

一、"二牛抬杠"图像考辨

耕犁进入深掘生产方式,牛作为动力的参与非常重要。稷益庙与六郎庙壁画对此都进行了详细描绘。但六郎庙壁画对于耕犁的绘制则涉及有两处,其东壁第一幅耕种图中的《二牛抬杠图》显然代表了犁耕早期的样式。

由于金属犁铧与犁壁的出现,汉代已经基本已经定型了犁的框架与结构,虽然在后世仍有较大的革命性变化,但不难看出,此时的犁已经具备大面积耕种的条件。同时,犁辕的出现是联系牛与犁架最为主要的牵引部件,这种部件的参与使得原来只能进行下挖作业的耒耜耕变为了能够形成连续向前开掘翻土作业的犁耕。

在六郎庙《二牛抬杠图》中,绘制了二牛一犁一人的耕种方式。这是汉代改进后的犁耕方式。早期的挽拉方式为"二牛三人",班固在《汉书·食货志》中记载有"后稷始甽田,以二耜为耦……用耦犁,二牛抬杠耕"①(图2.32),这一提法引起了千百年来对耦耕的争论。具体的操作方法有两种:第一种方法为有三人参与,两人牵二牛,一人扶犁;第二种方法则为二人参与,一人牵二牛,一人扶。这在众多文物考古出土的图像中得到了印证,如山东金乡香城《耕牛图》、睢宁双沟《耕牛图》、陕西米脂画像砖《耕牛图》等图像当中都有大量的描绘,其图像样式在表现当中都是"二人二牛一犁"的耦耕方式。②但在太原六郎庙壁画中《二牛图》却出现了第三种犁耕方式,即一人驾二牛进行耕种。虽然在人和牛的数量上有着差别,但无论哪种牵引耕种方式,都是极为费力的。"二牛抬杠"的耕种方法减少了劳动力,对牛

图2.32 二牛抬杠图

---

① [汉]班固.《汉书·食货志·集释》[M]. 北京:中华书局,1986:107-111.
② 郭世玉. 淮海地区牛耕画像石与汉代耦耕二牛三人问题的探讨[J]. 农业考古,2004(3):191.

的驯化也进入成熟阶段。当然，犁具的不断演化使得耕者更加容易控制耕垡深度。单人的作业包括了驱赶和控犁两个工种，实属不易。但从壁画中掌犁者的神态来看，如此艰难的驾辕耕种方式显然是毫不慌张，因此，必须通过"双牛抬杠"的工艺改良方式来破解这一谜题。

　　西汉时期，为了农业生产精耕细作的要求，赵过对民间农耕土犁不断改进，将"二牛抬杠"式的耕作方法不断推广，虽然畜力非常有限，从出土的画像砖、画像石及墓室壁画来看，还是非常普及。这些画面中传达出"二牛抬杠"具有划时代意义的耕作方式的改进，极大地满足了当时的生产需要。但这一时期耕犁的主要局限是长直辕犁。至唐代曲辕犁的出现，使得"二牛抬杠"的工艺技术有了飞跃式的发展。从技术做工讲，不仅降低了牛的劳动强度，使得深耕技术更加可控，单人双牛的耕种犁具，成为当时代表农业生产最为先进的农业机械生产工具。直至明代一直沿用，六郎庙壁画描绘了一人扶犁驾二牛耕种。既没有单独在前牵牛之人，更没有二人牵二牛的方式。这种图像也多出现在西汉以后，说明当时的耕者都有对耕牛驾驭引导方向掌握的软绳，作为调节方向之用。而常用方法是通过将牛鼻穿孔并套入环，环内系牵引绳子并掌握在耕者手中。而六郎庙壁画的"二牛耕作图"，则采用了更为复杂的牛绳套系统进行方位控制，在牛的头部纵横捆绑绳于牛角和耳后，使二牛相连，缰绳从二牛两侧归拢至耕者手中，供其驱使。这种方法的改良显然是非常高明的，耕者只需向左或向右紧拉缰绳，就可改变行进方向，而直行时只需放松缰绳即可。这一方法的改进，既节省了劳力、又增加了耕犁做工效率，也是明代六郎庙壁画中呈现一人驾牛耕种的成因所在。这种耕种方式，能在山西明代的寺观壁画中有描绘，证明其历史与流传之久远。结合现在生产生活，即使在近代的偏远少数民族聚集地区，仍然有这种耕作方式的延续。

二、"二牛抬杠"演化图表

　　从汉代至唐代之间，二牛抬杠式的耕种方式一直被描摹传遗，"二牛三人耕"无论是直辕或曲辕，其构造大同小异，直辕犁的犁铲以三角形居多，这种犁铧在秦汉时期就已经比较成熟，一般多呈等腰三角形。这种犁铧由于前端过于尖锐，入土深处极容易折断，因此更适宜浅耕。但还有一些等边三角形的犁铧较之前者能够更好地进行深耕作业，犁铧变短使其增加了强度。虽然直辕犁的犁铧同样能够进行破土，但由于缺少犁壁，因此并不能够作垡。曲辕犁在犁壁和犁镜的改进中极为丰富，从唐代李寿墓壁画和六郎庙壁画的曲辕犁来看，此两处都将犁铧描绘为耕入土地内部，这就是深耕作垄开垡的重要表现。此外在《齐民要术·耕田》中有"凡秋耕欲深，春夏欲浅"之法，将季节与耕种技术进行了联系。这些技术应用在旱地保墒、保留土地有机物和除草，可见犁铧和犁壁及犁镜的发展，不仅是开沟作垄这样简单，这一农具的发展与成熟，更使旱地耕种技术得到了很大的提升。

除了犁铧外，在犁架上，长直辕犁在汉代已经具备基本框架，但有单辕和双辕的区别，在《考工记》中有"二耜为耦，用耦掘土作沟"。石器时代为了提高耕作速度就已经采用了这种并肩掘土的方式进行生产，对于耦耕争论主要集中在耦耕是犁耕的接续发展还是人力牵引犁的延续一直没有定论。[①] 从耕种的方式来看，由此判断双辕属于耦耕虽然不够全面，但二耜并耕的方式最为接近耦耕。双辕耦耕在生产中虽有双倍的工作效率，但双辕的摆动与不易操作是其致命的缺点。因此，长辕犁二牛抬杠的耕种方式，最终是以二牛抬单辕作为主要的形制（表2.1，图2.33～图2.41）。

表2.1 二牛抬杠演化表

名称	年代	地点	犁辕	犁铧	犁箭	犁床	犁梢
耕牛图画像石1（图2.33）	东汉	陕西米脂	单直辕	三角形	前倾	较短未接犁铧与地面平行	直柄
耕牛图画像石2（图2.34）	东汉	陕西绥德	单直辕	铲形与犁床接	前倾	宽大较长	曲柄
耕牛图画像石3（图2.35）	东汉	山西平陆	单直辕	三角形	垂直	犁床、犁铧、犁梢一体	曲柄
耕牛图墓室壁画1（图2.36）	东汉	江苏睢宁	双直辕	三角形	前倾	犁床、犁铧、犁梢一体	曲柄
耕牛图画像砖（图2.37）	五代	甘肃敦煌	单直辕	铲形与犁床连接	前倾	犁床、犁铧、犁梢一体	曲柄
耕牛图墓室壁画2（图2.38）	宋代	甘肃榆林窟	曲辕		无	犁床、犁铧、犁梢一体	曲柄
耕牛图石窟寺壁画1（图2.39）	五代	甘肃敦煌	单直辕		无	犁床、犁铧、犁梢一体	曲柄

---

① 钱小康. 论耦耕之争 [J]. 机械技术史, 1998 (1): 306.

续表

名称	年代	地点	犁辕	犁铧	犁箭	犁床	犁梢
耕牛图石窟寺壁画 2（图 2.40）	宋代	甘肃榆林	单直辕		无	犁床、犁铧、犁梢一体	曲柄
耕牛图六郎庙壁画（图 2.41）	明代	山西太原	单曲辕			犁床、犁铧、犁梢一体	曲柄

图 2.33　耕牛图画像石 1

图 2.34　耕牛图画像石 2

图 2.35　耕牛图画像石 3

图 2.36　耕牛图墓室壁画 1

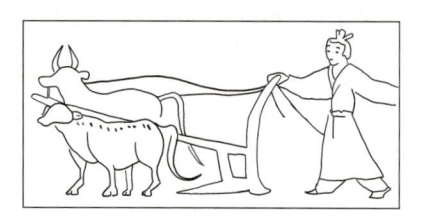

图 2.37　耕牛图画像砖

图 2.38　耕牛图墓室壁画 2

图 2.39　耕牛图石窟壁画 1

图 2.40　耕牛图石窟壁画 2

图 2.41　耕牛图六郎庙壁画

三、力学视野下的"二牛抬杠"

在欧洲 10 世纪前后,同样出现了多牛牵引和单人扶犁的"单行道犁",日耳曼人发明了重型犁,使用的单行道直辕犁(图 2.42),这种犁更加适合在土壤密度较高的重黏土中进行耕种开垦。而罗马人则发明创造了一种类似耕耨状的轻便的曲辕犁(图 2.43),由于犁身的质量较轻,更加适合在松软的沙壤土中进行耕种,欧洲耕犁的发展完全是根据当地土壤和气候条件作为主要的设计因素。这种重型犁可以解构为三个部分:犁身、犁刀和犁壁。短直辕,畜力为四头牛共同牵引,双手扶犁,一手用来控制方向和稳定,一手则是为了控制耕深。由于使用了较多的牛力来进行牵引,硬性的牵引方式非常不适宜改变方向,因此进行直线的长条形的作业是其最为擅长的方式。较重的犁身保证了耕深和稳定,大量的畜力保证了效率和时间,这种方式称为合耦作业,但却有较大的缺陷,农户当中不会一家养多只牲畜,因此多家合作的耕种方式是其生存和劳作的根本工作方式。而在北欧 10 世纪的犁中可以发现,单曲辕双牛耦耕单人驾牛的方式与六郎庙的"二牛抬杠"非常相似,只不过他们没有采用牛鼻穿环或软套的缰绳进行牵制,而是采用了一人在旁用长鞭驱赶的方式进行方向的调整,显然,这是一种人力的浪费。而且,使用了斜向长方形的犁铲进行耕种,使得耕种的阻力极大,显然这是不合理的。比起中国凸起式的犁铲和犁壁,这种犁的耕深较浅,且行进速度较慢。从其中可以发现,欧洲庄园农场主式的农业一直以来讲究的是各司其职,与中国家庭式的农业方式有着一定的区别。当然,由于大量的作物最后都归属于农场主,农民的积极性必然受挫。虽然在犁的形制上,也可以看出直辕和曲辕的演进,但对于土地的热情并不高涨,因此农具的产生与演变并没有中国犁发展变化大。

图 2.42 日耳曼人发明的单行道直辕犁

图 2.43 罗马人发明的曲辕犁

从六郎庙壁画的长曲辕犁来看，曲辕非常粗大，而且犁箭之上还增加了犁评，这比李寿墓壁画中的曲辕犁更为先进，这种构造能够通过调节犁箭来控制耕种深度。长直辕犁和曲辕犁除了在构造上的不同外，更主要的就是耕种过程中的费力程度与效能比较。从耕深受力示意图[①]（图2.44）可以发现，由于支点的不同，直辕犁的犁床与犁铧在耕种过程中全部与地面接触，这就使得摩擦力非常之大，需要极大的牵引力才能拉动耕犁。而长曲辕犁就不同，支点在犁铲一点，使得犁床在行进过程中极少与地面发生摩擦，因此需要的牵引力很小。此外，由于犁箭这一构件的增加，耕深调节变成可控的结构，欧洲的犁虽然也有类似的结构，但却是用来充当扶手，并不能够实际地调节耕深。而犁箭的调节则是用来改变重臂和力臂这一杠杆结构从而达到犁铲入地深度的变化。[②]这就意味着长曲辕犁更加节能高效。

无论是直辕或曲辕，二牛抬杠提供了极大的驱动力。也许正是因为这双倍的驱动力，才使得这种费工耗能的耕犁与后世革新后节能高效的短曲辕犁共存。此外，六郎庙壁画将二牛抬杠图与耒耜图粗图绘制于同一场景（图2.45），是对古老农具的如实记载，这是中华农耕发展史的亲历见证。

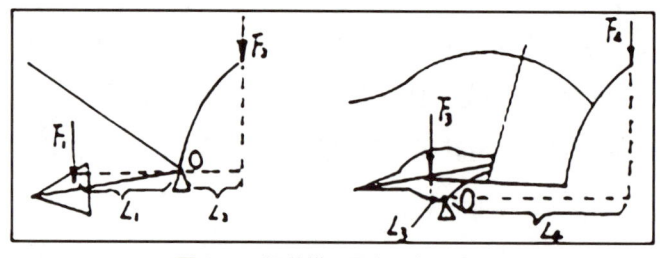

图2.44　调节耕深受力示意图　　　　　图2.45　六郎庙二牛抬杠图

《二牛抬杠演化图》的画像石、画像砖和墓室壁画中，描绘有大量关于二牛抬杠式的耕作图。无论是山西平陆东汉枣园墓室中的《耕牛图》，还是甘肃嘉峪关魏晋墓室壁画《耕牛图》，以及陕西三元唐代李寿墓中的《耕牛图》，直至明代六郎庙二牛抬杠图的表达，长直辕犁与曲辕犁在交错中不断演化与进步。虽然存在着种种缺陷，但二牛抬杠仍旧是中华耕犁机械发展过程中最为重要的一个支脉。借此可以肯定地说，双牛长直辕犁是在适宜的土地上合理发展演化的犁具之一。

---

① 钱小康.犁（续）[J].农业考古，2002（3）：183-206.
② 此处的公式表达为 $F_2 \times L_2 > F_1 \times L_1$，$F_4 \times L_4 > F_3 \times L_3$，假设 $F_1=F_3$ 为重力，F_2 和 F_4 为作用力，L_1 与 L_3 为重臂，L_2 与 L_4 为力臂，由于 $L_1>L_2$；$L_3>L_4$，因此，$F_2>F_4$。钱小豪.犁续[J].农业考古，2002（3）：306.

第四节 "上曲辕犁"的结构功能剖析

一、稷益庙壁画中"上曲辕犁"的结构功能解析

《山海经·海内经》记载有:"后稷是播百谷。稷之孙曰叔均,是始做牛耕[①]"。虽然这种记载将牛耕的始祖归为后稷,但此类附会还有他人,而叔均则是其中一人。稷益庙壁画中的《教民稼穑图》有一位身着红色官服之人正在向犁地之人讲授,而犁者躬身抱拳,意为受教。此红衣之人,即是后稷之孙叔均。此件犁从形制来看已经非常成熟,各个部件均很齐备,应为曲辕犁。而据此复原的曲辕犁与王祯《农书》的犁极为相近(图2.46)。在此之前,犁的形制由直辕变为曲辕,从动因来分析,笔者认为,唐代是牛耕技术的高峰时期,这一时期的耕犁基本定型完善。而促成技术结构改良的主要原因就是为了过去高效的垦地开掘性能,由于犁箭的可调节功能及结构的完备,耕深已经成为一种极为便利和可控因素。通过调节犁箭的深浅和前后,完成对犁辕和犁底与地面形成不同的角度,因此活动的梢是其机关所在。这种以榫卯活动为机括的木制机械是可以完成上下往复的。由

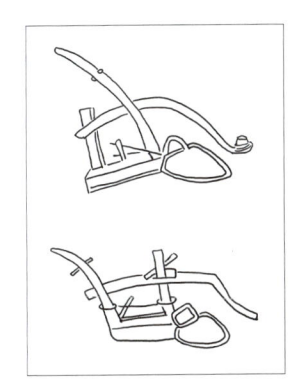

图2.46 《农书》犁

于犁箭只能够在较短的范围之内调整,如果调节过量,则会影响到犁梢和犁辕相贯结构的强度,对整个犁架的刚性稳定非常不利,尤其是在遇到较大的障碍时,会将这一连接点损坏。因此,必须从其他构件当中进行升级和改良,才能够对前期的耕犁进行质的提升。作为牵引的主要传动部件,犁辕肩负着力的传递和枢纽的作用。虽然上曲辕犁是古犁发展的终极形态,但在此期间,还出现了下曲辕犁。至唐代,上曲辕犁的最终形成与完善确定了中国犁工艺的高峰。在《教民稼穑图》中,犁的外形有了本质的变化,最为直观的是犁辕变成了弯曲的形状,在构造上,曲直辕犁拥有了"S"形弯曲向上的犁辕、犁箭、犁底、犁梢和牛套。并且有长短辕之分,从结构上和功能上已经极为先进。根据陆龟蒙《耒耜经》中记载"辕修九尺……犁之终始丈有二"来分析,若按唐代大尺度换算成今制,辕长约266厘米,全长约335厘米,按唐代小尺度则辕长221厘米,全长

[①] (晋)郭璞撰. 袁珂译注·山海经全译·海内经[M]. 贵阳:贵州人民出版社,1991:336.

290厘米。①可以看出，此犁的辕非常的长，显然是属于长辕犁。对于曲辕犁，《耒耜经》更是大幅描述，而据此复原的曲辕犁②（图 2.47）以及上曲辕犁受力分析图（图 2.48）与稷益庙壁画耕犁图更为相近。由此，稷益庙壁画耕犁已非远古之物，实则为唐宋时期就普及于民间并革新的耕犁。

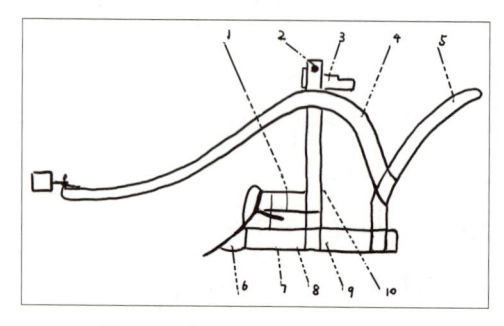

图 2.47 《耒耜经》复原的曲辕犁

1. 策额 2. 建 3. 评 4. 辕 5. 梢 6. 镵 7. 壁
8. 压镵 9. 底 10. 箭

图 2.48 上曲辕犁受力分析图

稷益庙壁画与六郎庙壁画《扛犁图》中所描绘的犁属于演进后的"短曲辕犁"。这种犁的发展主要在南北朝时期，盛行于唐代，从图像分析，该犁是上曲辕犁，唐代出现的这种犁辕呈"上曲"状，后高前低的犁耕，为宋元"耕索牛套"的利用创造了条件，一直成为今天沿用的耕犁模式。从图形的绘制技法来比较，稷益庙壁画中的《耕牛图》比敦煌壁画之《耕牛图》更为细致。对于壁画中曲辕犁的研究，主要集中在犁箭、犁底、犁梢、犁铧、犁壁、犁盘、牛轭耕盘和连接扣环。在这些部件和结构当中，耕盘和套索是最不为人关注的部分，这种结构主要是相对于汉代双牛用木棍交叉相连做硬牵引而言，使用了牛轭和可以活动的耕盘系统，将横在牛颈之上的木棍改良为弯曲的皮套，谓之牛轭，有了这种带有弧度的软套牛的颈部更加舒适，而这种软套两侧可以连接绳状耕索。由于没有了生硬的木架，取而代之的是更加灵活的软套系统，使得犁架通过这种柔性结构的连接在耕种过程中能够顺势获得摆动，而这种摆动能够抵消一部分阻力产生的震动和障碍。由于软套系统的成熟化配置，使得曲辕犁更为顺畅地与牛进行牵引和

---

① 徐艺乙. 中国民间美术全集器用篇·工具卷 [M]. 济南：山东教育出版社，1995：297.
② 史宏蕾，杨小明，高策，等. 新绛稷益庙壁画中的农业科技文化 [J]. 山西大学学报哲学社会科学版，2011（11）：81.

协作，二者相辅相成，使得耕种过程更加流畅，同时延长了耕犁的寿命，有效地保护了畜力的过度消耗。稷益庙壁画的《犁耕图》（图2.49）由于绘制精细，虽然一部分被农夫挡在身后，但其中犁架、犁壁各部分清晰可见。这种犁现代仍然在晋南一带使用，最具代表性的就是运城平陆犁和万荣犁，当然，在地域上这些都是新绛的邻近县域，因此与稷益庙壁画中描绘的犁极为相似自然也属合理。这些地区的犁辕，最大的特征就是不仅有木制，还有铁制结构。在外观造型当中，辕与犁梢交叉相贯，犁梢之

图2.49 稷益庙犁耕图

间与犁铧进行组合，而犁辕则与犁底相卯，由于结构的简化，使原本形成的矩形犁架不复存在，取而代之的是犁底、犁辕尾部和犁梢下部形成的三角形区域，因此，这种交叉虽然打破了传统曲辕犁方形的框架性结构，而获得的三角形的稳定特征，同样确保了犁在行进过程中的稳定性。当然，削减了结构使得犁身更加轻便。其中还有一最为重要的特征是，犁梢的前倾可以更加倾斜地调节犁底和犁壁的夹角，形成更大范围的调节，使得耕深得到进一步控制，而山西干旱少雨，这种犁具能够更加有效地进行破土作业。此外，由于山西中部和南部地区多为山区丘陵地带，因此，携带如此轻便同时适合山地耕种的犁，就极为方便。在田野考察中发现，这种犁不仅在晋南大量分布，在晋中、晋东南和晋北地区同样有使用。晋南地区有：运城、平陆、永济、芮城、闻喜、稷山、万荣、新绛、垣曲。晋东南地区有：长子、晋城、陵川、沁水、长治、潞城。晋中地区有：祁县、平遥、太谷、阳泉、昔阳、榆次、灵石。晋北地区有：山阴、代县、右玉、左云、大同。当然这些考察还不够全面，但从如此广泛的分布可以看出，新绛稷益庙的上曲辕犁是山西最具代表性的耕犁之一。这种犁虽然在农书古籍当中没有图绘，但却是具有非常高的农业科技价值的体现。

二、六郎庙壁画中"上曲辕犁"的结构功能解析

六郎庙壁画中的《扛犁图》曲辕犁（图2.50），描绘的同样是一架上曲辕犁，但这具犁与《耒耜经》、王祯《农书》《农政全书》中的耕盘、牛轭并不完全一样。首先是梢

柄，古籍中的梢呈自然弯曲状向后延伸，而壁画中的两具犁梢都是直柄，稷益庙犁梢在末端有一横柄，这与古耒构造十分相似。六郎庙《扛犁图》中的犁梢同样也是直柄，但并未绘制横柄。这种梢柄一直延续到清代和民国（图 2.51、图 2.52）。此图中的"箭"插入"辕"中，但并未出头，这与书中记载也不完全一致。而稷益庙由于农夫遮挡，"箭"与"辕"的关系未能显露出来，因此调节犁箭的"建"没有得到体现。却可看到犁壁是较大的半圆形。六郎庙则是露出铧的部分，侧面呈半圆形。证明在其上面有犁壁构件。而在最具特征"辕"的构造上同样与《农书》等古籍有所出入，六郎庙《扛犁图》基本与书中所绘一样，但稷益庙壁画中的曲辕却是在犁辕尾处，并未插入犁梢三分之一的下部，而是直接作弧形与犁底相接。在犁"底"部分进行垂直榫卯，但六郎庙中的犁底却是呈倾斜状，无论是延伸到犁底外的犁梢，或者是倾斜短小的犁底，都是为了减少地面与犁底的接触从而将摩擦系数降到最低。而降低犁底与地面摩擦力的方法还有就是增加犁镜的凸起，也可以有效地控制摩擦力，还能够增加犁的稳定性和深耕系数（表 2.2）。

表 2.2　华北犁镜调查表（引自钱小豪《犁》续）

华北各地犁镜的形状和尺寸					
调查地	形　状	嵌合里的构造	长度（cm）	宽度（cm）	重量（kg）
北京	二等边形	里面膨起	31	31	2.5
太原	正五角形	表面两面膨起	23	26	—
石门	三角形	没有膨起	16	27	—
彰德	五角星	表面两面膨起	21	18	—
济南	长半圆形	里面膨起	28	22	3.6
青岛	正三角形	里面膨起	28	33	—

图 2.50　六郎庙曲辕犁

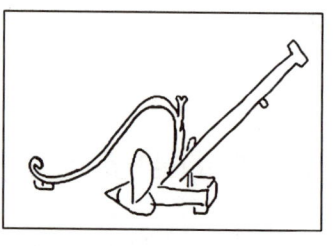

图 2.51　清代徐州犁

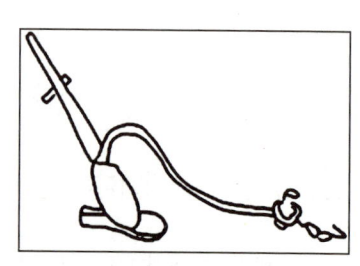

图 2.52　民国直犁梢图

同时，犁辕和犁底之间的距离与形成的夹角在铁制的犁辕行进过程中和犁铧及犁壁保持一定的间隙。而当角度小于60度以后，犁箭及犁底就会被泥土包裹，因而造成耕地作业受阻。曲辕犁在犁箭、犁辕和犁底设计上充分进行了测量和实际应用，将犁辕的曲度，犁箭和犁底的倾斜度进行了合理的协调，使其在耕种过程中不至于因为部件之间的不合理组合对耕种造成影响。六郎庙壁画的犁虽然与农书古籍出入较大，但在遗存的太原地区犁当中仍然可觅其踪。太原小店木犁与六郎庙的壁画如出一辙，其犁形结构比较复杂，与南方的曲辕犁没有区别。结构有犁辕、犁梢、犁箭、犁底，均为木制，犁铧和犁壁铁制。平原、盆地、缓坡地用得较多，如晋中地区出现的大量犁形：榆次后沟木犁、代县木犁、清徐犁、寿阳木犁、祁县框形犁、闻喜有底木犁。每种犁都有微小的调整，而阳泉的保墒犁显然在当时非常之先进，在其犁后增加了带有漏斗的输种器，实现了耕种一体的功能[①]。而离石安国寺壁画中的游观农务耕犁图绘制之犁极其简便，犁架只有两部分组成，从壁画的环境来看，周围坡石山川，显然，这种犁更加适合在坡地耕作（图2.53）。

这四幅关于耕犁的壁画中有着与农书古籍记载绘制诸多的不同，但这种绘制并不代表作者是主观臆造。如果画工不严谨，在其他农具的描绘当中自然能够体现出来，从图像细致的描绘来看只能说明当时的农具是有地域性的，并不是各地所有的农具都是统一形制，犁底、犁箭、犁壁甚至犁身的材质会因为土壤、地势等其他耕作条件而变化，以便适应当地的耕作生产。而且，唐代以后，短曲辕犁的发展一直未曾停歇，无论是框架还是犁铧，当地的农民会根据具体的农事对工具进行改良，这样更加便于农业生产。在明代犁形的多样性变化中，主要变化原因有五个方面：第一，农业地理环境的不同。集中表现在山西是一个高原、山地、盆地为主要地理特点的地区，地势起伏大，地貌类型复杂。第二，土壤条件的不同。由于褐土、栗褐土和栗钙土的结构不同，土壤的疏松度发生了变化，吕梁山以东、忻定盆地往南的广大区域以平陆铁辕犁、太原小店木犁型为主。第三，作物类型的不同。根据山西省农业区划，晋中盆地以种植小麦、高粱、秋杂粮为主，晋南盆地以种植小麦、棉花为主。通过作物类型对犁耕技术的要求和山西省农业区划布局的分析，可以看出，种植玉米、小麦、棉花等作物的地区，用平陆铁辕犁犁型和太原小店木犁型（图2.54）比较适合。第四，人口的迁徙与传播，战乱导致人口迁

---

① 胡泽学. 山西传统犁耕的特点及其成因分析［J］. 古今农业，2011（1）：75.

徙，为山西犁样式的多样性带来了改良的方法。第五，使用的习惯，从结构上来讲，平陆铁辕犁（图 2.55）应该是在运城木犁的基础上加改进；太原小店木犁和南方的曲辕犁结构一样，应该是南北文化交流交融的结果。① 与小店木犁极为相似的还有榆次后沟曲辕犁，可见在晋中地区，这种犁是十分普遍的（图 2.56）。

图 2.53　吕梁离石安国寺游观农务耕犁图

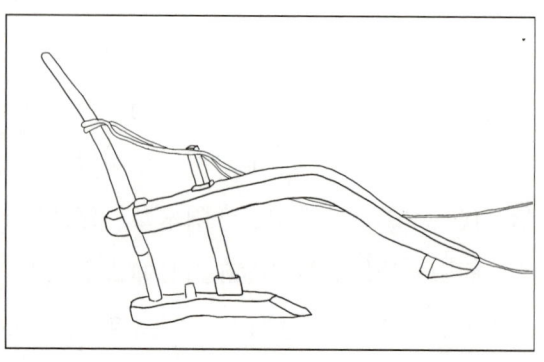

图 2.54　太原小店木犁

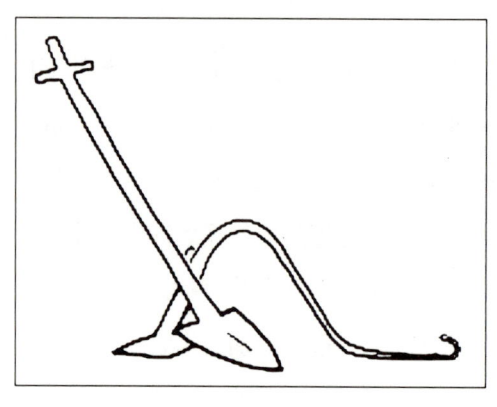

图 2.55　平陆铁辕犁

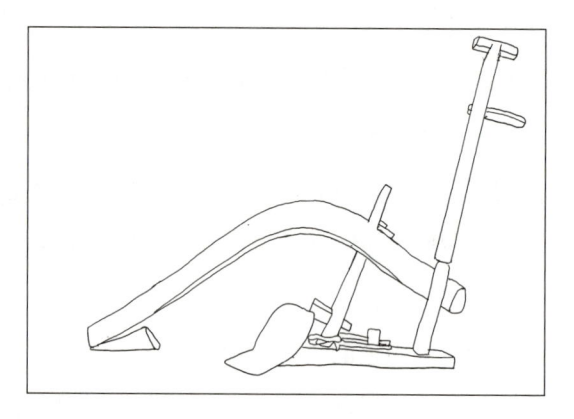

图 2.56　榆次后沟曲辕犁

综上所述，山西犁的区域多样性是构成山西犁文化和犁耕科学性的重要条件。更重要的是曲辕犁较直辕犁有六大革命性的变化，使其形成了最终的样式。

第一，在犁辕上的变化，由直辕变为曲辕，长辕变成了短辕，这样就将过去二牛、四牛耦耕变成了单牛耕种。在操作上人员减少，更加便捷。而且整体的犁架也变小变轻，极大地减少了牛的负重，使牛的牵引力得到充分发挥。第二，加装了犁评（图 2.57）

---

① 胡泽学. 山西传统犁耕的特点及其成因分析［J］. 古今农业，2011（1）：76–80.

这一装置，能够很好地控制耕地深浅的变化。第三，犁盘或挂钩的出现，使得犁具有摆动性，在耕种行进过程中能够根据阻力摆动来调节方向。同时，耕牛轭套的削减首先是自重的减轻，可以提高耕作的速度，同时也能够很好地避免"回转相妨"产生的阻碍。第四，曲面犁壁具有极强的碎土翻垡功能，较之圆形犁壁的效率大大提升，这也是精耕细作农业必备的条件。第五，犁铧的成熟，由早期的三角形演化为菱形，并与犁壁协同作业与牵引部件相结合，极大地提高了耕作效能。而且犁铧的角度逐渐变小，整体的形象呈锐角三角形，这种设置显然增加了其破土划沟的性能[①]。第六，由于曲辕犁犁梢的弯曲变化，使得耕种者在拉动犁耕种时能够将力更多地转移在底部，来提高耕种的速度和平衡。同时，由于山西地区在明初的行政区域较现在要大，其土地耕地面积可达40万顷，这一数据甚至较之当时的陕西省、广东省、福建省都要大。[②] 如此发达的农业在重型犁和曲辕犁的改造过程当中势必走在前列。

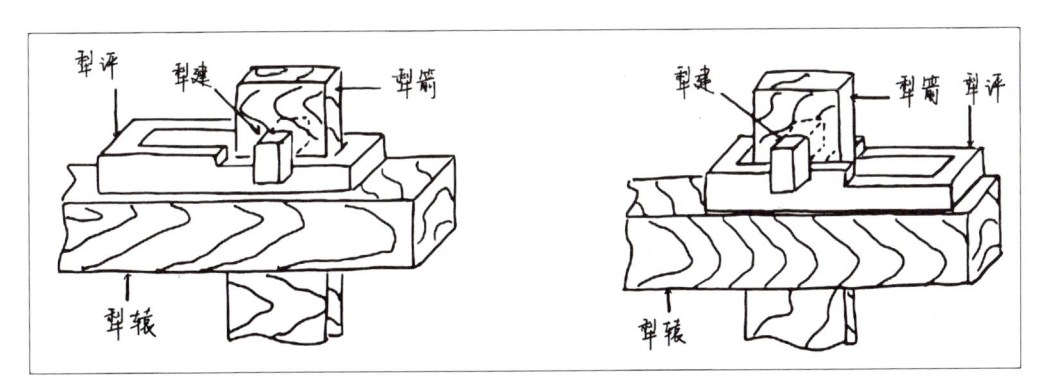

图 2.57 犁评装置示意图

这些功能的变化，既改善了犁的操作性能，同时也加强了工作效能。最为隐形的变化，就是将犁在力学原理当中进行了变革。从直辕犁的力学原理可以看出牵引力的高度变化会影响犁的耕种性能。直辕犁的牵引点在牛臀之后，而曲辕犁则在牛尾下方。直辕犁施力点拉力 $F_{拉}$ 位于曲辕犁的 $F_{拉}$ 的上部，因此二者的力臂（N）的距离显然悬殊较大，直辕犁的力臂大约60厘米，而曲辕犁的力臂仅仅为10厘米，在 $F_{拉}$ 的牵引之下，同时产生了一个力矩（M），而这个力矩（M）值=$F_{拉}$ × 力臂 N，而从直辕犁和曲

---

① 王进玉. 敦煌科学技术画卷 [M]. 北京：商务印书馆，2001（10）：49.
② 江西省科协、江西省历史博物馆. 中国古代农业科学技术展览 [M]. 内部资料，1980（9）：117.

辕犁的受力分析图可以看出（图2.58），（$F_{动}$）代表了源动力，显然双牛耦耕的源动力大于单牛牵引的源动力。即使如此直辕犁的力矩（M）值仍然大于曲辕犁的力矩（M）值，此时的力这一个等式告诉我们，在耕种过程中如果牵引力有多大，必须有相同的拉力来平衡这一个力，我们也知道人和牛之间力量是非常悬殊的，如果想要克服$F_{拉}$所带来的力矩，势必付出极大的$F_{拉}$，这样的耕作方式无疑是非常辛劳的。而曲辕犁的变革则消减了力矩带来的麻烦，在曲辕犁图中可以发现，拉力与犁铧为同一方向点，这样产生的力矩几乎可以忽略，人所施加的拉力只是为了维持犁的平衡，因此做到了牛省力人不费力的劳动工程。简而言之，即使付出了双倍的动力源，犁的工艺属性的不同导致了曲辕犁事半功倍的效果。从图中还可以看出由于直辕犁直接作用犁柄，会产生一个向下且向后的压力P，如果对犁梢施加了这个压力P，地面的摩擦力F自然就会增加，当然，$F_{拉}$位置高低的不同造成了摩擦力F值也不一样，而曲辕犁根本不需要为这个压力P付出太大的功，因此摩擦力自然较小，在耕种过程中非常轻松，这是人力做功的不同。此外，直辕犁和曲辕犁的力学关系图（图2.59）[①]中直辕犁和曲辕犁产生了一个平行四边形的力，由F_1和F_2之间产生了一个向上的作用分力，由于曲辕犁的分力明显大于直辕犁的分力，因此，获得的拉力自然不同，畜力的轻松程度也有着较大的区别。这一部分力既能够抵消一部分力矩（M），同时还能够将犁铧前端产生的$F_{阻}$和犁底产生的摩擦力F相应地进行抵消，这些相反的作用力被大大地削弱以后，自然获取了较大的驱动力进行牵引。因此曲辕犁的受力方式是无用功少、拉力大和摩擦

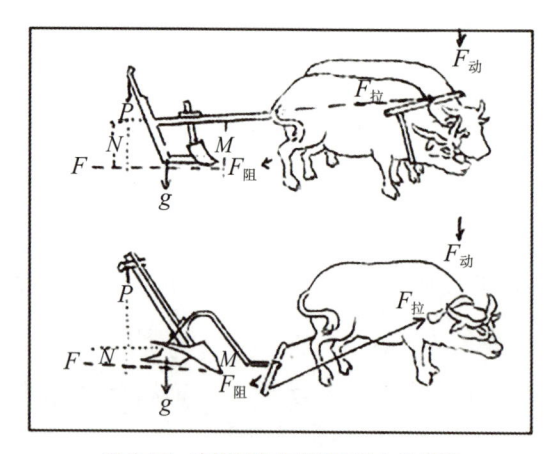

图2.58 直辕犁和曲辕犁的受力分析图 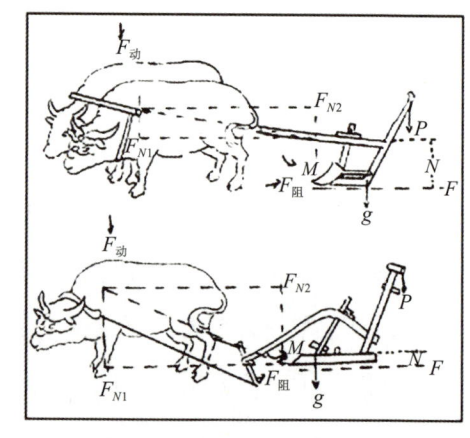　　图2.59 直辕犁和曲辕犁的力学关系图

① 图片绘制参考杨荣垓《曲辕犁新探》。

力小,而这一切的始源就是受力点的改变。《直辕犁和曲辕犁的受力分析图》中曲辕犁采用了运城曲辕犁,即稷益庙的耕犁,《直辕犁和曲辕犁的力学关系图》中曲辕犁则采用了小店区六郎庙壁画的曲辕犁,这二者除了犁架和犁底及犁梢不同外,犁辕采用了相同的型制。因此,基本的受力方式仍旧不变,虽然由于犁底面积大小的不同受到的摩擦力 F 和重力 g 有着一定的变化,但是,犁辕的相同带给它们几乎一样的拉力和向上的分力。

曲辕犁最终形成于宋代,在以后几个世纪发展过程中一直没有大的变化,可以说是中国农业最为伟大的发明之一,也是世界农业的伟大发明。因为约 18 世纪,在欧洲才得以传播类似中国如此发达的曲辕犁。这种犁用了框架型的曲辕犁,借鉴了软套结构具备的摆动性,犁铧安装了可以翻土的犁壁。这种组合式的犁铲和犁壁结构,使得欧洲农业得以快速发展,因此成为西欧近代农业技术革命的起点。[1]

六郎庙和稷益庙壁画中的耕犁,以其多样的耕地类型代表了中华农业文化的演变史。同时,稷益庙壁画中轻便型三角犁是黄土高原多山丘陵地区的主要开垦农具,而六郎庙壁画的耕犁则属于适合平原地区大面积耕种的重型框型犁。前者携带方便,速度较快,翻掘的沟壕较窄,转向较快;而后者却是速度较慢,耕深变化大,稳定性高,缺点是转向不够灵便。虽然在类型上有着差别,但却同样又是多种地形耕作的复合型犁。适当地进行结构的调整,主要是为了更好地适应当地土壤和地形特征的需要。因此,这两种犁同样是中华犁文化科技发展中重要的组成部分。

三、牵引工具的改良与发展

牛耕的主要部件就是犁,而由牛牵引此部件的辅件部分则是犁盘、牛轭、耕索和挂钩。此四样构件称为耕牛套索。在东汉时期的画像石、画像砖壁画中发现大量的二牛抬杠采用了木棍形成的"T"形连接牵引法。这种牵引主要靠在牛颈部捆绑一根木棍,在木棍中间用三角载进行联动以此与犁形成牵引。这种方法一直到唐代仍在使用,李寿墓中的《耕牛图》就是这种刚性的牵引方式。此种方法的优点就是用料简单,附件部分采用横木即可。但缺点非常突出,由于这种硬性的连接,使二牛在行进过程中必须保持一致,一方的发力或者休憩都会给犁带来极大的波动。同时,由于二牛完全

---

[1] 李根蟠. 中国古代农业[M]. 北京:商务印书馆,1998:71-72.

被绑缚在一起，必须保持协调的步调和一致的合力才能完成耕种活动。与此同时，牛在劳作过程中由于体力不同造成的体力透支和休憩不足势必会影响到源动力的健康。此外，由于是硬性的连接，在耕种过程中需要改变方向都会因为大的转弯半径而影响劳动效率。这些硬伤都是二牛抬杠最为致命的缺点。在单牛的连接当中，会采用木质拉杆进行连接，缺点亦然，过大的转弯半径和畜力的不灵便活动都是此类牵引附件的死穴（图2.60）。

而在六郎庙《二牛耦耕图》中已经没有了这种刚性的横木式连接，取而代之的是套索式的柔性连接（图2.61）。畜力柔性连接的柔性连接，是短辕犁重要的实现条件，通过这种索套结构，犁的方便性大大提高。[①]而最具代表性的当属稷益庙壁画《耕牛图》中的套索构建，刻画细致，结构清晰，将其中的四个部件进行了详尽的描绘。作为二牛抬杠中杠木的替代品，牛轭与耕索是其改良后的产品，即使是二牛同耕，弯曲的牛轭能够安稳地架于牛颈之上，比起横木更为舒适。开放式的耕索使牛更具主动性，即使不和节拍也不会影响到耕种的进程，牛可以根据体力自行决定休息时间，极大地保护了畜力的身体，能够使牛的体力得到合理的分配。在《农书》中记载有："耕盘，驾犁具也，……今各处用犁不同，或三牛、四牛，其盘以直木，长可五尺，中置钩环。……牛轭，服牛具也，随牛大小制之，以曲木窍其两旁，通贯耕索，仍下系鞅板，用控牛项，轭乃稳顺，了无轩侧。"（图2.62、图2.63）[②]

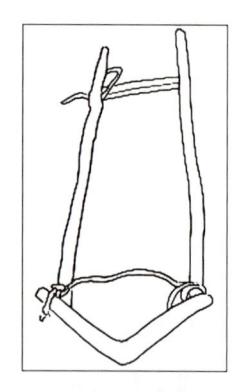

图2.60　拉杆连接附件　　　　　　图2.61　双牛轭索

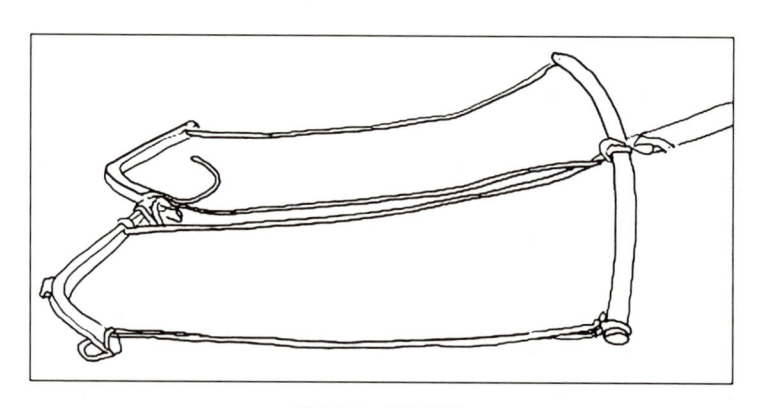

[①] 钱小康. 犁续[J]. 农业考古, 2002（3）: 193.
[②] [元]王祯. 王毓湖校.《王祯农书》[M]. 北京: 中国农业出版社, 1981: 214-215.

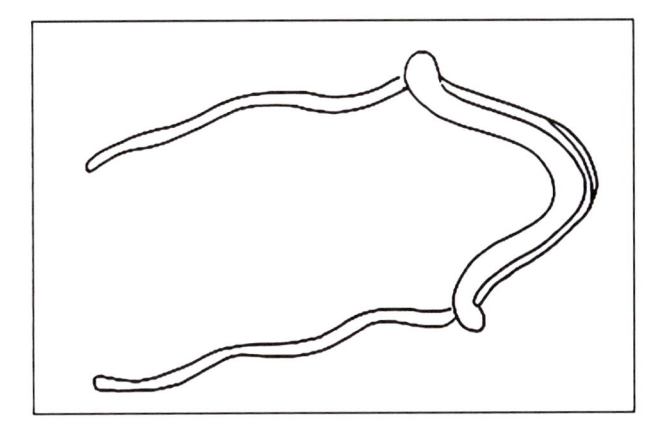

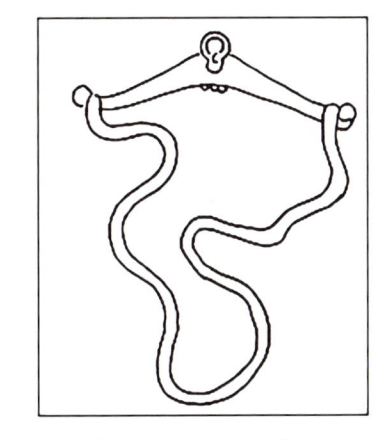

图 2.62 《农书》中牛轭耕索　　　　　图 2.63 《农书》中耕盘

从《农书》所绘的犁盘可以看出，犁盘曾"U"字形微曲，在顶部则有一铁环，此处正是与犁连接之所在。不同的是两幅壁画中的犁盘都是横木样式置于犁前，在形制上显然没有《农书》中所绘精美，但可以说明，此种横木犁盘是普及于民间之物，因为实用的功能是工具发展重要的条件之一。此外，铁挂钩的使用使得这二者之间的联系更趋于牢固与安全，这些连接挂钩根据部位不同打制了"S"形挂钩、"C"形挂钩和"G"形挂钩，"S"形挂钩属于两端型，而"C"形挂钩属于方便性单向钩，"G"形挂钩则是属于防脱型挂钩[①]。这说明犁的发展不仅是在于犁本身，耕犁附件的真正成熟才将犁的框架进行系统化装配，从而更加有效地连接着犁和畜力之间的平衡。可以说，犁架的轻量化、短辕化，犁铧的表面翘起，犁盘的软性连接共同构成了曲辕犁高度发达的耕种效能，这种发明是中国农业文明灿烂的科技之一。

第五节　中耕工具与旱地保墒技术研究

在中耕技术的使用上同样是西汉时期，农学家赵过（生卒年不详）结合和总结了以往的农学经验，创造和推广了"代田法"使得土地的利用率大幅上升。在"代田法"（图 2.64、图 2.65）沟垄结合的耕种方法使得土地得到了很好的保养与休整。而利用牛犁作垄很好地保护了沟里幼苗的生长。在生长过程中，不断地除草和培壅（将垄上之土培护在苗禾根部）使其抗风保墒能力不断提高，如同人类的自身免疫力一般，作物自然

---

① 荆三林，李趁有. 中国古代农具史分期探[J]. 中国农史，1985（1）：44.

能够提高成活率和产量。

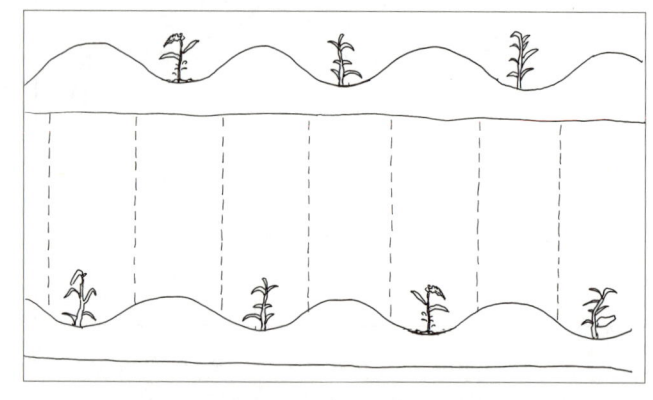

图 2.64 代田法使用的土地　　　图 2.65 代田法使用土地横断面示意图

"代田法"的发展适合于边远地区大面积土地的利用，对土地比较浪费。而黄河流域干旱土地的耕种和土地的不足是最为重要的特征。山西自古就是地广人稀之地，河东地区由于气候与土壤的关系更是严重的土地不足。因此，明代出现了另一种耕种方法，称为"亲田法"。同样是利用土地轮番休整的耕种，此种方法强化了区域土地的倾斜培养，集中将人工、水及肥对一片土地进行强化"喂养"，次年进行轮休。这样做的好处同样是保证了土地的稳产。

无论是汉代的"代田法"或"区田法"，或者是明代的"亲田法"。前期的工作都是由犁、耧、耰、耙、耱完成的。这些都是在作物生长初期和培植阶段完成的工作，而期间的除草、培壅都需要中耕农具的参与才能够保证旱地耕作的要求。因此，中耕农具从开始发展阶段就是最为重要的农耕环节。

在稷益庙《教民稼穑图》与《祭祀图》中，出现了大量的镈、锄（图 2.66）、钱、铲、锹一类农具，这些农具形制多样，或持或抗。而在六郎庙壁画当中同样有一幅《扛锄图》（图 2.67）。这些工具都属于中耕农具，可以除草、掘地及起土。这些器械的主要作用即为使播种的土壤更为平整松动。而中耕农具早期的主要是石制，"在山西怀仁鹅毛口遗址中，就有砍砸器（54 件）、龟背状斧形器（23 件）、石锄（65 件）、石锤（11 件）、石镰（3 件）的出土"[①]。可见在山西新石器时期就有中耕农具的雏形。这些中耕农

---

① 贾兰坡，尤玉柱. 山西怀仁鹅毛口石器制造场遗址［J］. 考古学报，1973（3）：16.

具不仅说明我国的农耕文化早于夏商时期，更证明了早期人类在种植作物的时候已经开始利用工具来改善土壤结板的状况。此外，《齐民要术》《农书》和《耒耜经》这些农学典著中都把耕田作为首要篇来加以论述，足见古人对于土壤的重视。

图 2.66　稷益庙壁画的锄　　　　　图 2.67　六郎庙扛锄图

商周时期就已经有中耕的记载，而战国时期更是对这一技术提到了一定的高度。"战国初期，中耕的技术仅限于除草。使用中耕的目的不只为除草，还能认识到保墒[1]"。《孟子·梁惠王上》当中有"深耕易耨"，其中耨就是一种短柄除草的工具。"土壤耕种是使用农具以改善耕层结构和地面状况的各种技术措施的总称"[2]。"晋南虽属于黄河流域，但北方广阔的干旱、半干旱地区，使它曾是我国农业发展的重要地区。这与黄土高原丘陵地带居处较易、黄土颗粒细小、质地疏松有直接关系。早期的农业虽有耝木点播的'免耕法'，但产量极其低下，正是由于工具的改善和铁器的出现，才使得农作物得以合理生长，产量自然增长。同时，在农业活动中，人们逐渐加深对水与土的认识，创造了农业历史上的旱地'保墒'技术"。[3] "尤其是犁的发展，更是改良了深层土壤的物理状况，并为植物根系生长、微生物活动创造良好的条件[4]"。其方法是使用锄类农具对土壤进行除草及松动，除草是祛除影响农作物生长的杂草，更为重要的一点

---

[1] 闵宗殿，彭治富，王潮生. 中国古代农业科技史图说[M]. 北京：中国农业出版社，1989：202.
[2] 王星光. 中国古代农具与土壤耕种技术的发展[J]. 郑州大学学报，1994（4）：8.
[3] 杨直民. 我国保墒技术及有关农具的历史发展[J]. 农业考古，1986（4）：149.
[4] 杨直民. 我国保墒技术及有关农具的历史发展[J]. 农业考古，1986（4）：9.

是，土地在松动后会自然形成一些细微的毛管，这些毛管如同动物的毛细血管一样会联通到外界，以此获得呼吸，同时也能够将潜藏于土壤中的水分蒸发。如果通过锄、镈一类工具进行翻动泥土，自然会将这些毛管的原样组织破坏从而阻断内部水分的蒸发，以此来达到保墒的作用。这种功能在《齐民要术·种谷》中有记载："锄者非止除草，乃地熟而实多，糠薄米息。"此外还在《齐民要术·杂说》中有："耕锄不以水旱息功，必获丰年之收"及"锄头三寸泽"。这些理论的形成源于对农具合理使用和对土地的深刻认识。从壁画的中耕农具来看最具代表性的就是锄头。

此外，还有钁（图 2.68）、铲等工具。从形制上有长柄和短柄之分。在除草工具中耨为短柄，但王祯《农书》中又将此描绘为长直柄农具。作为锄的同类型工具，镈（图 2.69）是少见记载的工具，而王祯将其同耨（图 2.70）视为一物，宋代还将它视作乐器，但一般认为此类就是锄之初样，只是直柄而已。无论耨、镈、锄或櫌锄都是弯头的除草类工具，其最终的发展样式就是锄。这样翔实的描述将锄的形状尽显。从以下几幅壁画可以看出，锄（图 2.71~图 2.76）的样貌几近相同。早期的锄类工具为直柄，在其后的演化过程中逐渐变成了鹤颈状，这种设计更能充分利用杠杆原理来发挥其功能。在使用过程中，由于鹤颈部分杠杆作用使得起土深掘变得更加轻松，曲柄的设计将力量合理地传递到了锄头部分，下挖与除草自然效率倍增。

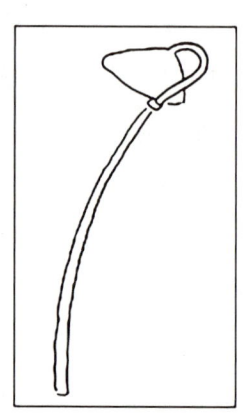

图 2.68　稷益庙壁画中的钁　　　　图 2.69　《农书》中的镈　　图 2.70　耨

图 2.71　稷益庙中的锄　　　　图 2.72　稷益庙的耰锄　　　　图 2.73　公主寺的锄

图 2.74　永安寺的锄　　　　图 2.75　云林寺的锄　　　　图 2.76　净信寺的锄

在《诗经·周颂·良耜》当中有"其镈斯赵，以薅荼蓼"的记载，既然是在良耜篇中，自然说明锄的形制来自耒耜和铲类工具，在《农书》中有一类中耕工具称为"锋"（图2.77），即是对耒耜工具和踏犁工具的延续。不同的是，耒耜与铲类工具是向前推进开掘，而镈类工具则是向后扒拢，先秦时期镈和钱（图2.78）是主要的除草工具，汉代出现了新型的锄和铲，稷益庙壁画的《缚蝗图》中有老者手持短柄铲（图2.79），即为钱类工具。工具的细化是为了配合深耕细作的局部耕种要求，此时的锄和镈在形制上发生了变化，镈的早期形象接近于古代的空手布，平刃，肩部弧形，但发展到明代基本与锄外形相仿。王祯《农书》称其为"耨之别名"。而锄头除了柄的不同以外，在锄面的设计当中同样极具变化。鹤颈锄发端于魏晋时期，同时出现的还有弧刃锄和直板锄。[①] 弧面的设计主要是为了增加压强，使得锄能够快速插入土地之中，而平面锄的设计则是为了大面积的除草作业，从现代遗存和出土的锄头（图2.80）可以看出。在形制上，分为梯形、三角形、长方形、铲形，在名称上锄被称为"耰锄"和"耨"。可见锄类工具并非单纯以除草为主要功能，碎土和荡平土地也是其辅助功能，而"耰锄"一般为鹤颈，"耨"类锄

---

① 王大宾. 汉代中原郡农耕技术选择趋向［J］. 中国农史，2012（1）：28.

则是直柄工具。此外，锄来源于古农具的"斤""锛"有着密切的传承关系，此两类工具的石器时代形制就是以砍砸为主要设计样式，这与锄类的运动方式极为接近，当然"斤"与"锛"并非完全的农具，而"耰锄"却是完全与锄有着相同的运动轨迹与劳作形式。因此，锄类工具的多样性和复杂的名称是融合在农业工具发展过程之中的。这些锄的式样在历代的演化中依靠实践进行着革新，明代形成了其经典的样式传承，遂以传世至今。

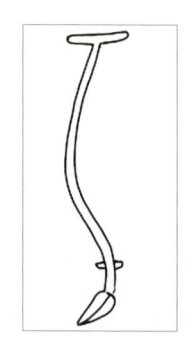

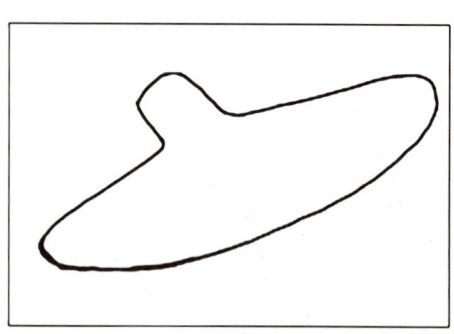

图2.77 锋　　图2.78 钱　　图2.79 稷益庙的钱　　图2.80 扬州宋代曲面锄

综观中耕农具都是以干旱农法为基础而产生。这也是先民在改造恶劣的自然条件中智慧的结晶，对于中华农业文化的传承与繁衍功不可没（表2.3）。图中出现有"钱""耨"和"耰锄"，当然最多呈现的仍然是鹤颈锄。

表2.3 历代锄类工具在文献中的名称及构造

名称	耰锄	耰锄	耰锄	耰锄	耨	耨	耨	耨	耨
引自	通考	全书	集成	农书	通考	全书	集成	农书	天工开物
形制及构造	铁制鹤颈及半月形刃	铁制鹤颈及半月形刃	铁制鹤颈及半月形刃	铁制鹤颈及半月形刃	铁制直柄及直刃	铁制直柄及直刃	铁制直柄及直刃	铁制直柄及直刃	铁制直柄平刃
年代	元代	明代	明代	元代	元代	明代	明代	元代	宋代

在北侧相邻处的第二幅图已经完全剥落，但从图2.67《扛锄图》来看，第二幅图应该是《保苗灌溉图》，原因是在剥落的画面北侧有一座小型石拱桥残留，桥下流水潺潺，而此处的描绘从同类的壁画推测主要是一些翻车利用水力推动进行作物灌溉。由此可见，北方农具在明代已经完全定型。第四幅图绘制了三个人物，中间是一名老者手持一片禾叶正在向一名肩扛犁的小伙子问话，左侧是一名中年男子侧首倾听二人的对话。老

者手中的禾苗业已枯萎，似乎在征询着年轻人庄稼病害之事。而年轻人用手指向前面似乎在告诉老者病害的地点，此外，此幅图看似没有具体的农业劳动场景，实则通过画面中的问答透露出农业虫害这一重要的环节，因此，这幅图应该称作《问害图》。这也是东壁最后一幅图。在此图中只有扛犁的年轻人正往南走，这与本壁所有的人物行进方向相反，这样的处理，既代表了卸犁回家的状态，也代表了耕种之事就此结束，画面的构思极其巧妙。

  六郎庙壁画不仅绘画技艺高超，在农业科技的表达中不遗余力地进行展示，将北方农耕稼穑之事图绘于一墙之上，这在同类壁画中较为罕见。古代画工对生活写实的记录态度为现代农业科技的研究留下了宝贵的遗产。考察山西其他的寺庙的同类壁画也表现得栩栩如生（图 2.81、图 2.82）。

图 2.81 故城寺壁画

图 2.82 公主寺壁画

第六节 从壁画看山西明代的播种工具

一、山西农作物种植在壁画中的表现

  山西农作物种植与壁画对作物的表现，作物收获过后就是作物加工过程，在研究场上作业之前首先应该熟悉山西地域农业的整体发展和寺观壁画所表现的作物特征，这非常有利于对粮食深加工工艺进一步研究奠定基础。

  农业是从驯化动植物开始的，没有动植物的驯化也就没有农业。从生态学来讲，采猎的动植物产生了共生关系。农业则表示人与驯化了的动植物产生新的共生关系。人以驯化的动植物为食，驯化的动植物靠人的保护才能繁殖、成长。这种共生关系的演化是在采猎过程中发展起来的[①]。图2.83展示了植物的进化[②]。

中国作为世界文明古国，农业是其基本的立国之本，而栽培作物的技术如同驯服和饲养家畜一般历史悠久。中国是世界上独立农业发生发源地和植物栽培起源地之一。从农业的起源中心而论，共有三个国家参与其中，亚洲的东亚与西南亚与中南美洲。毫无争议，农业东亚起源中心主要是中国。中国的原始农业具有与世界其他地区明显不同的特点。

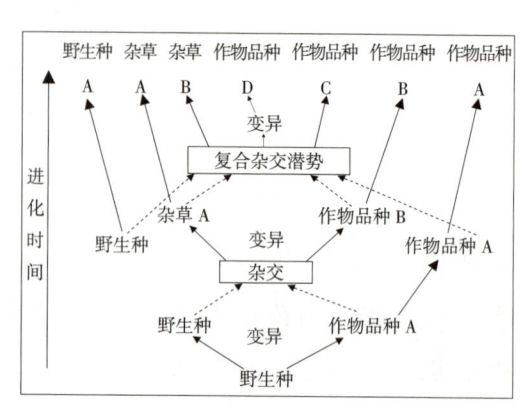

图2.83 植物进化复杂性增加图示

人类最早对植物驯化是由块根起源，禾本科作物由于根系发达，因此和豆科植物成为最早的农作物。[③]

在中国，禾本科植物最早种植的是粟类，在农业考古当中也是发现最早的作物之一。粟去掉皮壳后就是小米，这种作物至今仍然在三晋大地遍地生长，滋养了无数辈的三晋儿女。在河北武安磁山遗址、河南新郑沙窝李遗址（裴李岗遗址）及山西万荣荆村瓦渣斜遗址（仰韶文化）中都有粟类谷物大量出土。可以肯定，粟的故乡就是在中国的黄河流域，而山西晋南是粟类谷物最早的栽培地之一。此外，黍和稷也是我国栽培最古老的作物。中国是黍类作物的古代初生基因中心，在后来的交流中逐渐传播到整个欧洲。而山西和陕西是黍类作物的重要产地。[④]此外，稻和麦也是黄河流域北方地区较早栽培的作物。作为中国最古老的农业信仰"五谷"，在历史的变迁中一直进行着微弱的调整（表2.4），在《周礼·职方氏》中为"黍（图2.84）、稷（图2.85）、菽（图2.86）、麦、稻（图2.87）"；而在《楚辞·王逸注》当中是"豆（图2.88）、稷、麻（图2.89）、麦、稻"；自春秋战国时期，五谷已经基本健全，禾、粟（图2.90）、麦有了较大的发展，并受到重视。

[①] 邹德秀. 世界农业科学技术史[M]. 北京：中国农业出版社，1995（7）：27.
[②] [美]G.W.柯克斯，M.D.阿特金斯. 农业生态学——世界食物生产系统的分析[M]. 北京：中国农业出版社，1987（9）：78.
[③] 邹德秀. 世界农业科学技术史[M]. 北京：中国农业出版社，1995（7）：31.
[④] 中国古代农业科技编辑组. 中国古代农业科技[M]. 北京：中国农业出版社，1980（12）：261.

只是在后世的发展过程中,根据具体的生产条件和时代背景进行着互换。即使在明代郑和下西洋后带回玉米和马铃薯这两样作物,稻、麦、粟产量仍然占据着主要的地位。

表2.4 中国粮食作物变迁与发展

时间	新石器时期	商周时期	春秋战国时期	秦汉时期	三国时期	隋唐时期	宋元时期	明代
作物名称	黍、稷、粟、麻、豆、稻、麦	黍、稷、粟、麻、菽(豆)、稻、麦、高粱	黍、稷、粟、麻、菽(豆)、稻、麦、高粱	黍、稷、粟、麻、菽(豆)、稻、麦、高粱。五谷观念的形成"粟、麦、豆、稻、黍"	黍、稷、粟、麻、菽(豆)、稻、麦、高粱。粟、麦、稻成为主要的口粮	黍、粟、麻、菽(豆)、稻、麦、高粱。稻、麦占据了绝对的产量优势	黍、粟、麻、菽(豆)、稻、麦、高粱。稻成为产量最高的作物	黍、粟、稻、麦、高粱、红薯、马铃薯。稻、麦、粟、玉米和红薯成为高产作物

图2.84 黍

图2.85 稷

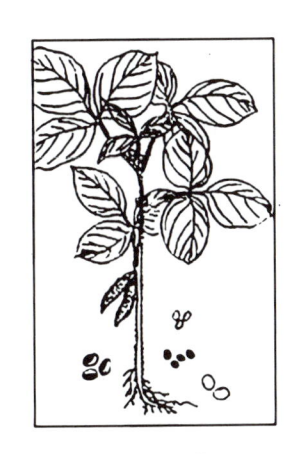

图2.86 菽

图2.87 稻

图2.88 豆(侯马出土)

图2.89 麻

图2.90 粟

在这些作物的变迁过程中,"稷"的淡出主要是由于低产的特性所造成的。但这并不妨碍这种作物在山西延续至今。山西中部和北部，过年及婚丧嫁娶吃"糕"是亘古不变的习俗，而糕的主要原料就是黄米，即脱壳的稷。李约瑟认为：在仰韶时期中国的主要食物就是稷，行至仰韶末期，稻米才成为主食[①]。由于"五谷"的健全和信仰的延续，山西农业祭祀中最主要的就是"五谷神"的祭祀，这在稷益庙壁画和六郎庙壁画中都有生动的描绘，尤其是稷益庙壁画中将"五谷"的物理物态描绘的形象逼真，可见画家对作物的熟悉程度。无论是"五谷""九谷"，粟、稷、麦、稻、黍等，这些作物都被统而称为谷。在山西，自汉以后始以穗大而毛长粒粗者为梁，穗小而毛短者为粟。这是认识谷类作物最为基础的方法，而谷类作物成熟时期的不同也造就了品种的类别差异，山西最为常见的品种有竹叶青、赤巴梁、交棱沙等品种，自北魏时期就开始种植，多达20余种，直至现在这些品种仍然是山西主要的种植品类[②]。山西谷类作物的丰富和多样性，主要是由于山西地形、土壤、气候和栽培技术的多样性造就而成。虽然谷物的品种极为复杂，但在经过收获过程后，这些农作物都有显著的特点就是需要去掉外衣，颗实的饱瘪、外衣的紧松和密度的强弱促进了脱粒工具的不断演化，目的就是为适应这些谷类作物的完美脱粒。这样的作业，是形成粮食作物深加工环节最为重要的。

二、《耧种图》的耧车工作原理及演化

画面东壁南端是《春种秋收图》的开始，此幅图主要以春季整地播种为主要情节进行描绘，在上文的整地图中重点将二牛耦耕一图进行了农具科技的研究。在播种图当中，在《耦耕图》的前方则是一名肩扛耧车正回头凝视耕牛犁地的农夫。壁画当中的耧车描绘得非常严谨认真。其中的构造包括耧架、耧斗、耧腿、耧铧，一应俱全，这种耧车在北方主要是播种和施肥之用，播种包括麦、粟、梁等种子。耧车（图2.91）原理是利用畜力牵引，一人在后手扶耧柄，边走边摇耧车，使种子撒在田中。此幅图在绘画上动静结合、疏密得当，在农业科技的描述当中将北方地区开垦播种之农事予以全面展示，如不是画工对生活细心观察，是不能将其中的情景描绘得如此写实。六郎庙壁画中的耧

图2.91 六郎庙耧车图

---

① 李约瑟原著. 科林·罗兰改编. 中华科学文明史第一册[M]. 上海：上海人民出版社，2002（6）：25.
② 古兆明，古世禄. 山西谷子起源与发展[M]. 北京：中国农业科学技术出版社，2007：171.

车为三足，这是耧车最为常见的一种样式。耧车的发明与推广，是汉武帝时根据都尉赵过农业实践经验总结而得。① 班固在《汉书》云："以赵过为搜粟都尉。……其耕耘下种田器。"东汉崔寔在《政论》云："武帝以赵过为搜粟都尉，教民耕植。其法：三犁共一牛，一人将之，下种、挽耧皆取备焉。日种一顷，至今三辅犹赖其利。今辽东耕犁、辕长四尺，回转相妨，既用两牛，两人牵之，一人将耕、一人下种、二人挽犁，凡用两牛六人，一日才种二十五亩。其悬绝如此。"从这两段记载中可以看出，关于赵过集结大量能工巧匠改良耧犁一事似乎不争。当然主要的工匠是一名叫"光"之人。但文中有些词语为后世留下了许多迷障，例如"耦犁""三犁"，仔细推敲发现三犁既是三足耧，耦犁为二足耧。还有一词"挽耧"从其顺序分析并不是下种或开沟之意，而是如《氾胜之书》所说的用"荆柴"一类的东西制成的搂地农具。② 从文中得知，耧车的广泛使用在汉代已定型。而创造这一工具的源头是推广代田法，"这种方式主要是开沟作垄，将种子播种在沟里，播种时需要撒播变成条播，因此而产生了这种工具。"③ 虽然这一发明归功于赵过和汉代成为一种被认同的事实，但耧车的发明是否源于汉代仍然要画上一个问号。要搞清耧车的发展历程需从它的前身来做研究。早期农业主要是耒耜耕，耒耜的主要样式就是装有犁铧的独木，经过长期的演化发展，耒耜向两个方向进行了变化"一个分支成为一柄一头的直柄类农具铲、锹、锨、锄等。另一个分支分成锋、镢、踏犁、犁等曲柄农具。"④ 这些农具虽然具有开掘和深耕土地的功能，但并不具备耧车开沟、播种、覆土这一系列的复合性功能。作为耧车的主体功能，播种是最为重要的工作流程。壁画中的耧车是汉代就已经成熟了的三足耧，其足为空，这一功能并非是直接形成，而是在漫长的播种实践当中发展和完善起来。最早的播种工具是手播，在利用耒耜开沟后用手将籽种埋入土中覆盖完成播种。但这种原始的播种方式非常的低效，极不适应大面积的播种工作。其后，在人们利用竹篮装运种子的过程中发现，竹篮的空隙会遗漏出种子掉入土中，这个发现直接改变了手播种子的困境。通过摇动竹篮，种子会均匀地撒入土中，效率自然得到提高。但犁耕是纵向单一的行进，开掘的土地是根据犁镜的宽窄决定，因此为了提高效率，人们将装

---

① 江西省科协. 中国古代农业科学技术展览［M］. 南昌：江西省历史博物馆，1980：61.
② 周昕. 中国农具史纲暨图谱［M］. 北京：中国建材工业出版社，1998：145.
③ 闵宗殿，彭治富，王潮生. 中国古代农业科技史图说［M］. 北京：中国农业出版社，1989：188.
④ 周昕. 中国农具史纲暨图谱［M］. 北京：中国建材工业出版社，1998：141.

有种子的篮子系挂在犁架之上，随着犁的震动或人为的敲击，种子会落在掘开的田地中。但这种方式仍然不适合条播生产。在其后人们会将竹篮下部接中空的竹竿，种子随竹竿而下，自然形成条播。最后的演化中，竹篮趋向中空的葫芦，这就是窍瓠的形成。瓠种，在民间叫做"点葫芦"，北方地区用此进行点种，用于点种豆类和谷类，而民谚中也有"清明前后，种瓜点豆"之说。在《齐民要术》《农书》中对其的结构描述为带有中空尖嘴的漏种孔，后面有木柄抓握。播种时把谷种装入葫芦里，播种人一手持瓠种器手柄，一手持木棍敲击前段播种槽在田中拖行走动。从《农书》《授时通考》《农政全书》所绘制的瓠种来看，完全是用葫芦制成，在这几本书当中，瓠种的样式完全一致，应该是互相借鉴。与壁画中的瓠种不同的是，《农书》中所绘均在瓠身的左边有一块蜂窝状椭圆补丁，底端则是前后有十二孔的锥状物。从河北滦平县大屯乡岑沟出土的金代瓠种器来看，瓠身为上宽下窄，与《农书》中所绘相反，但这并不影响播种。不同之处是，《农书》中所绘瓠种的引播口为金属制锥状开孔器，而出土的这件瓠种则是由竖剖的半根竹竿所制，在原理上瓠种属于震动排种法来进行播种，通过侧面对引播口的不断敲击震动，使得种子能够均匀地撒播在垄沟里。敲击的强度越大频率越快下种越多出苗就越稠密，相反，下种越少出苗也越少。而最前端的引播口是控制出种量是否均匀播种的关键，可以看出《农书》中引播口由于开孔均匀，分布合理更容易控制出种量，金代瓠种则是民间工匠自己打造的，由于工艺简单，在引播口的出种量上不易控制。此外，金代瓠种的装种口为中部开掘一圆形洞口，谷种和豆类由此鱼贯而入。而《农书》中的装种口为蜂窝状开口，孔径极小，虽然装种速度较慢，但却可以将一些杂草和大颗粒的沙土摒弃，从而保证出口的通畅。此外，是否《农书》中瓠种为谷物播种器，而河北出土金代瓠种为豆类点种所用，也是其二者装种口与引播口的不同。瓠种虽然能够将种子按照条播的方向进行快速点种，但毕竟需要两人操作才可完成。后来根据这一原理将耧犁的耧腿设计成为中空，才将划沟、播种合为一体。在王祯的《农书》中详细地描述了耧车的结构和功能："其制，两柄上弯，高可三尺，两足中虚，阔合一垄，横桄四匝，中置耧斗，其所盛种粒各下通足窍。仍旁挟两辕，可容一牛，用一人牵，傍一人执耧，且行且摇，种乃自下。"（图2.92）[1] 在《齐民要术》中有二脚耧，在陕西三原唐代李寿墓壁画中有二脚耧（图2.93），此外还

---

[1] ［元］王祯. 王毓湖校. 王祯农书·农器图谱集之二［M］. 北京：中国农业出版社，1981（11）：212.

有四脚之制。耧脚是播种行多少的关键。但三脚耧最早可以推到汉代，山西平陆枣园壁画中就有三脚耧犁的描绘，在宋元时期也有许多关于耧车的记载。"在中国历史博物馆中陈列有汉代三脚耧模型复原图。"（图2.94、图2.95）[①] 与文献及考古文物相比较，六郎庙壁画中的三脚耧基本与其一致，尤其是在功能上。而在结构装置方面略有不同，主要在三个方面：耧辕为弯曲状向上且较长；耧柄为横木而非曲柄；耧斗为内高外低的形制。虽然与其他古代耧车有着不同之处，但使用方法一致。在近代的耧车（图2.96）实物中有与六郎庙壁画完全一致的耧车原型，可见六郎庙壁画的耧车样式是发展极为完善的。耧与犁是"一胎双生"的产物，二者的结合体还有耧锄、耘犁等，这些工具都是采用了框架式结构，在耕种过程中更加稳定，能够通过人或者畜力的牵引进行工作。

图2.92 《农书》中的耧车

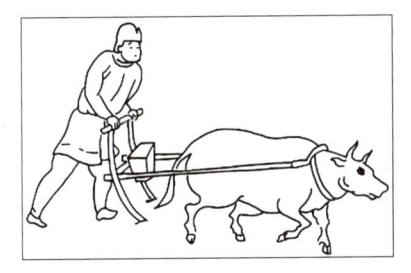

图2.93 陕西三原李寿墓壁画的二脚耧

图2.94 莫高窟454东坡五代三脚耧犁播种

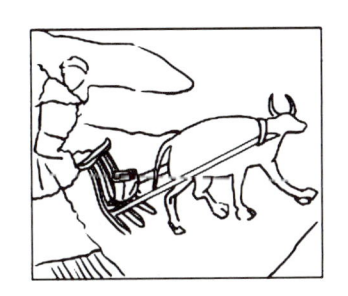

图2.95 莫高窟454南坡五代三脚耧犁

图2.96 陕西近代耧车

耧车的发明使得种子的播种更加合理和节省，播种的密度和深度得到很好的控制，耕播一体促进了播种速度。此外，作为播种工具的全过程，还有一个环节就是覆土压实，如果不将撒播的种子覆盖压实很可能会被风吹走或难以正常发芽。"因此，当时人们又发

[①] 中国科学院自然科学研究所编. 中国古代科技成就 [M]. 北京：中国青年出版社，1978：158.

明一种叫挞（图2.97）的辅助工具，用于耧播后的镇压"[①]。而稷益庙壁画中也有这种农具的描绘（图2.98）。现代农业播种工具正是整合了这种功能发展成为现代播种机械。

图2.97　挞　　　　　　　　图2.98　稷益庙的挞

曲辕犁的形成与发展在明代已经没有更多的演化，成熟的工具是为了更好的配合土地耕种和作物量产的要求。由于黄河流域属于旱地耕种区，大量的土地都会"因地制宜"地展开耕种方法的选择。将人力配合"深耕熟耰"是发展中耕农具的主要动力。而以畜力牵引的耕作方法同样也推动了中耕农具向系列发展。早期的耰主要是通过木质榔头和铁制锹状物进行破碎，这种节奏显然与高速的耕地技术不合拍，其后，耕耙耱农具的规模化使得耕种保墒技术得到了进一步的发展（图2.99、图2.100）。这也是农具机械化的一个重要环节。

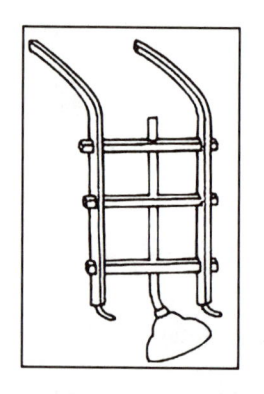

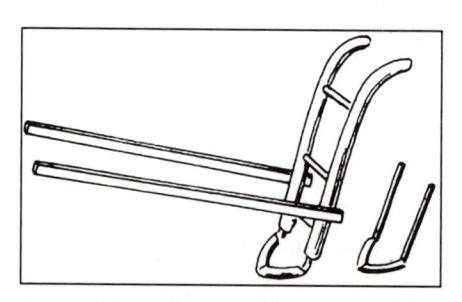

图2.99　耱犁　　　　　　　　图2.100　耧锄

---

① 主要有树枝编成，上加较重物体在播种器所开沟上拖过，将疏松的土壤压实，使种子和土壤密切接触，利于种子的吸水、扎根和快速发芽。(闵宗殿，彭治富，王潮生. 中国古代农业科技史图说[M]. 北京：中国农业出版社，1989：189.)

第三章 收割及场上作业工具研究

第一节 收割工具研究

在农业活动中，耕种是开始阶段，而收获是对作物的完成。自古以来收获的工具非常的简单，穗类作物一般是用镰刀进行收割，而根茎类则是采用锹、插等挖掘类工具进行收获。此外，手的直接参与是对果实类作物最常用的收获方法，通过采摘或者剪刀来撷取是果实类作物收获的基本方法。可以看到，虽然收获是农业活动中最为重要的步骤，但方法的操作简单与工具的简易是古代农具发展过程中较为独特的一脉。

作为人工收割工具，镰的历史与刀的形成时期相仿。刀是直接进行砍伐与切割的工具，在新石器时代，人们通过对石质、骨质及蚌质与陶制工具的切割打磨制作出各种刀，这些刀大多都有开孔，在工作时将两孔系上绳子，拇指穿入孔内对做物进行收割，这种方式显然比用手撷取庄稼更为高效。但作为庄稼收割，弯腰弓背势必不利于刀的使用，而使用转接工具来改变工作刀的运动轨迹是非常简便易行的方法。此时，对工具的琢磨技艺已经更为精细，在龙山文化中，除了出土有大量的石刀（图3.1）、陶刀（图3.2）和蚌刀外，还有就是带有转接木柄的石镰（图3.3），其磨制的工艺已经非常先进，而且出现了内刃带有锯齿状的镰刀，这在一定程度上弥补了石器农具锋利程度的缺陷。此外，在裴李岗遗址中也有大量石镰（图3.4）的出土。同时，这种锯齿镰的出现将作物收割过程中只能对禾穗进行收获改变为连同秸秆一同收获。这种劳作方式的改观使人在收获过程中不仅增加了对作物附加产品获取，而且，握取作物茎秆下部奠定了此后的收获模式与方法。

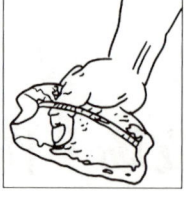

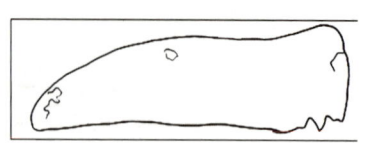

图3.1 单孔石刀　　图3.2 陶刀　　图3.3 石镰装柄示意图　　图3.4 裴李岗有齿石镰

在文献记载当中，收获工具在西周已经非常盛行，在《诗经·周颂》当中有"庤乃钱镈，奄观铚艾"。其中，铚与艾都是收获工具，也可以说是镰刀的一种样式。"铚"的整体形象呈"S"形，相对较小，器形为整体打造而成，短柄或无柄。而"艾"则是采用了分体安装，镰身设计成半月状，镰柄微微向内弯曲，虽然没有"铚"的弧度大，可以看出，二者的样式有着较强的承接关系。在《小尔雅·广物》当中有"禾穗谓之颖，截颖谓之铚"；《说文解字》中有"铚，获禾短镰也"。这些文献都对"铚"此种农具的用途进行了描述，即获取禾穗。由于其短小的身材在使用过程中更加快速和便捷，因此，用此类工具进行收获禾穗是极为理想的。而此类工具一直延续到后世，在近代农业生产当中仍然可觅其迹。同样，艾有柄，发展为后来的镰刀，应用时更方便[①]。铁镰的出现也是在战国时期，在此之前，铜镰（图3.5）填补了金属镰刀的空白。在铁器出现之初，镰的形制沿用了石器时代的样式，其装柄方式与瘦长的刀身几乎与石镰无二。至汉代，镰的形制发生了大的变革，除了普通的"铚"与"艾"以外，出现了更加细长的镰刀，例如"鋑镰"，在出土的画像砖当中可见其形，从四川牧马山出土"鋑镰"的实物可见，这种镰刀在画像砖

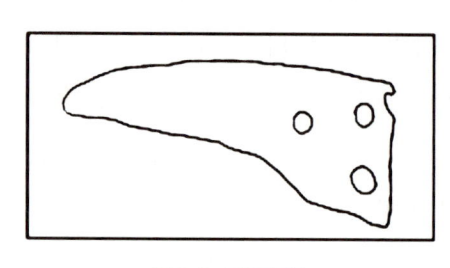

图3.5 西周铜镰

中的使用方式是双手挥舞进行收割，动作与"打高尔夫"极为相似。而这种镰刀在欧洲也曾出现过，主要用来大面积地割草，可以看出，这是在大面积作物收获中用到的工具，而且，此类工具可用在草场割草，由于镰身非常窄，收获的速度势必比其他镰刀更快（图3.6）。除此以外，还有一种称为"钩镰"的农具，在《氾胜之书》中有"苗长不能耘之者，以钩镰比地，刈其草矣"。充分强调了钩镰能够在苗木高时，利用此工具进

---

① 中国古代农业科技编辑组. 中国古代农业科技[M]. 北京：中国农业出版社，1980：73.

行除草不伤庄稼。因此，汉以后，根据作物和农候的不同，镰刀的发展趋于多样式。至宋、元时期派生出"铍"、"翳镰"和"镙"等样式的镰刀。在这些镰刀的样式变化上主要集中在镰身，有半月状、长方形、鸟喙状等样式，诸多变化主要是为了适应不同的收割场景和作物情况。

图 3.6　欧洲长柄镰刀

在稷益庙壁画和六郎庙壁画当中，镰刀的种类有两种。六郎庙的《收获图》描绘了两位农夫，使用的镰刀为"铚"（图 3.7），两名农夫右手持短柄"铚"尾部，左手握于穗部下方。刀身极短，镰柄呈"S"形。而稷益庙同样是两名农夫，同样是右手持镰（图 3.8），左手握禾，但所握的方向却是靠近根茎部分，获取禾苗的农夫也是连同茎部一同割取。其中所持镰刀镰身为前端呈尖状的长方形，尾部有銎，装有木柄，木柄略弯，这种设计非常适宜手握，可见早期的人机工程学已应用于农具当中。而这种镰刀也是传承最为广泛的一种样式。收获工具的样式虽以镰而统其名，但从壁画当中就可觅得不同的样式，为了适应和改善农作方法，提高生产效率，这种农具的发展在不同的时代、不同的材料和农业情况中进行着波澜不惊的微调。镰刀以传承久远的历史和完善的工艺影响着世界农业的发展史。

图 3.7　六郎庙壁画收割工具铚 　　　　图 3.8　稷益庙壁画收割工具镰

第二节　场上作业工具研究

作物在收割以后进入到农业生产环节的最后一个阶段，才能变为真正可以食用的粮食。由于山西自古以来以谷物类的种植为主，将这些带有皮壳的谷物去除外衣"离藁取粒"成为最为重要的一个工序。在原始阶段，由于没有生产工具，只能够依靠手捋的方法进行获取，从技术上讲，手捋方式不能满足生产的需要，于是就出现了各种各样的脱粒方式，伴生出现了大量的脱粒农具。诸如连枷与滚石一类广泛地使用在场上。① 在这个加工方式当中，简单地去壳为粗加工，经过踏碓或者石磨进行脱粒或者粉碎属于精加工。②

无论是粗加工还是精加工，伴生的农具在千古岁月中流传久远。如同其他农具的衍生，自新石器时代起，脱粒农具已经开始萌芽，在这时，脱粒农具沿袭了历代的发展精华，集大成于一时，因此将农业提升到一个新的高度。因此，也就诞生出寺观壁画当中的精华篇章。在山西明代寺观壁画当中，场上作业和粮食加工是最为生动的篇幅之一。其中画面情节生动、气氛活跃自不必多言。可贵的是，大量的农具和作业方式完整地展现出粮食在最后一个环节的完美演变。涉及的壁画除了稷益庙和六郎庙以外还有朔州崇福寺。

在六郎庙西壁北侧的第一幅图如果按画面的顺序应该描绘的是《收割图》，但画工却将一幅热闹非凡的《场上作业图》展示在我们面前，画面当中共绘制了 8 个人，分为三组进行表现，第一组在最北边，两名妇女手持簸箕正在筛选谷物，而一名妇人抓着一只正在偷吃粮食的鸡，躲在角落的一名身着华服的女子看着发笑，此情此景非常具有戏剧性。而妇人脚下立着一柄看似短连枷的工具，在其上端系着一个锤头，这个农具在《农书》和其他古籍当中并未有述，此类工具应该是类似于臼杵一类的农具，或者是当地自制的一种脱粒工具。而其整体的形状又酷似整地工具"櫌"。第二组描绘有两个人物在风扇车上作业的情景，一人站立车上往里倒谷物，另一人蹲在风扇车旁手摇风扇轮轴。这种农具专门用来扬弃谷物中糠秕杂物以清理籽粒。画中的风扇车从外表看主要由车架、风轮箱体、漏斗几个部分组成。其风轮箱体为圆形，这种箱体是

---

① 曾雄生. 稻谷的脱粒与农具的选择［N］. 光明日报，2002（6）：11.
② 刘兴林. 对中国古代粮食加工技术发展的认识和思考［J］. 中国经济史研究，1993（3）：82.

宋元以后才有的，早期的风轮箱体是方形的，因内部的风轮轴在转动的过程中与方形的箱体平行会产生阻力不利于工作，遂在发展的过程中演变成为圆形的箱体。第三组人物是三个人在筛选经过扇车脱粒的谷物，整体的场景将场上作业进行了全面的展示。同时，场景中还有碌碡、木锨、扫帚、斗等工具。第六幅图是《收割图》，画面中的两个农夫挥舞镰刀正在收割，两柄镰刀则一把朝内弯，一把朝外弯，可谓匠心独运。将《收割图》放在《场上作业图》后面并非是绘制错误，画工只想将农忙的情景同时展示出来，寓意着收割和脱粒为一个连续的作业。在《收割图》后则是《搬运粮食图》，有肩挑禾担的，还有用牛车驮运的，画工极尽所能地来展现此种场景中的农事情节和工具。第八幅绘制的同样是脱粒情景的《场上作业碌碡图》，画面中一位农夫持鞭，一头健壮黄牛拉着碌碡压场，而一位妇人正执帚清扫场外的粮食。图中的轴架、碌碡、牛轭一览无余。画工在描绘这一场景时特意在左下角绘制了一名持折扇的男子，正坐在一旁监工，可谓意味深长。最后一个场景绘制了装运入仓图，此幅图同样画了一台风扇车，只是角度与此前不同，侧面的角度将风扇轮全面地进行了展示，同时，还将脱粒后的出口进行了表现。此外，画面中绘制了大量的布袋，这些口袋比例上较现在口袋更加的长。同时，画面还绘制了囤放粮食的仓库。整个西壁绘制了收获后的场景，东西两壁组合就是一幅完整的《春种秋收图》。

而在稷益庙《教民稼穑图》中，除《耕牛图》外，在画面的中间位置描绘了《场上作业图》，熙攘的劳动场景淋漓尽致地将这一北方农事中最为热闹的收获情节进行了诠释。而在朔州崇福寺大雄宝殿北壁的《千手千眼观音图》中描绘了一幅生动的《石磨图》，这是粮食精加工的表达。壁画当中的这些图形无疑是画家对生活的心血凝练，充满了智慧与想象力，这些图形为我们提供了最为写实的农具图谱。

从山西寺观壁画的粮食加工农具来看可以分为六部分：打场工具和碾压工具；扬场工具；风力筛选工具；磨制工具；装载及运输工具（口袋与量器及秸秆捆扎方法）；储藏工具。

一、未作《连枷图》的疑问与释义

在民族学材料的记述中，我国最原始简便的脱粒方法是两手磋磨，通过两手的摩擦来使得壳粒分离。后来在新石器时代，出现了石磨棒的脱粒方法，而粟类谷物的加工就是这种作业方法，在裴李岗和磁山文化考古当中发现了大量的石磨盘、石磨棒。虽然效率仍旧非常低下，但相对于手的坚硬程度更适合分离种粒。其间，还有用木棒一类的工具击打穗部脱粒，或是将成捆的谷物在坚硬的石头上击打取粒，都是较为原始的脱粒方法。这些方法虽然有效，但并非是纯粹的机械脱粒方法。真正使用机械方法代替手工脱粒是连枷的使用，如同其他农具的衍生一样，连枷的始祖同样被认为"神农"[1]。虽然这是一种较为附会的说法，但可以表明，连枷的出现同原始农具一样较早。最早的文字记载这种工具在《国语·齐语》中："今夫农，群萃而州处，察其四时，仗节其用，耒、耜、耞、芟，及寒，击菒除田。"击打式脱粒农具为循环作业工具，要求质轻，故一般为竹木质，显然商代就出现了这类工具[2]（图3.9）。工具于今已不可能保存下来，但从古文字的角度来释义可以发现，商周时期已经有了竹木质的机械脱粒工具——连枷。而"殳"字就是"连枷"的表征，这一时期的连枷工具只是一种雏形状态，是一根极为简单的竹木质棍棒。这种以麻绳或革绳相连可以旋转的器械就是用来击打谷物致使脱粒的最原始但流传久远的工具。在王祯的《农书》中有着非常详尽的描述，从中可以读出，此时的连枷已经发展得结构非常完备，效能较汉代必然提高（图3.10）。在刘熙的《释名》中连枷只是"架，加也。加仗于头[3]"。在现代学者的研究过程中将连枷的演化分为四个阶段：第一阶段为单独的棍棒[4]；第二阶段为弯曲的木棍（图3.11）；第三阶段是双棍连枷（图3.12）；第四阶段为多片枷头的成熟连枷。显然，虽然汉代是中国农具科技的改革和发展期，连枷在此时只是两根木棍双节相连，击打的面积自然不能与后来的"四茎"连枷头相比。连枷的工作原理，是利用连续旋转产生的离心力来驱动重复击打，由于连枷的头部为相连的竹片或木片，因此在击打时，能相互之间产生缓冲力，抵消一部分压力，增大的面积减小了压强，因而，谷物不至于被击打成糜，合适的力量将皮壳与谷粒分离，保证了脱粒的效果。

---

[1] [明]罗颀辑. 物原[M]. 北京：中华书局，1934：33.
[2] [春秋]左丘明，韦昭注. 国语·齐语[M]. 上海：上海古籍出版社，1978：228.
[3] [东汉]刘熙. 释名[M]. 北京：中华书局，1985：104.
[4] 刘义满. 小议连枷[J]. 农业考古，1988（2）：222-223.

图 3.9 《便民图纂》连枷操作图

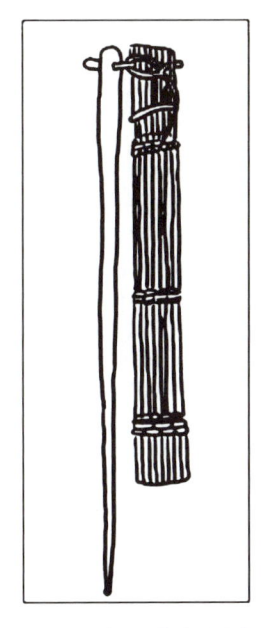

图 3.10 《农书》中的连枷

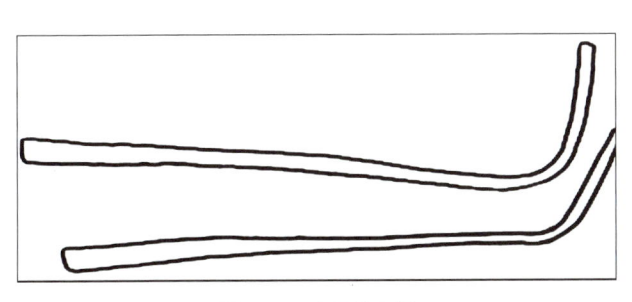

图 3.11 弯曲的木棍

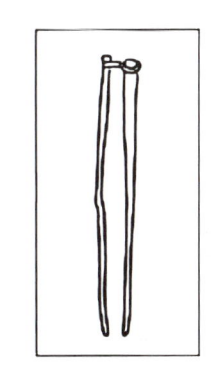

图 3.12 双棍连枷

连枷是一种广泛传播并且历久持续的脱粒工具。值得深思的是，在山西明代寺观壁画中多个场上作业的描绘当中，并没有将这一器具和生产方式进行些许描绘，这是画家的疏忽还是农具地域化的限制我们不得而知。但从侧面来分析可以发现，在明代晋中、晋南地区场上作业鲜用连枷是有一定原因的。第一，在明代科技巨著《天工开物》当中记录有："凡豆菽刈获，少者用枷，……凡打豆枷竹木竿为柄，其端凿圆眼，栓木一条，长三尺许，铺豆于场执柄而击之。"[1] 从《天工开物》中

---

[1] [明]宋应星. 天工开物[M]. 上海：上海古籍出版社，2008：46.

可以看出，在菽类、粟类的谷物加工中，少量的作物采用此方法进行脱粒，可以肯定的是，连枷的使用并不适宜大量的谷物加工。敦煌壁画中连枷最早的是在魏晋时期（图 3.13），唐代使用连枷也已非常普及，壁画表现极多①。第二，古籍当中将南方多用而北方少用归纳为连枷地域属性特征。不仅是地域，在作物的品种和土壤及地势当中，连枷的使用是具有选择性的。诸如山西北部地区，低产的杂粮都是用连枷来脱粒。由此，豆类选择使用连枷脱粒也是这个道理，而晋南和晋中的明代寺观壁画中作物的加工图多是谷物类，不将连枷描绘其中有着一定的理论依据。

图 3.13　敦煌壁画连枷图

从上文的分析来判断，影响明代山西寺观壁画不作《连枷图》的原因并非作者的疏忽，而是从地域的实际生产加工方式与作物的种植情况来进行的写实性的描绘。图画的真实表述是农业方式自我选择的高度表现，同时，也符合地域民俗文化的正确形成。

二、"碌碡图"的工作原理

在脱粒工具当中，机械化程度最高的当属碌碡。在民谚当中有："杈箔扫帚扬场锨，碌碡滚子驱牛鞭②"道出了在脱粒场上，大面积集中脱粒的工具为碌碡。其早期原始的方法并不是用石滚子脱曳来进行碾压，而是采用大量的牛马践踏禾穗来脱粒。后期在圆石滚动的原理影响下产生了这种机械作业。

在山西明代寺观壁画当中，一共出现了两幅《碌碡作业图》，3 个石滚。可见在场上作业的描绘当中对此物的重视。两幅《碌碡图》都是以牛曳碌碡的农事情境。图中均描绘有一人牵牛，一人清扫滚压出界的禾穗的情景。稷益庙《碌碡图》（图 3.14）中的人与牛为顺时针行进，而六郎庙壁画中的人牛行进方向为逆时针（图 3.15）。两幅图一正一反将碌碡压场的情节极为生动全面地进行了展示。

---

① 王进玉. 敦煌壁画中粮食脱粒及扬场工具 [J]. 农业考古，1994（1）：264.
② 刘兴林. 对中国古代粮食加工技术发展的认识和思考 [J]. 中国经济史研究，1993（3）：84.

图 3.14　稷益庙碌碡图　　　　　　　　　图 3.15　六郎庙碌碡图

碡又称地滚子，南北方通用，北方多是采用石料打制而成，南方采用木质①。《耒耜经》所述之为南方水田所用，木质。而宋应星在《天工开物》中所述的牛碾其为石制，（图 3.16）"凡复牛曳石滚压场中，视人手击取者，力省三倍。但作种之谷，恐磨去壳尖，削减生机。故南方多种之家，场禾多借牛力，而来年作种者，则宁向石板击取也②"。其图也与壁画中的《碌碡图》较为接近。此外，在《农书》《农政全书》中对碌碡均有不同程度的记载（图 3.17）。尤其是《氾胜之书》中所述牵引出碌碡作为滚压工具的一个不同功能。"冬雨雪止，以物辄蔺麦上，掩其勿令从风飞去。后雪复如此，则麦而捍多实③"。碌碡之功能可有四种：脱粒压场，平土搅拌，压雪固麦，破土碎垡。

图 3.16　《天工开物》中的牛碾图　　　　　　图 3.17　碌碡图

---

① 周昕. 中国农具史纲暨图谱 [M]. 北京：中国建材工业出版社，1998：117.
② [明] 宋应星.《天工开物》[M]. 北京：商务印书馆，1933：75.
③ [西汉] 氾胜之. 氾胜之书·上卷·大小麦篇 [M]. 北京：科学出版社，1956（11）：7.

其功能将碌碡这种原始的农械设备拓展成为多个农事作业之物。当然，在从事不同的农业劳作时，其基本的工作部件将有不同的改变，除材质上以木石区分以外，表面的纹路，外形的长短、粗细同样决定所参与的工种。

脱粒压场、压雪固麦：表面光滑，无纹理（石制）形制短粗；平土搅拌：表面有各种棱形凹槽，石制为旱地脱粒，木制为水地压草搅拌，形制短粗；水田破块、混泥除草：表面有排列不一的齿钉（木制），形制细长，此种碌碡称为砺礋。据此，稷益庙壁画上的碌碡形制短粗、表面光滑，完全是为脱粒碾场而用。此外，图中的碌碡的结构由三部分组成：石磙、木括和短轴，在前端的木棍两段系绳直至牛脖颈上的人形轭牛。其工作原理则是石磙在外力的牵引下围绕中轴做旋转运动，同时摩擦力与重力施加于地面。关于碌碡在文物考古中较少出土，主要是由于其用料简单，价值低廉所造成，而且碌碡多置于室外打麦场之中，木制受侵蚀严重很难遗留。但这并不能否定碌碡为古老的农具之说。相反，在稷益庙壁画中如此精细地对此进行描绘，更加证实了植根华夏农业文化的历久弥新与难以割舍的原生形态。作为一种盛行于南北的通用农用工具，最大的不同是，南方多以木质施以水田当中，用来破碎其中的泥块，夯实泥土，而北方则基本用来进行脱粒（图 3.18、图 3.19）。有了这种工具的参与，脱粒不再是一件难事。碌碡的工作原理非常简单，在牛拖引的作用下，圆形的石滚进行旋转运动对地面的禾穗施加压力，谷粒受到压力之后从谷衣中挤压而出，完成脱粒。当然，一次的挤压并不能将全部的谷粒全部脱粒，需要利用起场工具和扫帚的配合来回翻动致使所有禾穗均匀受力，才能够完成脱粒。当然，时间的把握也很重要，如果时间太久或者翻动不及时，会伤及谷粒。如果是留种的话，势必不能。

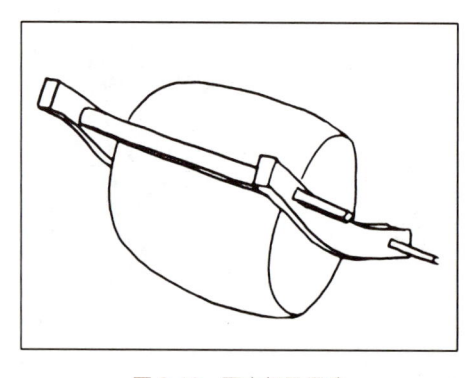

图 3.18 晋南侯马碌碡　　　　　图 3.19 甘肃圆形碌碡

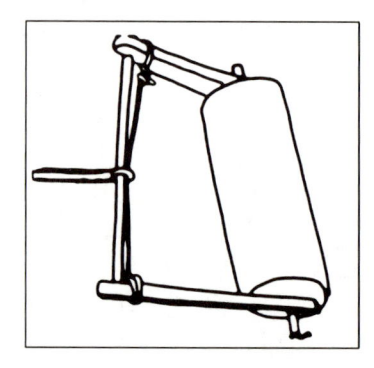

石磙的形制共有两种：一种是粗细均匀，一种是两头较细中间较粗。从图中分析，

两幅壁画的石碌都属于后者。这种碌子的好处是将压强集中到中间部分，同时，减小了接触面积增加了压强，摩擦力自然减小而运转的速度自然加快，脱粒的速度也变得更为高效。稷益庙《碌碡图》虽然绘制精美，但从工作原理来看，六郎庙壁画更具真实性。壁画中除了描绘碌碡和工作的农夫外，圆形的麦场是最为真实而科学的表达，这种场景正是碌碡压场的全景描绘。从两幅壁画人物的牵引方法来看，均是左手执鞭由手拿牵引绳，而站立的位置并非麦场的正中间。人、牛、牵引绳构成了一个间接的圆规效应。在手对牵引绳微弱的牵动与放松的过程中，不断地调整着作业的半径，从而来控制镇压的远近区域。同时，由于使用了中间凸起的滚子，高速的旋转过程能够产生足够的离心力，在这样的运转当中，畜力自然减少了体力的支出，同时，产生的离心力能够施加在禾穗的镇压当中。如此节能而高效的脱粒工具是现代化脱粒机械出现之前一直不变的结构。除了碌子以外，壁画中木扩（外框架）的设计也是非常的精妙，由于石碌在旋转过程中与中轴会产生剧烈的摩擦，而中轴又与木扩相连，在行进过程当中，势必将这种剧烈的震动传递出来，巧妙的是，工匠们将木扩设计成向上弯曲的形状，无论如何震动，外扩只是做向上的弧形运动，而不会与地面接触，从而避免了阻力的产生，而且框形的设计更能适应畜力牵引带来的摆动，转向变得更加的轻松与自由。与碌碡具有相同原理，但原理更加复杂的为牛碾，这种石质设备不仅能够进行脱粒，更主要的是用于粮食的精加工，即这些看似简单的碌碡实则融合了千百年来劳动者最为实际的经验总结，如同枪械中的"AK47"一般，朴实、耐用，必然成为经典。

碌碡是山西明代寺观壁画中呈现最多的农具之一，但简单的外形与科学的设计确是极为精彩的篇章。而中国的农业文化与科技正是如同这悄无声息的碌碡一般，在历史的长河中不断地滚动，用智慧与勤劳书写了华夏农业文化之魂。

第三节　天然风能科技的系统研究

粮食在脱粒以后，进入到一个新的环节，就是将谷类与糠秕彻底分离。这需要借助一些工具进行筛选。我们将这一环节统称为粮食清选。这一环节需要借助飏篮（图3.20）、簸箕、扫帚、笣、叉、筛、木锨、扇车等工具进行作业。在这些工具当中除了扫帚和筛子，都有借助风能来进行清选作业，但扫帚和筛子却同样重要，归拢散落的粮食与精选谷粒是二者承担的最主要的功能。去掉这些糠秕需要借助外力的作用,利用震动使得二者在空间上彻底分离,然后,风的参与就能够使这些质量完全不同的谷糠一分为二,当然,场上作业时难免会有尘土与石粒参与其中,虽然这些杂质混入其中很难剔除,但有了机械的参与这一切都不是问题。

稷益庙《碾场图》中有对磟碡的细致刻画,左右共有三人配合进行牛碾作业,一人持杷等待、一人挥扫帚清扫散落的麦穗,一童蹲坐一旁持簸扬撒麦秸。看似普通的一个碾麦打谷场情景,实则包含了劳动人民对风能的使用。在此麦场中共有竹杷(图3.21)、大杷(图3.22)、帚、木锨(图3.23)、簸五种用于谷物加工清选的工具。如按功能分为两类:第一类为扬翻类:包括木杷、木锨、簸箕。第二类为清扫谷物类:杷子、扫帚(图3.24)。① 这些农具也是场上作业沿用至今的经典工具。

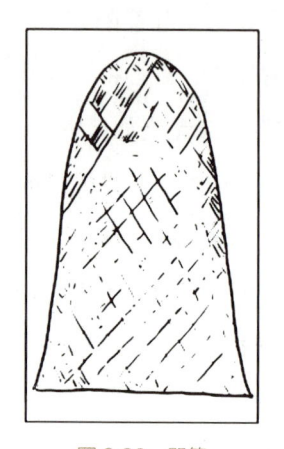

图3.20 飏篮 　　图3.21 竹杷 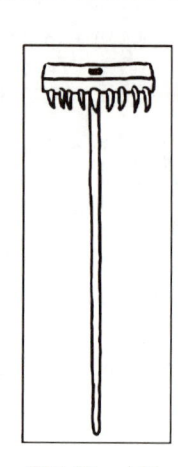　　图3.22 大杷 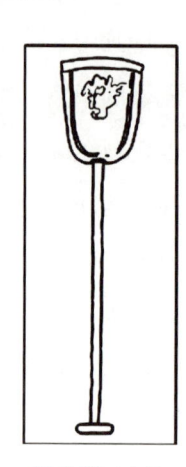　　图3.23 木锨 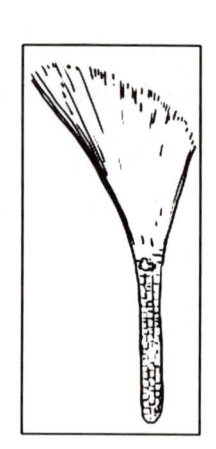　　图3.24 扫帚

一、场上扬簸作业中原始风能的开发与利用

根据记载,在中国,同样是上古时期,就对风赋予了神的色彩,《淮南子·天文训》中记载了"八种风",《史记·律书》亦记有"八风说"。② 而"中国风标的发明者被认为各

---

① 周昕. 中国农具史纲暨图谱[M]. 北京:中国建材工业出版社,1998:335-337.

② 《淮南子·天文训》:距日冬至四十五日,条风至;条风至四十五日,明庶风至;明庶风至四十五日,清明风至;清明风至四十五日,景风至;景风至四十五日,凉风至;凉风至四十五日,阊阖风至;阊阖风至四十五日,不周风至;不周风至四十五日,广莫风至。《史记·律书》:"不周风居西北,主杀生。广莫风居北方。广莫者,言阳气在下,阴莫阳广大也,故曰广莫。条风居东北,主出万物。条之言条治万物而出之,故曰条风。明庶风居东方。明庶者,明众物尽出也。清明风居东南维,主风吹万物而西之。景风居南方。景者,言阳气道竟,故曰景风。凉风居西南维,主地。地者,沈夺万物气也。阊阖风居西方。阊者,倡也;阖者,藏也。言阳气道万物,阖黄泉也。"

种各样的传说人物,譬如黄帝①"。这些记载和上古传说都向我们传递了一个信息,即,人类对风的认识是极其早的。当然,对于这种大自然的馈赠人类从来都会接纳和利用。利用自然原始的风能在生活当中随处可见。田野上飘摇的纸鸢,孩童手中的风车,旷野当中巨大的风磨都是对这种天赐的开发。当然,这种原始的风能并非是人能够完全掌握与控制的。无论怎样的去归纳和总结风的时令,我们总是很难将其准确捕捉。而风也总是与我们不期而遇,开着各种各样的玩笑。虽然我们能够合理地利用一部分自然原始风能,但作为农业生产的必要条件就是以作物的成熟与粮食加工的时间为前提,因此,我们需要随时随地来有效控制可利用的风能。在场上作业期间,我们利用工具来完成这一任务。

在稷益庙与六郎庙的壁画中,利用原始风能的农业工具主要呈现了飏篮、簸箕、木杈、木锨和扫帚。(图3.25、图3.26)从图片当中可以看出,这几种工具并非同时使用,而是有一种协作式的交替式工作方法。扫帚和木锨主要是用来归拢禾穗,而木杈的作用则是扬场时利用风的作用来进行粮食的清选。簸箕和飏篮在画面当中表现较为丰富,可见,这种原始风能农具的利用率和普及率非常之高。

图3.25 稷益庙风能农业工具

图3.26 六郎庙风能农业工具

由于南北农具材质的不同,壁画中的原始风能工具主要由木质构成,最为显著的是木杈,在《通考》《农书》和《集成》中,周昕解释其结构:选取带叉的自然木棍,将叉股适当加工,使其形如弯角状。叉股可以两股、三股,也可以四股。柄长四尺左右,股长可到二尺。也可用木作柄,用铁作杈股②。壁画当中可以看出,统一用了四股作为

---

① 李约瑟. 中国科学文明史第二卷[M]. 上海:上海人民出版社,2002(6):246.
② 周昕. 中国农具史纲暨图谱[M]. 北京:中国建材工业出版社,1998:337.

股叉。四股叉相较二股或三股挑起的禾穗更多，但又比六股叉更为轻便，可见，无论晋南还是晋中，这种更为称手的农具是非常的普及。同时，图中的四股叉样式也与古代农书中有着较大的差别，精致的构造除了略微上翘的股叉外，将叉身做成了框架式的构造，中间的横梁加固增加了其结实和耐用的程度，同时也限制了禾穗过深的纠缠在叉身中，利于禾穗扬起作业的流畅进行。同时周昕先生认为：木杈是一种箍禾的手工农具。用杈尖插入禾捆挑起，可以将禾捆从低处搬到高处。也可以从高处取下禾捆，或用以聚拢，翻晒秸秆等。这种描述只是将搬运、聚拢和翻晒作为其主要功能并没有将其列为原始风能农具。从壁画分析，《扬场图》中的木杈则完全是一种扬叉禾穗秸秆进行分离作业的农具。因此，我认为，此种农具的功能范围应该扩大。

除了叉类农具能够利用风能具有分离秸秆与禾穗的作用，场上作业原始风能的主要使用器具非簸箕类与木锨类莫属。在北魏贾思勰《齐民要术》当中记载了当时"箕柳"的种植与编制技术工艺，而王祯《农书》中则记载了："北人用柳，南人用竹，其制不同，用则一也。"①编制工具成为农具重要的材料之一。这种工具由于使用了经纬线的横竖编法，既加强了农具的抗磨损性，同时具有了非常美观的肌理花纹，真正做到了美观与实用的兼顾，"编制方法通常按照经疏纬密的原则②"。在《农书》等古籍中都有关于飏篮的记述并且配有图画，其形状入深较长，由于是顶视图，从后向前看去整体呈"布"铲形半包围结构，从编制的纹样来看为斜向经纬状分布，同时能够推断出是由竹篾编制而成。在《农政全书》的《飏篮图》中还可以看到木舌，"篮形如簸箕而小，前有木舌，后有竹柄。农夫收获之后，场圃之间所蹂禾穗，糠秕相杂；执此掭而向风掷之，乃得净谷。不待车扇，又胜箕簸，田家便之"。此种飏篮由于半包围的结构，能够利用"间断人造风的簸法③"进行簸扬筛选，而这种簸法能够将质量较重的种粒留在包围的飏篮后部，糠秕则随风飏飞。值得一提的是，周昕先生认为"此中飏篮像是有柄的扬锨，因为图中的飏篮并没有柄④。"按照王祯《农书》所描述的，飏篮应该是一种后有短柄（如是长柄则与木锨或竹锨）、前有木舌的簸形物，但没有描绘的柄则留下了一种悬疑，是演化后消失还是木柄作为一种可以插入式的组装性辅助器具仍然有待相关实物或图例的考证。

①　[元]王毓瑚．王祯农书[M]．北京：中国农业出版社，1981（11）：275．
②　犁播．中国古农具发展史简编[M]．北京：中国农业出版社，1981：105．
③　王星光，柴国生．风能在古代农业中的利用[J]．农业考古，2007（4）：133．
④　周昕．中国农具史纲暨图谱[M]．北京：中国建材工业出版社，1998：92．

第三章　收割及场上作业工具研究

虽然在这些古籍农书记载中大量绘制了"飏篮"的具体形象，但山西寺观壁画中却是以一种开放式的簸箕进行全图的展示，无论稷益庙抑或六郎庙，地域的差异并没有改变这种簸箕的样式，唯一的不同就是，六郎庙的簸箕带有木舌，而稷益庙孩童手中的簸箕则无舌。从壁画微弱的线条当中可以看出，簸箕为细条状柳编质状物。这也印证了王祯《农书》当中的说法。如果说飏篮是利用了间断性风能来进行簸选作业，那簸箕自然同样有着这种功能。间断性风能能够利用簸箕将谷物扬起时进行筛选。从其中可以看出，上下的运动是创造间断性受压空气的主要工作方式，而簸箕并非只是利用这种空气的压力来进行清选，同样，在宋应星的《天工开物》中，描绘了一名农夫将簸箕高举过头，任由粮食倾斜而下，受风力后糠秕扬去，落在地上的竹席之上。又有"凡去秕，南方尽用风车扇去，北方稻少用飏法[①]"。虽然此种说法只是从水稻的脱粒来进行例证，未将其他谷物类作物的加工综合分析，但北方大量使用簸箕类工具古来有之。可见，原始风能的方法是多种多样的。此外，飏篮与簸箕应该是南北方使用习惯和编制材料与方法不同所形成的地域差异。因此，在北方的壁画当中只见簸箕而非飏篮则实属正常。

除了这些常见的簸箕农具外，在六郎庙壁画当中还描绘有一种特殊的簸箕。在西壁的《场上作业组图》（图3.27~图3.30）中，画面右侧有两名手持簸箕的农妇，其中一人的簸箕为正常样式，而另一名农妇的簸箕不仅有开放式的簸身，在两侧有"Y"形的支撑架并且带有中轴，下端为一垂木尾部立于一圆柱形物体之上。从农妇的动作来判断正在

图3.27　场上作业图1 　　图3.28　场上作业图2 　　图3.29　场上作业图3 　　图3.30　场上作业图4

① [明]宋应星. 天工开物[M]. 北京：商务出版社，1954：75.

作前后运动。这种带有活动支撑机构的簸箕在农书当中并没有记载和呈现。从其作业的方法来判断，应该是带有活动机构的簸箕，在作业时，先做前后运动，同时在谷物运行到前方时可以上下进行晃动，由于带有中轴活动的机构，谷物在前后的运动过程中更大程度地扩展了其簸扬的面积，即使在无风的情况下，空气的压力也能够将糠秕带出簸箕之外。而中轴和圆柱的支撑，既能够调整簸箕来回摆动产生的阻力，同时起到了平衡的作用。这种构造已经超越了间断性风能的创造，使得风能能够更加高效和快速的利用，同时，由于地面的支撑，劳作者可以减少对手持物体重量的负担，自然提高了工作的效率。可见，半机械的簸箕在山西明代已经开始广泛使用。这样的农具制作简单，却极具巧思匠心。

簸箕虽然是间断性风力极好的应用农具，但木锨有着相同的基因特征。带有长柄的木锨在壁画中大量地出现，这种工具与王祯《农书》《全书》《通考》中的完全一致。同样是带有布铲形的锨头配有长柄，可以在簸扬过程中将谷物抛得更高，同样，也能够获得更加强劲的气流对其进行筛选，不仅是谷物中的杂质，更能将混入其中的土灰进行摒弃。木锨的质地轻便，在场上作业中发挥着重要的作用。

原始风能的利用从人类扬土辨风开始到对簸箕类工具的熟练使用，经历了漫长的时期。这种方法虽然效率较低但却为粮食清选作业带来了极大的便利。同时也为连续的风力作业机械的发明指出了方向。

二、箱柜式风扇车年代释疑

六郎庙壁画在《场上作业图》和《粮食装运图》中，分别绘制有两辆角度相同（四分之三侧）造型相仿的卧式风扇车。作业方式为二到三人协作进行。材料质地为木质。稷益庙壁画当中虽然没有关于风扇车的描绘，"但在稷山县的稷王庙献殿的前檐板上，雕刻了4幅图，分别是《犁田图》《播种图》《碾场图》《扇车图》[①]。这幅木雕《风扇车图》像与六郎庙壁画呈相反方向进行呈现，同样也是四分之三侧面，但却将六郎庙壁画中没有呈现的结构进行了全面的补充。

在间断性风能大量应用于场上作业时，为了追求更加高效能和出谷量的清选作业，持续性风能机械成了场上作业的主力军。风扇车的发明骤然提高了生产的效率。但六郎

---

① 史晓雷. 山西稷山县稷王庙献殿农事木雕图初探［M］. 文物春秋. 2012（6）：17.

庙的风扇车却在古籍当中难觅其踪，黄兴和潜伟在《中国古代扇车类型考察与性能研究》中极为全面的考察当中对此给予了"切向出风扇车最早见于清代，古文献中未见记载[①]"这样的结论。当然，其他学者同样对此没有表明其具体产生的年代，大量的争论只是停留在由宋元时期上溯到西汉这一论点。

李约瑟在《中国科技史》中指出："西方落后于中国的风扇车使用时间是十四个世纪，这就表明在公元一世纪到十八世纪之间风扇车传到欧洲。[②]（表3.1）"当然，由于出土文献的匮乏与实物资料的不足，李约瑟在编撰《中国科学技术史》时并没有对风扇车的形成和样式作全面考证。导致在后来的漫长岁月当中，人们将风扇车混谈为一种样式的简单类型。这种概念的模糊直接导致壁画中的风扇车成为清代乃至晚清时期的产物，"原因是其具有多项近代风机的特征[③]"。山西六郎庙壁画中的风扇车是否是凭空而降，或是逐渐演化所致，虽然有着大量的实物遗存和近代田野考察论证，仍然是一个扑朔迷离的疑问。解开这个问题的症结，必须按图索骥、追根溯源才能够找到其发展的轨迹与形成的过程。

表3.1 风扇车的类型及发展轨迹

类型	西方落后于中国的时间（世纪）
龙骨车	15
石碾	13
用水力驱动的石碾	9
水排	11
风扇车和簸箕	14
活塞风箱	约14
提花	4
缫丝机（以便把丝均匀地绕在卷线车上，11世纪出现，14世纪时应用水力纺车）	3～13
独轮车	9～10
加帆手推车	11
扇车	12
挽畜用的马具：胸带式	8
挽畜用的马具：颈带式	6

---

① 黄兴，潜伟. 中国古代扇车类型考察与性能研究[J]. 中国农史，2013（2）：35.
② 李约瑟著. 李彦译. 中国古代科学[M]. 上海：上海书店出版社，2001：13.
③ 黄兴，潜伟. 中国古代扇车类型考察与性能研究[J]. 中国农史，2013（2）：36.

张柏春、张治中、冯立昇在内蒙古呼和浩特市东郊罗家营乡黑土凹村，考察了制作于清末的6台扇车，测绘了1台制作于1944年的扇车。由于山西晋商"走西口"的目的地之一就是内蒙古，因此，晋蒙文化交流在明清时期非常频繁，呼和浩特及包头一带更是在明代属山西境内。此种风扇车的考察发现内蒙古中西部的风扇车与山西太原、忻州等地的风扇车属于同一种类型。而在20世纪40年代前后，日本一些学者也记录了太原郊外晋祠镇的扇车。[①] 同时，从造型样式和外观来看，除了些许的装饰，基本与壁画当中的风扇车属于一种类型。当然，笔者在山西晋南和晋中地区的考察中同样发现了制作于清末或民国时期的风扇车，也与这些风扇车有着相同的外形特征和结构样式。当然，明清山西晋商的繁荣将内地的农业文明带到了西口之外，内蒙古乃至与山西雁北地区至今仍然遗存有大量此种风扇车，是否这种扇车的发源地始于山西尚无定论，可以肯定的是，山西是使用此种风扇车最多的地区之一。诸多的近代遗物同样在暗示着我们，这种卧式的大型风扇车确是晚清乃至近代的产物。但六郎庙的青绿壁画丹青却在无言地述说着其历史的久远与积淀。

"古代典籍中称为'风车'的机械实际分为两类：一是利用风力的机械，二是产生风的机械。为了区别，我们将后者称为'风扇车'[②]"。"扬扇是使空气流动的机械，又称'风扇车''扇车'，以人力为动力源，其功能是将经过舂、碾后的糠、麸，或经过脱粒、晾晒后的秕、草除去，是粮食加工的最后工序[③]"。

三、汉代出土扇车类型与工艺

关于风扇车的出现时间最早被记载为"舜使造扇，丁缓夙轮[④]"，这一记载如同其他农具的附会一般不足采信，但李约瑟却提出了与此相近的观点："中国古代在扬谷机的发明有两类，其一为开放式，如同丁缓所造，甚至更早。而另一类则是圆筒状封闭式，空气经过闭合加强了集中力量，因此，可以迅速地将谷与壳分离筛选。在《农政全书》《授时通考》及《天工开物》中分别记录了这两种样式的风扇车（图3.31~图3.33），李

---

① 张柏春，张治中，冯立. 中国传统工艺全集·传统机械调查研究 [M]. 郑州：大象出版社，2006：174.
② 戴念祖，张旭敏. 中国物理学史大系 [M]. 长沙：湖南教育出版社，2001：292.
③ 刘先洲. 中国机械工程发明史 [M]. 北京：科学出版社，1962：90.
④ [明] 罗欣辑. 物原 [M]. 北京：商务印书馆，1937：6.

约瑟认为，闭合式在结构上复杂完善，但实际产生的时期为汉之前。①《武经总要》中图绘的风扇车，被采用作为御敌的兵器显然是助火攻之武器（图 3.34），也可说明在宋代这种开放式利用风能的风扇车机械原理在当时已经比较普及。也由此推论，风扇自然就在上古时期开始了其进化的痕迹。而舜时代所做的扇子不应该是利用在农业上的工具，这一时期的扇子已经具备了开放式风扇的基本特征，只是功能不同而已：一是它是由轴上安扇叶而外圈有轮箍的轮扇进行鼓风的；二是它是多个相绞合的轮子或轮扇组成；三是它采用了人力驱动方式；四是用于纳凉吹风。宋代王谠的《唐语林·豪爽》记："时暑毒方甚，上在凉殿坐后，水激扇车，风猎衣襟。"此段文字更是将风扇车纳凉之功能进行了生动的诠释。此外，最早记载扇车用于粮食加工的文献为西汉时期黄门令史游的记载："碓磑扇隤舂簸扬。"《急就篇》卷三唐颜师古对扇车的解释为："隤，扇车之道也"。此文献将粮食加工的加工环节进行了总结。汉代文献虽然没有过多并详尽的对扇车进行结构性的描述，但出土的明器中，却是对这一时期扇车进行了补充。

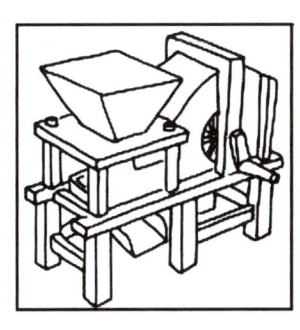

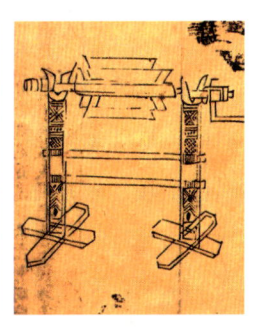

图 3.31 《授时通考》风扇车　　图 3.32 《天工开物》风扇车　　图 3.33 《天工开物》风扇车复原图　　图 3.34 《武经总要》风扇车

四、汉代出土风扇车类型样式及功能结构

最早的汉代风扇车陶俑明器（表 3.2）出土是于 1969 年在河南省济源泗涧沟，红陶质地，由于箱体为梯形，风扇后部半开放结构，手摇轮轴部位较低，这种设计使得出口风力较小②。张鸶忠先生认为这种风扇车的设计非常先进，风轮箱体是长方形的，由于顶端和后面增加了隔板，更加聚风，但是进风系统设置在前面显然使得手摇更加的费力③。

---

① 李约瑟著. 鲍国宝译. 中国科学技术史·第四卷 [M]. 北京：科学出版社，1999：166-167.
② 史晓雷. 风扇车的年代疑案 [J]. 百科知识，2012（8）：31.
③ 张鸶忠. 中国风扇车小考 [J]. 农业考古，1988（2）：170-171.

表 3.2 风扇车的类型与演变对山西风扇车的影响

名称	出土发掘年代	墓葬断代	尺寸（厘米）	模型结构
济源泗涧沟汉墓（图 3.35）	1969	西汉晚期至王莽时期	长 35，高 105	梯形箱体、高槛、启门、粮食出口；中轴、风扇、曲轴孔、谷糠出口、彩绘图案
山西芮城城南村风扇车模型（图 3.36）	1987	东汉	长 30.5，宽 19.5，高 15.5	中轴、曲轴、箱体、漏斗、出秕夹槽、风箱、曲轴孔、风扇
河南洛阳东关殉人墓（图 3.37）	1971	东汉晚期	长 26，宽 22，高 18.5	高槛、箱体、杵杆、碓架、底盘、出仓口、曲轴孔、启门
山东临淄金岭镇一号东汉墓（图 3.38）	1984	东汉早期	长 27.7，宽 19.5	长方形箱体，米碓，右侧为风车；漏斗高栏、风箱、曲轴孔、风扇；但未见曲轴及风扇
济源西窑头村 M1（图 3.39）	2003	西汉末期	长 22.5，高 6.5	箱体、高槛、出粮口、糠秕出口、曲轴孔、风扇

经过对济源泗涧沟的风扇车研究，首先将踏碓与风扇车放在一件作品中，可以说在汉代已经形成了杵臼与脱粒清选为一个连续作业的流程。此外，上述诸多作者认为此时的风扇车较为不足之处，即方形的风腔和前端封闭且有极长的出口风道。作为一种单出粮口的风扇车，"能够以轮轴和扇叶的旋转来产生风，并且有风腔和风道，可以控制气流的方向[①]"，这已经完全具备了粮食清选技术的各项要求。但黄兴和潜伟认为：将进风系统设计在轮轴中心显然是一个极大的提升，在倒转把手时，不会有外侧的空气导引入内，这样就会增加鼓风的性能[②]（图 3.35）。从诸多的研究成果可以看出，这种全封闭的扇车能够利用侧进风系统与山西寺观壁画中的卧式扇车有着极强的血脉关系，但令人费解的是，前端三角形的出风口除了清理糠秕外，是否能够利用此长长的风道进行鼓风作业也未可知。在接下来出土的汉代风扇车模型中与其有着较大的差异，难道这是一种孤例吗？

[①] 戴念祖. 中国物理学史大系 [M]. 长沙：湖南教育出版社，2001：293.
[②] 黄兴，潜伟. 中国古代扇车类型考察与性能研究 [J]. 中国农史，2013（2）：32-33.

（1）济源泗涧沟风扇车（前） 　　　　　　（2）济源泗涧沟风扇车（后）

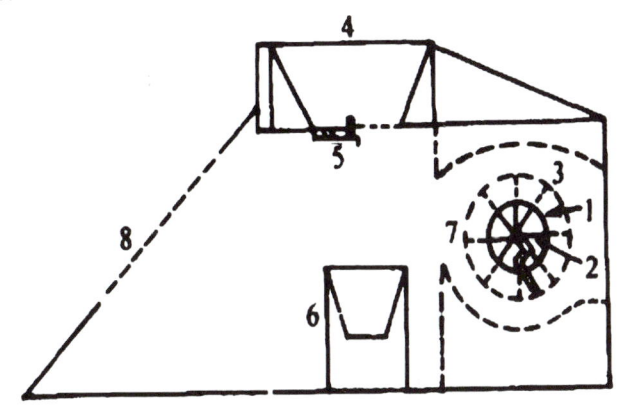

（3）济源风扇车模型结构图（纵剖面）

1. 入风洞；2. 轴轮代风扇车结构与曲柄摇手；3. 扇叶板；4. 进粮漏斗；5. 斗阀；6. 出粮口；7. 圆形风腔与风道；8. 排风口与皮糠秕出口。

图 3.35　济源泗涧沟风扇车

与济源泗涧沟的风扇车相比，汉代还出土了大量的陶制踏碓风扇模型，已知国内外遗存有 5 件，这些模型中的风扇车除了河南洛阳东关东汉风扇车在造型上有着较大的盛粮漏斗外，其他风扇车都是呈长方形的样式。从遗存的情况来看，除济源西窑头村没有盛粮漏斗外，五个风扇车的形制基本完全相同。全部采用了长方形的箱体式扇车形制。中轴和曲柄全部设置在扇车的后部内侧，并且伴有单出粮口，设置在前端位置。由于使用了轮扇和曲轴的机构，这种后期组装的结构并非是陶制品，而是使用了木构结构进行联系，由于时间的关系，很多已经腐朽缺失，从遗留下来的轮扇来看多是七轮之多，这与后世的风扇车有着较大的区别。此外，与济源泗涧沟汉墓的扇车不同，在轮轴口处并没有设置开放式的圆形进风口，而是采用了封闭式的摇把曲轴，在后上部和后部均为敞开形结构。可以看出，这种后部敞开的设置正是为了进风的需要而设置。

从汉代陶模风扇车可以看出，进风系统的不合理设置是当时风扇车效率较低，且人力能耗过大的主要因素。此外，这种长方形的大型风扇车还有如下几个特征：第一，虽然是扇车模型，但人与踏碓的比例来看，此种风扇车体积相当庞大，因此，芮城的风扇车（图3.36）并非一个单体的农具，而是建筑在房屋当中的不可移动的大型设备。而且，很有可能这种风扇车的材质同样是砖石泥土所构，甚至是泥土堆砌的可能性更大，这样，有了房屋的庇护自然在材料上更加的自由。第二，大型组合式的结构是这种风扇车的主要特点，从遗存的扇车来看，全部采用了相同的样式，合理的空间安排与踏碓的组合能够更加高效地完成清选作业。同时，在出土的墓葬中，只有个别墓葬中有极少的诸如犁的农具，如此一种粮食加工农具与大量的日用器和贵重物品一同殉葬于墓室当中，可见并非普及之物，而是代表了当时农业机械文明的最高水平，这样才能够体现出墓主人的身份。第三，这种风扇车的出土并非简单地将扇车的历史由宋元时期上溯到汉代，更是对宋应星扇车出自南方学说的有力否定。如同犁或其他农具一般，黄河流域农业文明的发展催生了这种农业机械工具的完善，人口的迁徙和流动同样将这种农业工具带到了南方。由于南方农业的崛起与作物的多样性，风扇车进行了多次的演变与进化，臻于完善，进而反哺。从墓葬的年代上来推断，这五个风扇车并没有较强的时间承接关系，但济源泗涧沟扇车的改良很可能是文化的交融所产生的结果。第四，这些扇车模型采用了红陶、灰陶和带釉陶的表现样式，地域的材料和生产工艺使得其不仅在外观上有

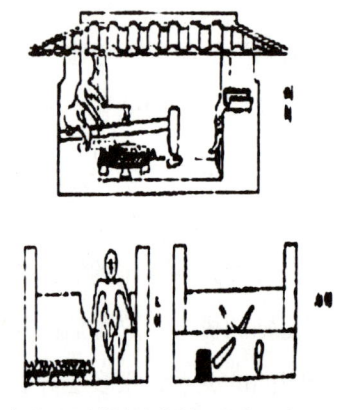

（1）山西芮城城南村风扇车　　　　（2）山西芮城城南村风扇车示意图

图3.36　山西芮城城南村风扇车

着变化，同时，功能的微调与设置的变化可以看出，汉代在对风能科技的改变中不遗余力地进行着不断地尝试和探索。

（1）河南洛阳东关风扇车 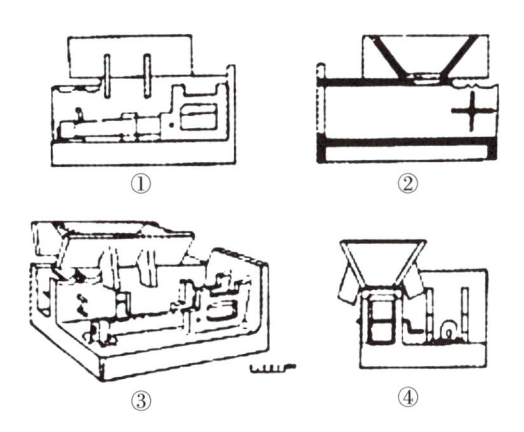　　　　　　（2）河南洛阳东关风扇车结构白描

图 3.37　河南洛阳东关风扇车

（1）临淄金岭镇风扇车 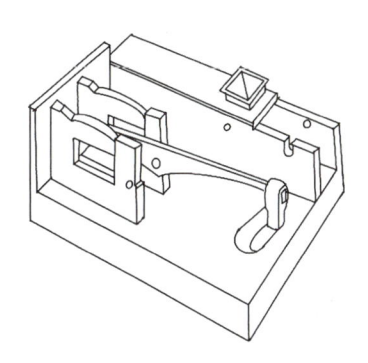　　　　　　（2）临淄金岭镇风扇车结构白描

图 3.38　临淄金岭镇风扇车

（1）济源西窑头风扇车 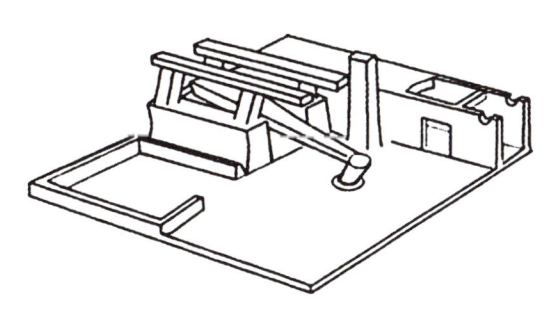　　　　　　（2）济源西窑头风扇车结构白描

图 3.39　济源西窑头风扇车

五、宋元以后风扇车的记载及物理研究

大量的汉代出土明器模型将风扇车的发展史直接向前推进了一大步，甚至更加早于这一时期。此外，在此以后的出土或文献中并未有关风扇车的详细记载。在历史的洪流中，无论是魏晋，或是隋唐、五代，均是农业高度发展的时期，是风扇车在变迁过程中的失传，抑或是有了更好的工具进行替代，这些都无法举证。但笔者坚信，风扇车在这一时期并未停下脚步，相反，功能的改进和对风动力认识的不断提高促成了宋元时期的再次兴盛。如同其他中国古代科学一般，对于技术的追求渗透在生活和生产的各个环节，而将其总结成一种科学，始终是我们的软肋，这也是西方长期以来，对中国古代科学诟病的持有观。而风扇车的突然断代，也正是这种原因所造成。如果中国古代科学技术历代有着系统地总结，我相信"李约瑟难题"将迎刃而解。当然，一切的假设只是一种历史的旁观，并不能够穿透真相。如果没有鄙工而崇文，这些高度发达的中国古代科学技术势必更加辉煌灿烂。即使如此，如果试图解开壁画中风扇车的历史谜题，通过解读后世留下来的蛛丝马迹，同样能够穿越迷雾，窥视真相。

宋代对于风扇车功能和结构的开发显然更加细致，通过扇车将脱粒后谷物的谷粒、空壳和尘土、短小杂草分开，便于保管贮藏；或将舂后的谷物的净壳、壳糠和尘土分开，便于食用。……它根据谷及其夹杂物容重和漂浮特性不同的特点，利用风力进行分离清选[①]。现在来看，这段文字有着较大的局限性，但可以肯定，宋代开始，风扇车的另一种样式业已形成。在王安石的《王荆公诗笺注》当中有关对于飏扇的诗："翁乎勤簸扬，可使糠秕尽。"王祯同样引用了这段名句来进行解释。此后，再无相关的更为细致的记载，尤其是对于器形和器物的具体描述。元代王祯的《农书》在飏扇一节中解释了结构：随风飞扬之器，在扇膛的中央安置了榫轴，叶片分为四片或者六片，质地为薄木板或是竹篾编成，有竖扇和卧扇两种，在箱体的中轴有手摇短把，可以用脚踩踏驱动。在加工粮食之时，将糠谷倒入斗中，斗底有一条狭长的扁缝转动短把扇，就可将谷糠扇去[②]。

而《授时通考》在王祯的基础上对结构有了更加详尽的扇车描绘（图 3.40）。从材料、尺寸、外形、作业动作都进行了详细的描绘。其他记载如《农政全书》与王祯《农

---

① 犁播. 中国古农具发展史纲简编 [M]. 北京：中国农业出版社，1981：91.
② [元] 王祯. 农书 [M]. 上海：上海古籍出版社，2008：305.

书》相同，皆是引用（图 3.41、图 3.42）。这些丰富的古籍中真正地将风扇车的各个部件以及使用方法和功能进行了全面的图说解读，实为翔实。结合汉代长方形的风扇车，元明时期，风扇车的变化非常明显，堪称奠定了风扇车的经典样式。其中有几个主要的变化：第一，从汉代卧式的长方形扇车变为带有四脚离地式柜式风车。这样做的好处主要是将轮轴摇柄中心进行了提高。汉代时，人们多是席地而坐，因此，在生产当中沿用了这种习惯，但由于重心较低，在摇动轮轴时非常费力。升高了轮轴后，人们能够站立进行操作，使得全身的力量能够集中到一点，这样获得的驱动力更加充沛。第二，驱动力的改变，不仅有手摇式，还有利用足部驱动。这在王祯《农书》中已经表述得非常清楚。而王星光和柴国生通过对王祯《农书》四个版本的考证发现[1]：在使用足踏风扇车的准备工作时，必须将绳缠绕在机括掉轴之上，此时的绳索相当于可以自由伸缩的弹簧，踩踏绳子一端就可以带动轮轴转动，当轮轴转速加快时能够产生惯性自动缠绕绳子，如此往复，叶轮则会不间断作业[2]。驱动方式的提高，不仅让操作者获得了更大的动力，同时还解放了双手，足蹑风扇车能够在脚步的反复运动当中进行工作，双手可以用来盛装谷物，显然，这类风扇车能够实现一人独立作业。这些论述在不同程度上将足蹑式风扇车的优点和操作原理进行了褒扬。但具体的再思考一下，在手工机械为前期的操作当中，要想让轮轴进行反复动势能的交换也是十分不易的事情。首先，应该保证绳子是紧紧地缠绕在掉轴之上，而且，绳子的编制方法应该是多股缠绕编制而成。这样才能够在旋转往复当中获得更多的势能。在驱动过程中，人用脚向下使劲踩绳，这样产生了两个力，向下的牵引力和绳子自身的拉力。当绳子被施力至末端时，轮轴能够产生大量的连续性风力以此来驱动作业，而此时，所用向下的拉力势能全部用来转变为驱动的能量，而轮轴当中还有一种角动量也随之产生。产生的惯性将使得轮轴继续旋转。当旋转动能被增大到一定程度时，角动量势必会重新产生新的势能使得绳子能够再次紧紧地缠绕在掉轴之上，这一往复的过程就是动势能相互转化很好的例证。在具体操作过程中，需要操作者具有熟练的技艺才能够保证生产的顺畅，诸如：绳子向下踩动时必须保证垂直于地面，否则会影响到势能的转化，同时绳子向上翻卷时与掉轴会产生摩擦力，

---

[1] 分别是：《四库全书》版《王祯农书》；《四库全书》版《农政全书》；《四库全书》版《授时通考》、王毓湖校译版《农政全书》。

[2] 王星光，柴国生. 中国古代足踏式风扇车考释与复原［J］. 中国科技史杂志，2011（4）：536.

这些必须由操作者进行多次补偿。最关键的一点是，由于往复运动，在上升过程中势必是在做无用功（相对轮轴来说），而且，脚部的疲劳极易造成绳子与掉轴的脱落，这样，只能够停下来进行重新缠绕。相对摇柄来说，虽然能够获得较大的动力，但操作程度的不易与间歇式无用功的重复使得这一风扇车并没有长久流传。

图 3.40 《授时通考》风扇车图　　图 3.41 《农书》飓扇　　图 3.42 《农书》复原的立式风扇车

此外，根据这四个古本的风扇车图例，很多专家认为这是由于绘图不详造成了后世对王祯《农书》中风扇车的曲解。就是关于风扇车图像不够精确的争论，一部分学者认为这种透视上的不严谨是导致人们曲解的主要原因。笔者在此欲为王祯辩解，首先，中国古代的工程制图确实与绘画联系紧密，比如中国画当中界画的表现。至于透视，中国古人从来没有使用过"焦点透视"来进行一幅画的创作，这种随心所欲的表现在古代称为"散点透视"。用在严谨的制图当中用现在的眼光来看确实可以用缺乏准确度来进行批判式的衡量。但优点是，这种透视能够将不同角度的部件进行同一空间的组合，而作者也正是想采用这种方式来尽可能地表现更多的结构和内容。如果以历史的眼光来看待王祯所绘的这幅风扇车图的话，还是有着较强的创造性的。他打破了单一角度的呈现，同时，扬弃了风柜顶板直接透视了轮轴和启闭缝溜的关键部件结构，这本身就是一件匠心独运之事。但是，历代研究者将其视为一种原始的"开放式风扇"，李约瑟关于风扇车的论述：中国古代农业当中有两类风扇车（扬谷机）：一类是圆形封闭式；另外一类就是曲柄开放式[①]。可以看出，李约瑟将王祯《农书》中的"飓扇"图与原始风扇相提

[①] 李约瑟，鲍国宝等译. 中国科学技术史. 第四卷物理学及相关技术第二分册机械工程 [M]. 北京：科学出版社，1999，166.

并论，这显然是错误的。同时，足蹑式的风扇车并非完全消失，其原理在改良后被应用在链条传动式扇车当中，而欧洲在18世纪出现的扇车应该就是借鉴了这种风扇车的动力系统。第三，风箱的圆形化，此处变革不仅代表了风扇车造型的一种调整，源于人们对于空气作为一种能量的转化与输出的认识提高促使风扇车的变革，同时也是在轮轴的应用当中一次极致的尝试。

汉代已经出现了摇柄轮轴的结构，但汉代风扇车与王祯《农书》中最大的区别就是风箱的形制。虽然以王祯《农书》为蓝本陆续出现的一系列风扇车的样式并没有显著地将风箱由长方形改为圆形。甚至出现了"过去认为元代王祯《农书》中的飏扇已经出现了圆筒状鼓风机构的说法是不妥的，那是清代改绘导致的结果[1]"。虽然，王祯《农书》的圆筒状结构是后世进行的补绘，但是，《顾氏画谱》中的风扇车（图3.43）具有和王祯《农书》相同的结构，这不得不说是有着历史原型的。

图 3.43 《顾氏画谱》中的风扇车

为什么进行改进？从其（图3.44、图3.45）原理来分析有：第一，长方体风箱的设计会使得箱体内部产生涡流，随着风轮的高速旋转，箱体内壁的涡流产生极大的阻力，为了克服这些阻力，势必增加一部分无用功来抵消这些涡流[2]。第二，圆形风箱能够产生集中有效的风力，并且能够使得气流在产生输出阶段形成不同的区域。从济源泗涧沟出土的扇车来看，在其气流输出孔部位的风力可达13米/秒，显然，圆形风箱在风力

---

[1] 史晓雷. 王祯《农书》中的"飏扇"新解[J]. 中国农史，2011（3）：36.
[2] 张鹜忠. 中国风扇车小考[J]. 农业考古，1988（2）：171.

引导与输出的性能转化当中能够制造更为有效的功率①。风箱的改革是风扇车最具创造性的革命性变化，不断地克服风箱内部的涡流和阻力是提高轮扇旋转速度、加快原始动力最为有效的办法。这种改变是人类认识风能和应用风能的自然进化。第三，也体现了人们对流体力学设计理念的高度应用。第四，进气口的设计与旋转脱粒物理原理，虽然封闭式的风扇车在汉代就已经具备了相应的设计理念，但进气口的设计仍然不同于宋元以后。这一时期扇车的进气口完全设计成为圆形，与风箱形成了同心圆的设计样式。这种设计能够使得在摇动摇柄的同时，空气更加顺畅地进入到箱体内部，而且圆形的设计势必能够产生更加强烈的旋转气流。同样，这种设计也会有一定的缺陷，就是进风口会对风扇的叶轮造成一定的压力。

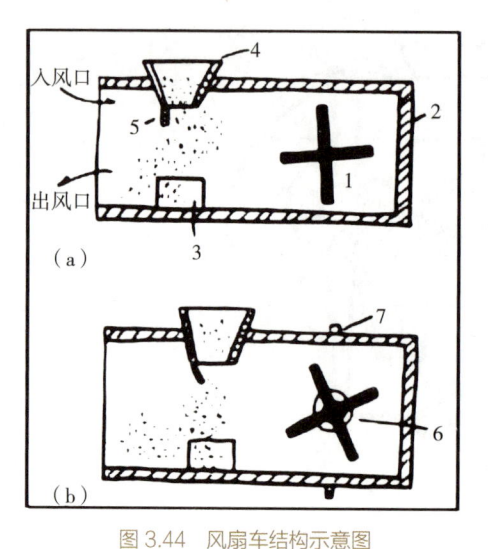

图 3.44　风扇车结构示意图
（a）无进风口风扇车：1. 风轮　2. 风箱　3. 出粮口　4. 高栏　5. 启门板；（b）有进风口风扇车：6. 进风口　7. 立木

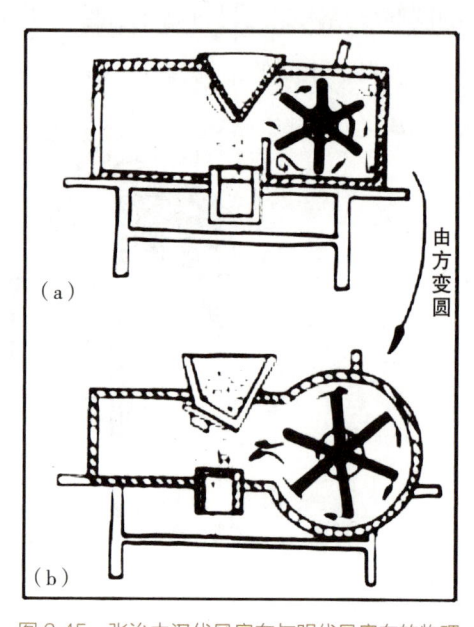

图 3.45　张治中汉代风扇车与明代风扇车的物理结构对比及风动科技对比图
（a）与圆柱体风轮箱体风扇车；（b）结构示意图
（ 〰 表示涡流）

在后来为了更好地克服这种叶轮阻力，人们又进行了一定的改良，在设计时故意使主轴有些偏离，而在下部设计一个小口，疏导了进风口对叶轮产生的压力，同时也会引流一部分由于内部高速风力产生的离心引力的作用②。这样的改进虽然不大，但却是更加

---

① 黄兴，潜伟. 中国古代扇车类型考察与性能研究［J］. 中国农史，2013（2）：35.
② 陈民新. 风车的形制与审美文化研究［J］. 包装世界，2010（5）：115.

的省力。当然，这种敞开式的进气口设计也更加便于对轮轴的润滑和保养。与摇柄较大的空间距离使得操作者在双手摇动摇柄时不会与箱体发生触碰，提高了劳动者的可操作性。同时，"这种闭合式风扇车是近代航空实验用的风洞实验的始祖……而欧洲的风扇车在18世纪以前其进气口与出气口分处长方形风道两边缘，闭合式旋转风扇车直到18世纪早期才出现[①]"（图3.46）。当进气口有了极大的改进之后，其物理力学性能得到了极大的提高，工作原理势必发生改变。首先，将带有糠秕的谷类由高槛斗中倾斜而下，通过可以调节的扁缝进行垂直下落运动。此时，谷糠主要受重力的影响而没有方向的改变。摇动轮扇，从开放的圆形进气口产生大量的旋转气流均匀地通过箱体向风道方向横向吹动，当风力遇到下落的籽粒和糠秕势必会改变其运动轨迹，而强劲的气流使得这二者获得了一个相同的加速度，如果风力用 F_1 和 F_2 来表示，加速度就是 L_1 和 L_2，而籽粒和糠秕的质量分别由 M_1 和 M_2 来表示。假设 $L_1=F_1/M_1$；$L_2=F_2/M_2$，这时两者的 F 值是相等的，不同的在于 M_1 和 M_2 的重量，由于实心饱满的谷粒比糠秕的质量大得多，因此 $L_1<L_2$，获得较大加速度的糠秕势必被吹出车外，而谷粒则由于加速度过小和飞行过程中产生的重力最后落在车内。第五，排气系统与出粮口的改进。在汉代的陶俑风扇车模型中，出风口呈完全敞开状位于前端甚至于贴近了地面。这种设计虽然能够有效地排气，但较低的出气口与空气向上的原理相悖，同时，贴地的设计使得强烈的气流将出气口前段的灰

图3.46 18世纪欧洲的风扇车

[①] J. Needham. Science and Civilisation in China Vol.4 [M]. Cambridge：Cambridge University Press，1971.

尘吹扬对整个操作台形成污染与回流，从而使得粮食拌入过多的灰尘，显然是不合理的。但立式风扇车的高度提高以后，出气口不仅离地较远，在出口处还设计了斜坡形的收口，这种设计和改进能够将风力进行集中，同时还能将糠秕吹落得更远，并使一些质量较轻的谷粒与糠秕在出风口形成分离。这种改进显然是一举两得之举。对于出粮口的位置，与汉代的设计并无太大的改变，但在数量上却有着革新的变化。张柏春、张治中、冯立昇将这一时期的风扇车分类为单出粮口和双出粮口两种类型。单出粮口的设计在汉代就已经实现，能够进行有效的二级清选作业。但双出粮口的设计则不同，由于好米、次米及谷糠等的大小、比重不同，双出粮口扇车可以将谷糠、好米和次米分开。其原理则是由于风力的大小来对不同质量的谷糠混合物进行筛选，如果叶轮转速快产生极高的风力，这样就会在远近不同的出口下排出。远处则是糠秕，而粮食的质量大因此落在近处，同时也使得好米正好从第一出粮口流出，次米从第二出粮口流出，谷糠等杂物则从扇车前边的出糠口飞出。扇一次就把好米、次米、谷糠分开，提高了筛选效率。

如果套取上面的公式，此时的好米的质量应该是 M_1、次米的质量应该是 M_2、谷糠的质量应该是 M_3，由于受到同样风力的作用，最后的加速度就是 $L_1<L_2<L_3$。这也是三级清选作业落点不同的根本原理所在。在山西晋南的农村中，还会将这两个出粮口设计得大小不同，由于饱满的谷粒多，因此设计口较大在后，而干瘪的谷粒较少，设计口较小在前。这种细节化的设计不仅减少了劳动的频率，同时也将粮食的清选工作进行了分类化处理，可谓事半功倍之举。

六、清代"龙王庙"壁画中的卧式风扇车

明代之前农书风扇车的描绘虽然已经非常完备，但其柜体仍旧呈现以方形为主，这与张柏春考察并不相同，这种清代出现的圆腔柜体是目前实物最多的遗存。从实验结果也可得知，这种扇车具有重心低、风量大，并且能将糠秕高抛分离的特征，正是这种大功率的机械特征使其在北方非常普及。山西寺观中有一类龙王庙，在东西山墙壁画两侧下方（占画面六到八分之一处），常绘带状《春种秋收图》，其中各类农器一应俱全。由于多处壁画漫漶严重，最为清晰的是太原王家庄六郎庙与盂县诸龙寺，其余还包括朔州吉村大王庙、太原阳曲范庄村大王庙等。

六郎庙壁画在《场上作业图》和《粮食装运图》中，分别绘制有两件角度相同（四分

之三侧）造型相仿的卧式风扇车。作业方式为二到三人协作进行。材料质地为木质。盂县诸龙寺东壁绘制了一架红漆扇车，为正侧角度，完整地展示了此角度的结构特征。

六郎庙中的两幅《风扇车图》有着与前代风扇车截然不同的形制与样式，整体的倒三角造型缺少了汉代及宋元以来风扇车的稳定与方正的感觉。从体量来看更加的庞大，按照扇车与人比例相比较而言，这种风扇车是留存最多、分布极广的形制（图3.47、图3.48）。无论是山西、山东、河北、河南、内蒙古及南方其他地区都有其遗留。张柏春、张治中、冯立昇在考察当中，测绘了6台这样的风扇车。黄兴和潜伟将此类风扇车归结为"切向出风口扇车"[①]。其具体的革新式变化体现在如下几点：

图3.47 六郎庙风扇车1

图3.48 六郎庙风扇车2

第一，圆形风箱的大型化。在立式旋转风扇车中，圆形的风箱占到扇车体积的近2/5，而革新后的风扇车风箱则占到车体体积的近3/5。这种改变使得叶轮也变得更加的宽大，因此，扇出的风自然更加强劲剧烈。进气口的设计沿用了同心圆的设计风格，壁画中的叶片在10~14片之多，比原来的6片增加了近两倍。多辐的叶片可以增加连续的风力，使得叶轮在旋转过程中风力更加稳定，减少了风力的间隙，保证了清选作业的稳定性。而叶轮的设计也充分考虑了风动学原理：叶轮的每片叶片顶部厚，靠近轮轴的底部薄。叶轮旋转时，气流从进风口进入车厢内，被叶片推到顶部。叶片底部呈尖状，可减小叶片的气流阻力。在叶片顶部，沿叶轮旋转方向形成前高后低的斜面，可减小气流对叶片的阻力，

---

① 黄兴，潜伟. 中国古代扇车类型考察与性能研究［J］. 中国农史，2013（3）：5.

使摇手柄者省力。叶片的顶部压气的一面凹进一块，形成类似现代风机的前向叶片的顶部形状效果，气体从叶轮得到的压力头更大。如果叶片没有凹进去一块，那么，叶轮压力头损失大、效率低。扇车属于低转速风机，采用这种制作简便的结构是比较合理的。

第二，上抛形风道与出风口的设计。此种风扇车的风道变得更加短浅，由于"虎头"的造型特点风道也是由宽到窄进行了变化。其出风口设置在车厢的上部，进风口在圆筒形轴心处。顺时针摇动扇车，空气被吸进箱体内部，叶轮的转动将空气沿着圆筒的切线方向推出，形成上抛之力。[1]这种风道和出风口的设计既符合了空气力学原理，同时在设计中充分应用空气向上的原理。在黄兴和潜伟的模拟实验中也证明了这一点：首先，切线出口的设计是对空气方向的导引，圆形的腔体有助于叶轮对空气形成顺畅的推送，并且产生极为稳定的直线。最终效果就是能够有强大的集中气流带动谷糠抛离。这种离心式清选机是中国当时最为优化的扇车样式。[2]。

第三，高槛的融入式设计与出粮口的虚化。无论是汉代风扇车或是宋元风扇车，上端的高槛一直是盛谷与装粮的入口，其宽大的造型借鉴了"斗"的形态。而此种风扇车彻底将这一凸出的高槛进行了"革命"。在整体的风扇车体当中融入了头部的"虎头"样式设计成为"虎头板"。在下部设置了一处筛选不同颗粒谷物的"籽眼"机构，此处设计在早期为扁缝，显然，扁缝的通过性更加的宽容，"籽眼"则在这一环节就能够进行清选，将大小相同的颗粒进行同次筛选，再次调节"籽眼"的大小来通过不同的谷物，可以这样来讲，扇车的发展是每一生产环节的细化进行的调整，而效率是伴随着生产单元的统一而必然的提高。

此处的高槛完全以一种隐匿的方式存在着，但其基本的样式特点仍然是倒三角的漏斗形设计。这种优化是为了车身的整体更加趋于圆弧的设计，当然，也是车体流体力学的应用。同时，"消失"不见的还有出粮口，坡度的出粮口在车体侧面完全消失，而清选的粮食与糠秕全部落在了车体的后部。车厢出风口的下边有两个槽，槽的垂直平面形成风挡。在车厢内部出风口的下部，部分气流碰到风挡，形成风幕。风幕可以提高鼓风效率，其原因有两个：一是阻止气流在车厢内继续向下吹动，以免形成环流；二是阻止出风口外的空气被吸进车厢内，需要大量处理谷物时，在扇车的前方放置一个较高的木

---

[1] 张柏春，张治中，冯立昇. 中国传统工艺全集·传统机械调查研究［M］. 郑州：大象出版社，2006，171.
[2] 黄兴，潜伟. 中国古代扇车类型考察与性能研究［J］. 中国农史，2013（2）：35-36.

板，比较轻的糠皮等杂物吹动戗板外，比较重的谷粒就落到戗板里，也可以在地面铺设大面积的布来与土地隔离，清选出来的粮食和糠秕一目了然。[①] 由此可见，这种风扇车主要进行的是二级清选。而这种利用风力高扬谷物来清选的方式与原始的簸扬法十分相似。只不过，前者是人造风力，后者是自然风力。可见在物理机械的设计原理中，借鉴传统原始手工簸扬法是非常有效的。三是立体式的工作台设计。从两幅壁画来看，都是二人协作的工作方式进行，但共同点是采用了上下传递的工作方式进行装谷和摇柄作业。在王祯《农书》的风扇车中，由于扇车的高度较低，只要举高簸箕就可以将谷物装入高槛斗中。而此类风扇车则不同，高度可达1.75米的车厢是轻易不能将谷物倒入谷槽当中的。因此设计了阶梯状的踏板和工作台以便上下和蹲坐，称之为"小天盘和杂粮板[②]"。有了这种上下工作的方式，必须配备相应的协作者进行传递和装运及清扫作业，因此，我们看到这两幅图当中都是5人左右的组合进行作业。由此可见，这种风扇车由于庞大的体积和多人合作的工作方式是完成大型清选作业必备的机械工具。

此外，这种风扇车的箱体采用了方形的框架结构进行紧固，使得风扇在旋转过程中不至于摇摆，看似不稳定的外形实则非常坚固耐用。因此，在户外场上作业当中随处可见其身影。而且，由于铁制工具的普及化，风扇车的车身及固件多处使用到铁制配件，比如轮轴、摇柄及车身加固的铆钉，既使得车体更加坚固耐用，同时也起到装饰和美观的作用。

从三种风扇车的样式和形制来比较分析不难发现，扇车的外形变化渐变短也是为了谷粒和糠皮迅速得到分离而进行的设计（表3.3）。同时轮扇的增加、高槛的设计及出粮口的变化都是在细节上对风扇车效率化的综合体现。劳厄在《物理学史》中所讲，物理学的应用推动了风扇车的结构的不断改观，因此也使得农业生产方式在规模和效率当中持续提升。六郎庙此类风扇车是离心式风机最早的一种应用，这种先进的机械工具设计融合了多种古代科学技术的融合与精粹，是劳动者为了最大化地进行清选作业的智慧体现，也是明代科学技术在艺术绘画中最为直观的体现。由于迄今为止仍然是孤证的表现，如果想要证明此类风扇车在明代晚期在中国北方地区已经开始大规模使用，需要出现相似的例证来与这一孤例互证，这样才能够对中国风能清选机械的发展史有更加准确的认知。

---

① 张柏春，张治中，冯立昇. 中国传统工艺全集·传统机械调查研究[M]. 郑州：大象出版社，2006：172-174.
② 张子文. 中国风扇车起源与发展[J]. 中国农史，1982（2）：64.

表3.3 各时期风扇车的比较

	风扇车造型及高度	风厢类型	叶轮数量及进气系统	风道及出风口设计	出粮口设计	高槛及工作方式	工作效率及原理
汉代陶俑模型风扇车	风扇车呈长方形或梯形，高度约0.8米	方形风箱，四角涡流较强	4组或6组，侧面进气，半敞开式设计	风道极长，出风口无集中系统	侧面单出口设计	长漏斗状高槛设计，下漏开关设计简单；坐式	横向风力较散乱，间歇性较强；离心式
元代王祯《农书》风扇车	造型为前方后圆的设计，高度为1.2米左右	圆形风箱，符合流体力学	叶轮为6到9组，中央进气系统，闭合式设计	风道较长，出风口有收口，内部收口式设计	侧面单或双出粮口设计	高槛为漏斗状设计，下有较为复杂的扁缝；站立式	横向风力且集中，间歇性较弱；离心式
六郎庙壁画风扇车	造型为倒梯形设计，高度约1.75米左右	圆形风箱，符合流体力学设计	叶轮为10到14片，结构复杂，中央进气	风道短，出风口较窄，气流集中	后面单出口，无出粮槽	高槛为隐形内部设计，有扁缝籽眼；立体式	斜向风力，间歇性极弱；离心式

第四章 粮食精加工机械考证

山西有着悠久的农业发展史，在不同时代都见证了中国古代农业发展的兴衰。粮食加工是整个生产环节重要的节点，由于地域文化和掌握的技术不同，自然创造出不同的粮食加工机械。在利用风扇车或簸箕脱粒之前，有一道重要的加工步骤，即谷糠分离技术。使用坚硬的打击型器具进行反复捶打可以使得谷糠分离，这种工具就是踏碓。除此之外，踏碓还有一种功能，就是将除去包衣的谷物击打成粉，用来制作食物。这一功能在南方大部分地区使用广泛，米糕的制作正是使用这一工具进行。而另外一种粮食精加工工具就是石磨，利用旋转的内部摩擦来碾碎谷物，使其成为齑粉或面浆是其重要的加工手段。无论是踏碓，还是石磨，在工作原理上虽然不同，但二者粮食产品的加工成形效果，却殊途同归。因此，从汉代到宋元，人们不断地利用自然能源来驱动这两种工具，并且巧妙地结合了二者的工作原理，创造出一系列复合机械农具。

踏碓出现于东汉，从考古学的角度来看陶踏碓多出自东汉时期，这一阶段山西、河南（图4.1）、河北（图4.2）、山东等地都出土了大量的陶碓明器。在较短的时间中，就达到了工艺的成熟，至西晋时期出现的连机水碓将这一机械推至高峰。从出土的绿釉陶碓房来看，其作业原理是利用水轮承接水的冲力转动，来带动屋内四个连机水碓进行同时作业，设计极为巧妙。[①]而金代山西繁峙岩山寺壁画的《水碓磨坊图》（图4.3）中更是呈现了屋外利用俯冲水流驱动了一架连机水碓和大型石磨，图中的水轮为激立式，通过一根巨大的传动轴带动两侧的机械设备，左侧的水碓在轮轴的传动下作上下运动，右侧的石磨在下方的直交齿轮带动下作旋转运动，水流冲击速度越快产生的驱动力越大，水碓和石磨运动的频率越高。[②]壁画中石磨的上方还有面罗柜的设置，通过面罗的

[①] 付娟. 汉代明器联机水碓考辨 [J]. 古今农业, 2015 (4): 32.
[②] 高策, 徐岩红. 繁峙岩山寺壁画《水碓磨坊图》及其机械原理初探 [J]. 科学技术辩证法, 2007 (6): 98.

反复筛选将磨制未完全的粗大颗粒重新回笼，直至精粉。① 这种机械装置显然在宋金时期应用已经十分广泛，但巨大的水力驱动需要特定的地区才能够有条件实施这种复合装置，作为广大的内陆农业地区显然这种机械设备是不具备普及性的，但却显示出古人对碓机类设备的较早开发。而在山西使用最为广泛的自然是单体独立操作的踏碓与石磨，由于简易的操作和极高的效能，这两种工具直到现在仍然在为人所用。

图 4.1　河南灵宝出土的灰陶双碓磨坊 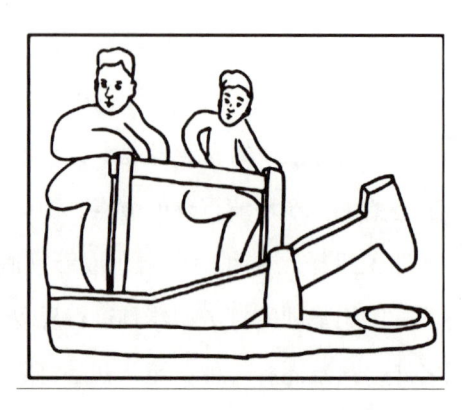　　　图 4.2　河北赵县各子村汉代绿釉陶踏碓模型

图 4.3　山西繁峙岩山寺水碓磨坊图

---

① 史晓雷. 繁峙岩山寺壁画《水碓磨坊图》机械原理再探 [J]. 科学技术哲学，2010（12）：76.

第一节　山西地区踏碓的产生与发展

一、杵臼是踏碓的原型设计

踏碓的最初工具为杵臼，这是一种利用人力来捣制粮食的工具。石质的臼用来盛放谷类，捣制的木杵有两类，一类是椭圆形滴水状木棒，另一类一头为滴露状，一头安装有用来平衡的石坨。这种工具的组合可以称之为碓，从《通考》（图 4.4）、《农书》（图 4.5）及《天工开物》（图 4.6）都能够觅得其中描绘细致的图像。[1] 从图像分析可以得出，此种工具的由来显然是早期由木棒击打粮食所获取灵感所致，《易经》记载："神农氏没，黄帝尧舜氏作，断木为杵，掘地为臼。"而石臼的产生代替了初期地坑，区别于泥土混杂的情形，极大地改善了粮食的收集，在《通考》的图像中（图 4.7），舂臼的旁边就有萝筛，是用来选取谷物进行反复脱粒的工具。臼的形成过程中由兽皮、麻布、木臼[2] 到石臼这一过程可以追溯到 7000 年前以江浙地区为主的南方的河姆渡时期，在北方杵臼的使用则是 6000 年前的仰韶文化，工作效率的不断提高形成了以石杵与石臼这一搭配广泛使用，而到了龙山文化，更是将早期简单的石磨摒弃开始完全使用碓。[3] 而山西芮城东庄、翼城枣园村和柳林杨家坪村（图 4.8）都发现了新石器时期的石杵臼，而由于汉代崇尚厚葬之风，因此墓室当中有大量的生活用品和生产工具，碓房是东汉墓室中常见的陪葬品。尤其是东汉中晚期豫北和三门峡地区更是多见出土，在河南灵宝出土的陶双碓磨坊，说明这一时期踏碓的使用非常广泛。[4] 而河北赵县各子村的汉代双人绿釉踏碓俑展示了踏碓并非单人作业机械，同时还确立了中国最早的单栏杆扶手式踏碓。[5] 汉代踏碓的多样性结构完全打乱了所谓的农具按时间演化的顺序。

---

[1] 周昕. 中国农具史纲暨图谱 [M]. 北京：中国建材工业出版社，1998（11）：344.
[2] 赵蓬，李桂玲. 古代谷物加工器具之传承 [J]. 农业考古，2004（6）：134.
[3] 梁中效. 试论中国古代粮食加工业的形成 [J]. 中国农史，1992（1）：76.
[4] 付娟. 汉代明器联机水碓考辨 [J]. 古今农业，2015（4）：26.
[5] 张亚丽. 汉代绿釉陶踏碓模型 [J]. 文物春秋，2001（6）：75.

图 4.4 《通考》中的碓 　　　　　图 4.5 《农书》中的舂臼

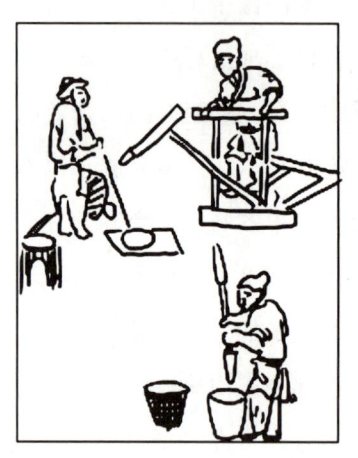

图 4.6 《天工开物》中的杵臼与碓 　　图 4.7 《通考》中的舂臼图 　　图 4.8 山西柳林杨家坪的石杵臼

二、南北朝时期山西踏碓的发展

　　山西北部的大同作为北魏都城，一度成为北方经济繁荣之地，鲜卑族的游牧文化在进入此地后与汉地的中原农耕文化相互结合，创造了极为发达的农业技术，杵臼的大量使用极大地改善了粮食精加工作业。同时，在北魏统治期间山西北部鲜卑族崇尚佛教，因此，大兴土木开凿了巨型石窟，并在墓葬当中效仿汉人，因此，也遗存了极多的陶俑壁画。在大同富侨垃圾焚烧发电厂出土的北魏壁画墓（图 4.9）与大同二电厂出土的北魏陶踏碓俑（图 4.10），对这一时期的踏碓工具进行了细致的刻画。这一时期的踏碓在杠杆机械的应用上已经是非常的合理，但踏碓整体的架体比较简单。采用犁式框架，动

力臂的设计采用前重后轻的踏板式结构，使得作业时频次更多。

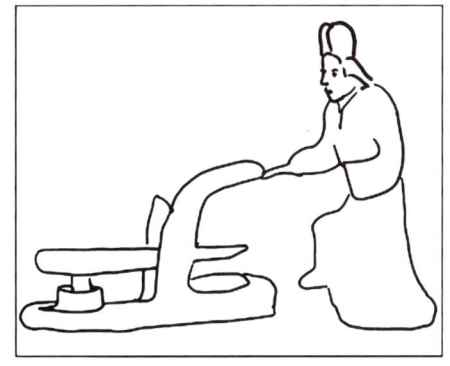

图 4.9　山西大同富侨发电厂北魏壁画墓　　图 4.10　山西大同二电厂北魏陶踏碓俑

碓锤设计为嵌入式结构，下方的石臼较浅，但整体设计十分的精巧，动力臂与地面的距离设计极近，可见并不能够将碓锤过高地抬起，因此，产生的下击力量并不是十分大，山西北部黍类作物极多，此类踏碓应该是加工一些谷类作物。北魏壁画中的踏碓显然在样式上进行了更多的变化，支架仍然位于碓架中央，手握之处则是去掉了犁式弯梁设计，采用了横栏式支架，增加了手的把握位置，踏板采用了前后粗细一样的杠杆式设计，碓锤位于最前端，采用了"L"形结构。这种设计类似于今天自行车的弯把设计，而且确实也是实现站立踏碓的很好的一种支撑方式。而山西出土的晋中隋代陶碓（图 4.11）与唐代陶碓（图 4.12）却是非常低矮的碓架设计，尖状的扶手基本在站立时起不到支撑作用。这时晋中的碓机是由于北方牧民族将椅子传入中原后，碓机因此而改变为坐式作业。[①] 这类说法虽然有着一定的历史依据，但是，汉代碓杆的尾部非常之短，如此靠后的支点，显然脚踩非常费力，但如果施力是坐姿方式，既然不能脚踏，或许可以依靠坐在碓杆上进行上下运动来实现舂碓，如此，这一时期的碓机应当称之为"坐碓"。此类碓机在明代演化为抬高机架与将座位设计为离地约 50 厘米的单栏杆，在《便民图纂》中有详细绘制。

山西地区更是选取优良的花岗岩来制作杵臼，精致地雕刻与装饰也是这一时期的特点，大同出土的北魏时期的石臼（图 4.13）在造型上采用了上圆下方的设计借鉴了鼓形

---

① 李桂玲. 山西古碓初探［J］. 农村·农业·农民，2014（7）：59.

的外观，脱离了早期深臼的样式，拿取谷物更加方便，周身的斜线装饰更显精巧。①杵臼的外形在随后的演变中更加趋于民用的小型化，原本主要以粮食加工为主，后期则在厨房和药房材料加工中大放异彩，可谓是杵臼支系的焕彩。杵柄的材质多是使用质地坚硬的木材，更加地便捷。而在施力方面，大部分杵臼采用了单人作业，也有一部分则是轮换捶打进行作业（图4.14），石臼的工作面积也进行了扩大，因此在效能环节得到了进一步的提升。

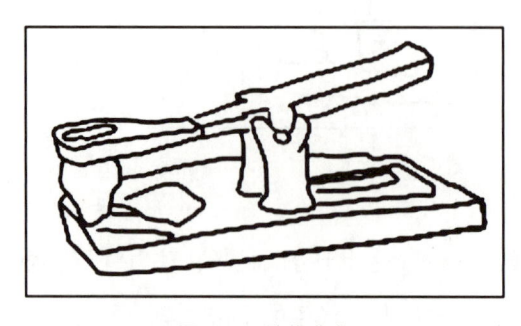

图 4.11　隋代陶碓

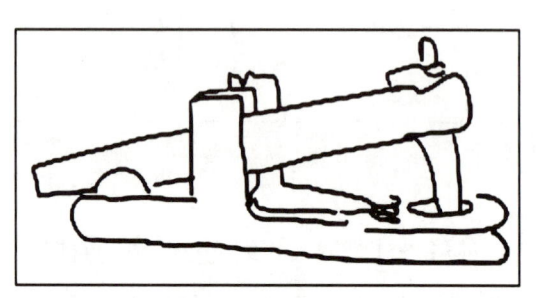

图 4.12　唐代陶碓

图 4.13　山西大同出土的石臼

图 4.14　明代《便民图纂》中的踏碓与杵臼

---

① 赵蓬，李桂玲. 古代谷物加工器具之传承 [J]. 农业考古，2004（6）：134–135.

三、《农书》典籍中对于踏碓的记载

多人作业的手工杵臼虽然能够提高工作效率,但手工驱动显然是极为费力的,利用了杵臼的击打脱粒原理,踏碓在驱动力的改良下应运而生,首先,施力部分由手变为脚,驱动力变大,因此能够承接更大的重量。杠杆的使用代替了传统手工击打方式,输出的力量增大,也更为省力。这也是区别于杵臼的技术核心,既改变了用力部分,同时器械的位置进行了固定。[①] 此外,由于单纯的杵臼是手持式站立作业,在加工过程中需要将身体略躬,因此,作业时更加费力,而脚踏式碓机完全由脚部施力,并且有可供身体平衡的扶杆,这种设计在一定程度上缓解了长期站立的疲劳,保证了杵臼作业的连续性。从几大农书典籍图绘中可以看出,踏碓的结构共由三部分组成,杵杆、臼席和杠杆支架,此外,还有一件翻动粮食的竹竿或者是带有圆形栏圈的拨杆,如《天工开物》(图4.15)和《农书》中绘制,并不能算作其中部件。几部著作的不同之处有以下几点:①《通考》中的杵头为平底状,其作业面更大,但强度小于《农书》和《天工开物》的尖形设计,但从加工方法来说,平底更加适合豆菽类脱粒,而杵端略尖则适合稻黍类脱粒。②杠杆的设计,《通考》(图4.16)、《全书》(图4.17)、《集成》(图4.18)中的杵杆位于支点的中心位置,因此力臂与重臂相等,虽然在踩踏过程中不需要大力施压,但杵头升高位置较低。而《天工开物》与《农书》中绘制的杵杆并非在中心支点,前端的重臂长于后端的力臂,虽然需要大力施压,但杵头升高能够产生较大的下砸力,因此也很合理。在汉代出土的陶釉踏碓中还有力臂大于重臂的设置,这是为了更加省力地进行杠杆调节。而《全书》的踏碓最具代表性,从图式来看 $F_1L_1=F_2L_2$,$L_1>L_2$,$F_1>F_2$,这种杠杆显然属于费力杠杆,杠杆支架在踏碓的设计上不一而足也决定了费力程度的不同,《天工开物》之中的支架扶杆装置在前方,踏碓者只需双手扶在前端即可。而《通考》《农书》(图4.19)中则是将扶杆设置在两侧类似楼梯扶手平行装置,从图像数量上可以分析,这种样式更加普及,同时在山西农业工具的发展史中起步极早,汉代大量出土的陶碓就是这种设置,在山西屯留宋村金代墓室壁画西壁有一幅《踏碓图》(图4.20)与明代《农书》所绘如出一辙,[②] 这种类似双杠的扶手能够在踩踏过程中将全身

[①] 李桂玲. 山西古碓初探[J]. 农村·农业·农民, 2014(7): 136.
[②] 朱晓芳, 杨林中, 王进先, 李永杰. 山西屯留宋村金代壁画墓[J]. 考古, 2008(8): 59.

图 4.15 《天工开物》中的拨杆

图 4.16 《通考》中的缸碓图

（1）《全书》中的碓

（2）《全书》中的踏碓受力图

图 4.17 《全书》中的碓

图 4.18 《集成》中的碓

图 4.19 《农书》中的碓

图 4.20 山西屯留宋村金代墓室壁画踏碓图

撑起以便大力踏下。而在踩踏过程中，图中有使用左脚，也有右脚者，很显然根据劳动强度来左右脚轮换作业是减少疲劳的最好方法。踏碓虽然较手动杵臼已经有了很大进步，但在后期的发展中，为了强化击打重量发明了提高杠杆支撑点和升高左右两侧扶杆的缸碓，这种装置能够将杵头升高 30~40 厘米，而且双脚同时作业，利用全身的重量来施力，显然下落的撞击力是惊人的。③《便民图纂》中的踏碓与其他农书中的并不完全相同，碓架的框架虽然相近，但取消了前扶手与两侧的扶手，取而代之的是在碓架后侧位置增加了横梁设计，这样，施力者可以完全坐在上面进行脚踏作业，这在设计中是完全符合现代人机工学的一种创新理念。技术的变革正是在每一次的内部提升当中逐渐完善，而变革的方式也并不完全相同。有加工方式的改观，也有为减轻劳动强度、缓减作业疲劳的设计，而《便民图纂》的踏碓设计显然属于后者。自秦汉以来，踏碓的左右或前端扶手都是其碓架的基本构造，站立作业成为踏碓的主要工作方式，这一小的改变既是对劳动者的尊重，同时也是对技术人性化的应用。

在臼的设置上，完全放弃了石质臼槽这一样式，取而代之的是以草编圆形或方形平面席状的臼面。这样有杠杆与杵头榫接的装置在工作中完全不会受到干扰，而且，平坦的工作面能够铺放更多的粮食，浅层的粮食在捶打之后更容易翻动，间接地提高了工作效率。

臼与杵的结合在早期有木质、石质之分，《便民图纂》中的轮替舂米采用了缸臼，增加的受力面和加工深度是石臼无法比拟的。与踏碓结合产生出的一种新的高效加工机械为缸臼。采用了相同的杠杆原理，但杠杆的支点得以提升，两侧的扶手提升到了施力者肩部位置，这样的工作方式必须由单脚施力改为双脚踏板，全身施力。因此，获得了更大的加工动力，从《通考》的缸碓中可以看出，支点离地有 60~70 厘米，施力者腾在空中，缸臼则是埋在土中，碓架部分进行了精简，两侧的扶梁与遮蔽风雨的草棚相连，提高了稳定性，同时也确保了高度位置。

无论是踏碓还是缸碓，都是以"最为简单的杠杆原理和物体平衡原理进行作业"的农业工具，其中技术的每一次提升都是为了更好地将杠杆原理应用到极致，在简单朴实的加工条件之下派生出如此多类的击打类脱粒方式，令人叹服。

第二节 连体式踏碓的结构设计及力学原理

一、山西踏碓小考

从晋南、晋中、晋北地区的遗存来看,踏碓的样式成形时期在汉代,南北朝时期根据当地粮食作物的加工要求形成了缸碓一体的可移动式踏碓,"晋北地区由于干旱瘠薄、无霜期短,这一环境正是黍稷主要的生长环境"。[①] 同时,山西北部地区在饮食中多喜欢吃一类"油糕"的食品,必须经过舂捣,因此,踏碓作为精细食物加工环节重要的粉碎手段,在古代山西北部地区应该是非常普及的工具。

在山西寺观壁画表现农业场景题材的壁画中,并没有踏碓工具的描绘,但在晋北和晋东南地区都有关于踏碓图像的图画绘制在地狱场景的图像中。朔州市怀仁县崔府君庙(图4.21)和朔州市山阴白台寺(图4.22)是两处明代晚期表现阴司地狱题材的佛道壁画。山阴白台寺东壁外墙基本坍塌,残存有数幅佛教十大阎罗壁画,其中上部第四幅为六殿卞城王,题记为"碓倒浆小地狱",从图像来看这种装置正是利用踏碓改造而成。图中的小鬼脚踩碓杆一端,支架装置安装于碓架前端的下方横档部分。地臼部分没有设计,取而代之用来放置受难的鬼魂,此外,杵头的变化极大,由于宗教的功能宣讲,将原本用来敲击粮食的长锥形杵头更换为锯齿状击碎鬼魂身体的大钟,虽然工作内容相差甚远,但显然力学原理是相同的。

图4.21 怀仁崔府君庙追罪司连体式踏碓   图4.22 山阴白台寺连体式踏碓

---

① 王星玉. 山西省黍稷(穄)品种类型及分布[J]. 种子通讯,1984(8):20.

崔府君庙表现的内容是幽冥七十二司，在其北壁"追罪司"一图的表现有一种装置基本与踏碓相仿。但细观之下却又并不完全相同，首先，碓架支点设计在上部横档处。此外，两脚施力同时踏于踏板之上完全是缸碓的工作方法。最为显著的外观结构是碓杆，踏碓在各类文献中都是描绘为较细杠杆，这样就不会增加过多的重量来导致踩踏费力。而缸碓则不然，宽阔的踏板能够保证施力者站立其上的稳定性，崔府君庙的杠杆踏板正是采用了这种设置。在结构上，设有两侧高扶手的设置成为它不同于传统缸碓的区别。

二、踏碓的力学分析

通过对崔府君庙（图 4.23）、白台寺（图 4.24）踏碓的力学分析，其图像的受力分析发现，$F_1L_1=F_压L_2$，L_1 代表了阻力臂，L_2 代表了动力臂，$L_2>L_1$，$F_1>F_压$，动力臂的延长使得杠杆的升降更加轻松，显然这种装置属于省力杠杆，虽然短小的阻力臂使得作业加工面极为局限，但省力杠杆的设计适用于更多人群。

白台寺踏碓虽然在碓架的结构上不尽相同，碓杆的设置为等臂杠杆结构。从施力方来看，都是单脚踩踏作业，白台寺恶鬼手中同时还多了一根拉紧的绳索，一端系在杠杆开始处，这无疑增加了杠杆上升时的动力，在等臂式杠杆基础上多了一种辅助拉力，自然在提升时省力不少。具体表现公式如图：$F_拉L_3=F'L_1+FL_2$，由此可见，改良的杠杆确实在提升环节更加快捷，但毕竟这种装置存在于佛教壁画中，在现存的踏碓中并没有见到增加了拉力的装置，是否真实存在有待考证，但却为踏碓的多样性表现提出了一种可能。

图 4.23 崔府君庙连体式踏碓力学分析图　　图 4.24 白台寺踏碓力学分析图

三、明代单栏杆踏碓考辨

这两架踏碓不同之处有两点：

第一，碓架踩踏部分都是采用了前栏式扶手设计，基本样式与《全书》中的踏碓相仿，与《农书》及《通考》中的侧向双栏杆扶手不同。《全书》是明代最具代表性的百工全书，这架前栏杆踏碓并没有收录在农业卷谷物加工当中，而是出现在第四卷"皮油"造烛法当中，文中详细讲解了利用乌桕子制蜡的技术，在乌桕子蒸煮过后进行了舂捣，描述了臼的尺寸为一尺五寸深，碓身为石质，约40斤重，主要用来捣碎乌桕子，这是一种大戟科植物的种子，质地比较坚硬，捣碎后进行提取蜡质进而制成灯烛。[①]这是关于踏碓工艺非常细节的记录，本书刊印于明崇祯年间，虽然属于江西地区的踏碓，但从山西本部壁画的记录来看，应当是具有代表意义。从《全书》中也可以发现，踏碓的工作内容非常多样，能够舂捣的物体较为广泛。由于单栏杆非常简便，此种踏碓优势在于减少了占地面积，但由于缺乏整体式框架，稳定性相对要欠缺一些。

第二，中轴支点的位移，采用了一上一下的高低支点，《农书》等古籍中只有低支点的装置，并没有超过扶手栏杆中间位置以上的支点，是否属于臆造不得而知，但辅助式绳拉设计非常巧妙，高支点势必获得极大的下砸力，可以舂捣更加坚硬的物体。这两架踏碓与敦煌莫高窟第465窟的元代踏碓结构相仿，单栏杆连体式设计在结构上极为简单，碓杆只是安置扶手架下方。[②]由于壁画不能够展示下部连接处结构，只能够推测出碓杆的连接结构，由于采用了等臂杠杆，并且属于起落式运动，人力脚踏势必会产生较大的动力，而由于碓头重力的原因，会产生一定的阻力影响碓头的垂直下落。因此，必须在碓杆中心设置可移动式连接点，而不是搁置在扶手栏杆之上。此外白台寺中的踏碓基本是沿用了等臂式设计，是踏碓的主要样式，崔府君庙的宽碓杆省力式设计打破常规却也有着一定的原理支持。

[①] [明]宋应星. 天工开物[M]. 明崇祯年原刻本.
[②] 王进玉. 敦煌文物中的农史资料[J]. 古今农业，1991：218.

第三节　分体式踏碓的结构设计及力学原理

一、"踏碓图"比较

山西省高平市城东南的定林寺为元代建筑，东配殿南、北两面墙同样是关于十殿阎罗与地狱诸鬼的图像，为明代所绘，在南壁下方左首第二幅图为《饿鬼踏碓图》，图中描绘了一名饿鬼脚踏木碓的情景（图4.25）。在题材上与前两幅踏碓图并没有过多的不同，踏碓的架体与怀仁崔府君庙追罪司缸碓相近，采用了前栏杆式的稳定支撑。而物理的杠杆使用上却有着较大的差别。首先，中心支点被转移在距离手扶栏杆较远的位置，支点采用了四柱支撑的结构，这一改变将踏板与支撑架分离，提高了稳定性，独立的踏板更加的灵活牢固，减少了身体带来的影响。此类踏碓设计在敦煌壁画中也有描绘，莫高窟第61窟的五代踏碓（图4.26）与榆林第3窟的西夏踏碓（图4.27）都是此类分体式结构。在扶手的设计上，都是采用单栏杆前扶手设计，轴的变化是最大的亮点，采用了圆柱形滚轴设计减少了碓杆的摩擦力，分体式设计则提高了脚踏碓杆的稳定性，不会受到框架式矩形扭力的影响。王进玉认为，敦煌从五代、宋代（图4.28）、元代（图4.29）三幅踏碓，以西夏踏碓最为灵活，"轴木可以随横板灵活转动，从而提高了舂米的效率。"[①] 这种分类法，并没有按照结构的变化进行区分，而定林寺立柱式圆轴设计与敦煌五代和西夏踏碓都是属于此类结构，这种设计结构更加简单，但充分地利用了滚轴转动的灵活性极大地提高了作业能力。

踏碓和缸碓的工作方式都属于间歇式击打，杠杆的灵活应用使得这种粮食加工工具成为最简单的机械设备。支点的变化用来调节杠杆结构与力学关系，而对于其平衡原理的掌握则是依靠施力者自身的配重与位置变化进行调节，虽然壁画中并没有设计相应的扶手，其结构样式则完全从原始踏碓造型中脱颖而出，怀仁崔府君庙追罪司缸碓与山阴白台寺踏碓及高平市定林寺踏碓并没有走出其农业生产工具的基本形制，虽然成了"地狱世界"的一种刑具，但实质的内核并没有变化。

[①] 王进玉. 敦煌文物中的农史资料［J］. 古今农业，1991：218.

图 4.25　定林寺分体式踏碓

图 4.26　五代踏碓

图 4.27　西夏踏碓

图 4.28　长治故县村宋代壁画墓踏碓

图 4.29　敦煌莫高窟 465 窟元代踏碓

144

二、明代山西寺观壁画踏碓的流变

作为粮食生产加工工具，踏碓被频繁地出现在描绘地狱世界的壁画中。第一，由于采用了脚部施力，能够带起更大的碓锤，踏碓在简单机械设备中属于高强度的击打设备，通过脚步施力能够产生极大的下击式能量。这在一些谷物加工当中十分重要，而地狱世界引据此工具的作用正是因为它能将物体下砸为粉碎状甚至齑粉状，其力量是巨大的。因此，为了达到骇人的效果，踏碓被设计成为各类刑具是不二选择。第二，杠杆的随意调节能够满足各个年龄层次的工作人群，在汉代出土的明器陶碓中发现，单栏杆扶手并不是出现在元代以后，汉代的踏碓就有这种样式，但大部分唐代之前的碓架更加简便，手扶的部分被设计为两个尖状物和方形碓架，这是不利于站立式作业的，结合这一时期人们的生产状况，唐代之前晋中地区的碓机应该属于坐压式工作，而非脚踏式，但雁北地区北朝的碓机显然已经进入踏碓行列。而在太原出土的隋代陶碓明器当中有向后的尖状物的设计实则是方便工作人员侧握。隋唐时期的碓架与汉代并没有更多的革新，粗重的碓杆本身会产生较大的重力，这使得作业更加辛苦。而且杵臼与碓架整体的设计增加了制作的困难。唐代之后，碓架开始走向轻量化设计，人们可以在作业当中进行短暂休息，等臂碓杆的宽窄设计是单脚施力和全身施力的关键，类似跷跷板的工作方法更有一种游戏的参与感，削弱了高强度生产中的心理疲劳。第三，与大同北魏的陶踏碓相比，碓杆并没有做前后的变化，而碓架的高身设计显然是为了获得更大的下击力，这在一定程度上降低了踏碓作用频次，却增加了作业击打的力量。山阴白台寺踏碓的辅助绳索是实现重击的重要辅助手段，这种踏碓在如今并没有遗存，而这也正是壁画图像在科技史记录中的重要作用，人们对于踏碓的施力方法，显然可以是手脚并举，颠覆了传统粮食加工机械的单一化设计。这三幅明代壁画中踏碓工作原理基本相同，虽然与同时代农书上的踏碓有着一定的结构区别，但是其简便的工作方式非常适用于当地黍稷类作物加工的作业机械。"中国粮食加工工具在宋元时期已经基本定型。"[1] 明代时期的踏碓仍然在地域作物的加工作业中进行着优化和微调，这些结构的变化以增加农机效率、方便人员操作为主要目的，这也是粮食精细化加工的一种典型性变革（表4.1）。

---

[1] 胡小建. 中国传统粮食加工工具的沿革及特点[J]. 中国历史博物馆馆刊，1994（6）：15.

表 4.1　山西明代壁画中踏碓样式表

样式	名称	时代	来源	碓杆	碓头	舂臼	栏杆扶手及框架	工作方式	杠杆原理
	双人踏碓俑	西晋	河北赵县各子村	前宽后窄式设计，支点与碓架整体设计	石碓垂直贯穿形设计	地臼	单栏杆前扶手	站立式双人踩踏	支点较靠后属于费力杠杆
	陶踏碓俑	北魏	山西省大同市二电厂出土	前宽后窄式设计，支点与碓架整体设计	石碓垂直型	石臼收腰式碓缸	前弯梁把式	站立式单人踩踏	支点较靠后属于费力杠杆
	墓室踏碓壁画	北魏	山西省大同市富侨垃圾焚烧发电厂出土	碓杆为平直木杆，支点与碓架整体设计	石碓头垂直	地臼	直把型整体设计	站立式单人踏碓	等臂杠杆
	石窟寺壁画《踏碓图》	五代	甘肃省敦煌市莫高窟第61窟	碓杆为宽板式，支点与碓架分体设计	包头式石碓头	地臼	单栏杆前扶手设计	站立式单人踏碓	等臂杠杆
	石窟寺壁画《踏碓图》	西夏	甘肃省敦煌市榆林窟第3窟	碓杆为宽板式，支点与碓架分体设计	石碓垂直型	桶状石臼	单栏杆前扶手设计	站立式单人踏碓	等臂杠杆
单栏杆	《踏碓图》	明代	《便民图纂》	碓杆为平直木杆，支点与碓整体设计	石碓垂直型	敞口式石臼	无栏杆扶手设计	坐式单人踏碓	等臂杠杆
	《踏碓图》	明代	《天工开物》	碓杆为平直木杆，支点与碓架整体设计	石碓垂直型	地臼	单栏杆前扶手设计	站立式单人踏碓	等臂杠杆
	寺观壁画《踏碓图》	明代	山西省朔州市怀仁县崔府君庙追罪司	碓杆为平宽木板，支点与碓架整体设计	钟形碓头	地臼	单栏杆前扶手设计	站立式单人踏碓	等臂杠杆
	寺观壁画《踏碓图》	明代	山西省朔州市山阴县白台寺	碓杆为平直木杆支点与碓架整体设计	钟形碓头	砧板臼	单栏杆前扶手设计	站立式单人踏碓	等臂杠杆
	寺观壁画《踏碓图》	明代	山西省高平市定林寺	碓杆为宽板式，支点与碓架分体设计	钟形碓头	地臼	单栏杆前扶手设计	站立式单人踏碓	等臂杠杆

续表

样式	名称	时代	来源	碓杆	碓头	舂臼	栏杆扶手及框架	工作方式	杠杆原理
双栏杆	灰陶双碓磨坊	汉代	河南省灵宝市出土	碓杆为粗木杆，支点与碓架分体设计	石碓头垂直型	敞口形缸臼	无扶手设计	坐式双人双踏碓	等臂杠杆
	陶碓	隋代	山西省太原市沙沟出土	碓杆为粗木杆，支点与碓架分体设计	石碓头垂直型	地臼	尖状后仰式扶手设计	坐式单人踏碓	费力杠杆
	陶碓	唐代	山西省长治市王琛墓出土	碓杆为粗木杆，支点与碓架整体设计	石碓插销式	地臼	竖柱式扶手设计	坐式单人踏碓	等臂杠杆
	踏碓墓室壁画图	宋代	山西省长治市故县村出土	碓杆为粗木杆，支点与碓架整体设计	石碓头垂直型	地臼	双栏杆侧扶手设计	站立式单人踏碓	等臂杠杆
	墓室西壁壁画《踏碓图》	金代	山西省长治市屯留县出土	碓杆为粗木杆，支点与碓架整体设计	石碓头垂直型	地臼	双栏杆侧扶手设计	站立式单人踏碓	等臂杠杆
	《踏碓图》	元代	《农书》	碓杆为平直木杆，支点与碓架整体设计	石碓头垂直型	地臼	双栏杆侧扶手设计	站立式单人踏碓	等臂杠杆
	《踏碓图》	明代	《全书》《集成》《通考》	碓杆为平直木杆，支点与碓架整体设计	石碓头垂直型	地臼	双栏杆侧扶手设计	站立式单人踏碓	等臂杠杆

第四节　石磨工艺的发展与圆形石磨的力学分析

一、山西圆形石磨的形成

作为中国原始谷物加工农具，石磨的发明，开辟了人们从"粒食"进到"面食"的新阶段。"粮食加工的多样化与精细化，为我国饮食结构的构成，以及饮食文化的丰富性提供了基础"[①] 同时，也是因原始高级采集的出现伴随而来。

---

① 范楚玉. 我国古代农业生产工具的发明创造 [J]. 文史知识，1994（12）：46.

石磨的形成早于杵臼，[①]在最初的谷物加工之中，人们通过双手手掌或者谷物互相的磋磨进行脱粒，这也是狩猎阶段向采集阶段发展的初始生产方式。[②]工具的发明解放了人们的双手，为了快速获取粮食，人们通过一根石质的圆棒在磨平的石片上来回碾压将谷物擀碎以获得精细的粮食，这种加工方式沿用了纵向磋磨的加工方式，在旧石器晚期与新石器早期最为常见，而且出现在世界各地。[③]在临夏大何庄、秦魏家两处齐家文化遗址中也出土了两件石磨盘与石磨棒并有赭石颜料残留，马洪路认为这种小巧精致的石器主要用来研磨颜料。[④]

　　而华北地区作为中国粟作物的种植起源地，石磨盘的应用非常广泛。在对山西吉县柿子滩出土的石磨盘和石磨棒进行表面淀粉残留物的检测中发现，"草本与栎属植物中的淀粉粒占到了总量的73%，也是所有可见淀粉的95%，淀粉最多的草本植物是黍科，而栎属植物主要是橡子，这些淀粉来自豆科类与块茎类植物"。同时，在对矿物质的检测中还发现了赤铁矿成分，可见当时石磨盘是兼作磨制赤色颜料的工具被广泛使用。赵世纲认为，由于在裴李岗文化和磁山文化当中，伴随了大量的骨针，这是服饰制作的象征，而石磨盘和石磨棒能够很好地对兽皮进行揉制（图4.30），能够形成柔软的皮革，这无疑是对新石器石磨的功能拓展。[⑤]但长条形石磨和柱状磨棒的最后演化应当是擀面杖，杵臼的深入发展与圆形石磨的最终成型使得粮食精致化的程度越来越高，作为一种轻便的工

图4.30　揉制皮革的鄂伦春人

---

①　石磨盘的形成期为旧石器时代晚期和新石器时代早期，是典型的旱地谷物农业加工工具，中国古代原始农业经历了三个阶段：分别是原始狩猎、刀耕火种、耒耜稼穑。在进入农业耕种中期阶段，为了提高生产效率和加工质量，杵臼作为高效的生产工具代替了石磨。陈文. 论中国石磨盘[J]. 农业考古，1990（7）：21.
②　李根蟠，卢勋. 中国南方少数民族原始农业形态[M]. 北京：中国农业出版社，1987，48.
③　石磨盘早期出现在欧洲、美洲、东亚、西亚、北非等地，中国主要发现的地域有山西下川文化、河南裴李岗文化、陕西半坡遗址、河北磁山文化等地域，由此可见，早期农耕文明出现之后，作物加工的主要工具就是石磨盘。陈文. 论中国石磨盘[M]. 农业考古，1990（7）：208.
④　马洪路. 我国新石器时代谷物加工方法演变试探[J]. 农业考古，1984（7）：92.
⑤　赵世纲. 石磨盘、磨棒是谷物加工工具吗[J]. 农业考古，2005（8）：141–142.

具，从细石器到木器的蜕变使它成为粮食加工环节最终的工具端。

新石器时期的磨盘为长月形、方形或椭圆形，[①]磨棒为两端渐小的圆柱形石棒或不规则石块。这一时期的石磨以裴李岗和磁山为代表，磨盘面积较大且盘底附有柱状四足，虽然加工面积较大，但力量较小，需要经过多次反复才能够达到脱粒效果，而西安出土的圆形石磨盘与椭圆形磨石显然是做圆周运动工作，与下川石磨一样具有圆形石磨的雏形特征。[②]同样，这种石磨既有碾磨的功能，同时也能够进行击打，是杵臼替代长形石磨的过渡工具。

二、石器时代石磨的功能与作用

石磨的工作原理为连续旋转式，作为中国最古老的农业发源地，山西地区的石磨原始雏形出现在沁水下川旧石器时代，这也是中国最早的石磨盘出土，距今25000~16000年（图4.31）。在出土的文物中，有3件石磨盘为粗砂岩质，呈扇形状，占到器形原样的四分之一，在磨盘的中央为圆形的凹陷状，这种形状的形成应该是凸形磨盘配合工作时长期旋转研磨所形成，符合圆形石磨的工作原理，是山西在粮食加工工具当中现存最早的旋转式研磨盘，在山西晋东南沁水县发现了3件这样的旧石器时代晚期的粮食加工工具。其工作方式正是通过"多次连续旋转并在中间形成了下凹型的圆坑"[③]。虽然这一工作方式与后期石磨所形成的磨刀石状痕迹并不相同，但是能够连续旋转工作已经非常接近这一工具的本质特征。

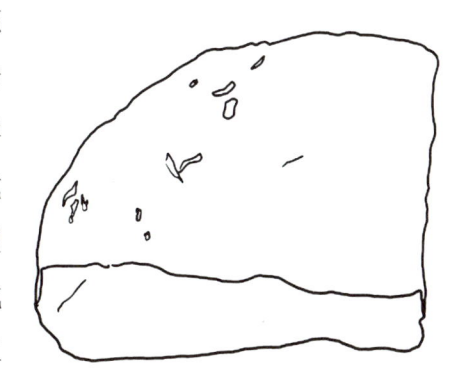

图4.31 下川石磨盘

三、圆形石磨技术的发展与成形

经过杵臼技术的衔接性发展，石磨在春秋时期开始有记载，此时称之为"硙"，但没有实物遗存，战国时期出现了真正意义上的圆形石磨，《世本·作篇》载："公输班作

[①] 刘先洲. 中国机械工程发明史第二编[M]. 北京：清华大学出版社，2004（8），60.
[②] 闵宗殿，彭治富，王潮生. 中国古代农业科技史图说[M]. 北京：中国农业出版社，1989（9），49-50.
[③] 王建，王向前，陈哲英. 山西下川遗址调查报告[J]. 北京考古学报，1978（3）：281.

碓。"在《墨子·耕种篇》中言"不可胜食也，见人之作饼"，而此处的饼显然是经过精加工之后的面粉所做的食品。① 由此，圆形石磨的出现不仅是作为粮食加工工具，更是饮食方式革新的标志。② 石磨的发展期在汉代，而且这一时期有大量的明器出土，其中一大部分是和踏碓结合组成"石磨踏碓"样。在结构上，采用两块硬质花岗岩凿成圆形的磨扇，下扇部分由短轴固定在磨架之上，上扇则重合叠放其上，磨扇中间的衔接面凿成各类纵横交错的纹理来增加摩擦力，同时也是破碎面。在磨扇上方开出圆孔，麦粒、谷物、豆菽由此倒入，通过旋转上扇进行磨制工作。③ 关于踏碓与石磨的组合关系，主要是粮食进入精加工阶段，为了提高效率，从而形成的一种工具间的配合。

石磨早期的磨齿面为蜂窝状，至东汉之后逐渐产生了斜线形排列，一种为辐射状线条，另一种则是纵横相交的斜齿。④ 这也标志着石磨从单纯的干磨技术发展到可以导流出浆的湿磨技术。如果说干磨技术为小麦的加工奠定了基础，而湿磨工艺则为食物形态的转化提供了可能。在中国早期的食谱当中，除了黍稷类作物，菽类植物的驯化与培植极早，而菽类中的大豆在战国时期已经成为北方地区最重要的粮食作物，这一时期的文献更是菽粟并提，强调其在人们日常生活中的重要性（表4.2）。在当时的物质条件之下，粮食的简单化是困扰着人类不断提高的饮食需求，由于粮食的精细化程度越来越高，因此，人类的口腔和消化系统需要人们提供更加细致且营养丰富的食物。大豆通过石磨的湿磨为浆，可以进行蛋白质的沉淀，通过煮沸与点卤，形成一种新的食物——豆腐。关于豆腐的起源问题，学界争论极大，在所传的《淮南子》中未有半字记载，而至宋代方有文字著录，而相传的豆腐的始祖淮南王为汉代人，却难考证。而河南密县打虎亭1号墓出土的画像石有着类似豆腐制作流程的图像，⑤ 并且排除了这一图像为酿酒或制醋，非常明确指向豆腐。宋代之后，关于豆腐的记载大量出现，而明代的李时珍更是对工艺制法记述得非常详细。⑥ 而经过人力能源到畜力能源的转换，石磨的工作强度自然成倍地增长。

---

① 刘兴林. 对中国古代粮食加工技术发展的认识和思考［J］. 中国经济史研究，1993（3）：85.
② 张凤. 中国古代圆形石磨相关问题研究［J］. 华夏考古，2016（2）：61.
③ 张正涛. 汉晋时期的粮食加工机械［J］. 中国历史博物馆馆刊，1989（6）：52.
④ 胡晓建. 中国传统粮食加工工具的沿革及特点［J］. 中国历史博物馆馆刊，1994（6）：12.
⑤ 文物编辑委员会. 文物考古工作三十年［M］. 北京：文物出版社，1981（1）：284.
⑥ ［宋］寇宗奭. 本草衍义［M］. 北京：中国科技史料，1981：85.

表 4.2　战国时期关于菽粟的文献记载

文献来源	《墨子·尚贤忠》	《孟子·尽心章句上》	《晏子春秋》	《墨子》	《战国策》
记载内容	贤者之治邑也,蚤出莫入,聚菽粟,是以菽粟多而民足乎食	贤人治天下,使菽粟如水火,而民焉有不仁者乎	菽粟深藏	耕种树艺,聚菽粟	无不被绣衣而食菽粟者

第五节　石磨及力学分析

一、单人手推卧式磨的工艺分解及历史沿革

石磨早期的形态为长条状,而战国时期样式骤变形成了圆形轮式结构的旋型生产工具,这一变革显然是受到了其他工具的影响,而回顾中国使用轮制技术的工艺,以制陶和琢玉为代表,因此,石磨(图 4.32)的出现应当是受到类似工具的启发进行的工艺革新。连续的磋磨力在蕾粉这一工艺当中成为唯一的工具,但早期的旋转石磨在体积上较小,基本的结构定式为双磨盘,下扇固定,上扇侧边开有方榫眼,这是驱动木柄的安装位置,进入汉代之后,由于小麦种植的推广,这种石磨更加常见。[1] 河南密县打虎亭画像石的石磨(图 4.33)同样属于这种类型,不同之处在其旋转的柄由直变曲。汉代流行的单人小磨还有一个极大的不同之处在于,上部进料口设计为锥形,其粮食的出口位置在磨盘底部,从满城汉墓的刘胜墓中出土的石磨来看,

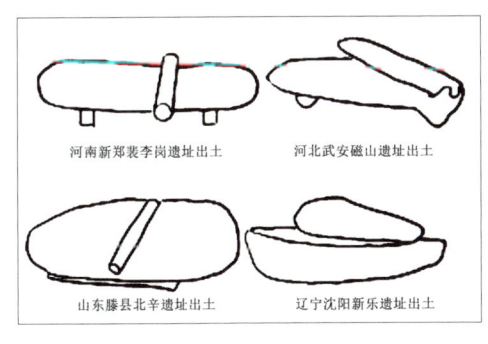

图 4.32　早期石磨、磨棒

图 4.33　河南密县打虎亭 1 号墓出土画像石

---

[1] 胡晓建. 中国传统粮食加工工具的沿革及特点 [J]. 中国历史博物馆馆刊, 1994 (6): 11.

粮食出口设计在磨下,且有一个大型的铜漏斗,磨的旁边还有推磨牲畜的尸骸,[①]铜漏斗的设计表明当时由于石磨纹理不够合理,造成磨制不完全,需要复磨才能够形成精细的豆浆或面粉。而此磨的尺寸相对较大,推磨的装置由上部变为侧面,这种单向操作杆由牲畜驱动之磨代表了汉代石磨的新高度,而如此巨大之磨则是放置在由木质榫卯承托的卡架之上,木构之牢固可承受大型牲畜的牵引,可见巧工(图4.34~图4.38)。而磨齿的变化在汉代日渐成熟,由单一的枣核放射状到直线辐射样再到最

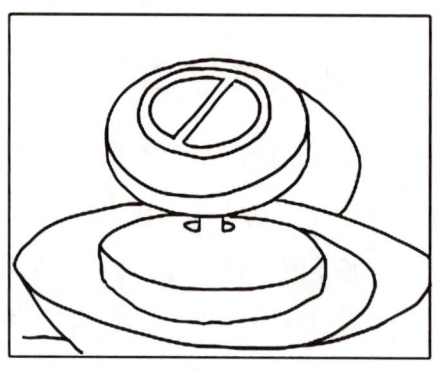

图 4.34 汉代手推磨　　　　图 4.35 汉代石磨内部结构　　　　图 4.36 小型手推磨

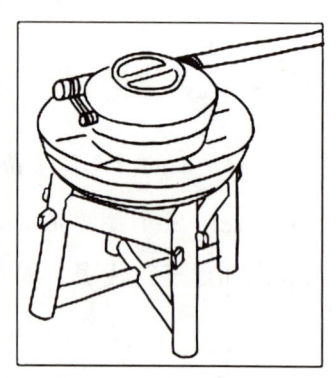

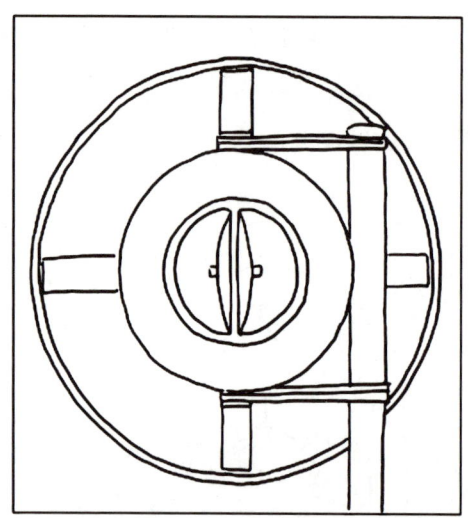

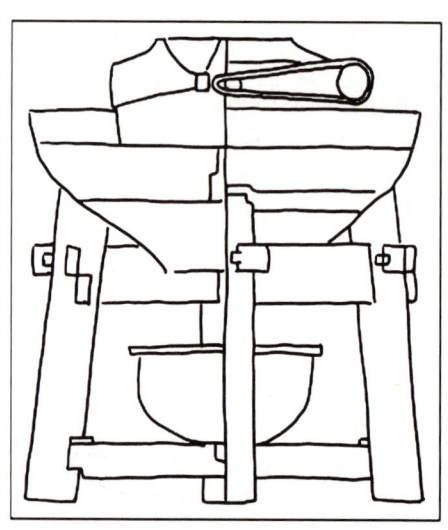

图 4.37 河北满城石磨结构　　　　图 4.38 满城汉墓带铜漏斗的石磨

---

① 石磨高18厘米,直径54厘米,腰部上口径可达94.5厘米,下口径29厘米,高34厘米。卢兆荫. 张孝光. 满城汉墓农器刍议 [J]. 农业考古,1982(4):93.

后的分区斜线纹,避免了作物残留,增强了粉碎功能。[①]而根据出土的陶磨与具体的石磨研究发现,此时的磨盘主要以圆形浅纹为主(图4.39、图4.40)。在山东邹城出土了两件西晋时期的石磨,第一类属于托盘式石磨,上下扇都是圆饼状,但上扇大于下扇,这种处理应该是为了方便粮食导出。中间设置了半开放式的托盘用来盛放加工后的面粉或米浆;第二类与满城汉墓中的结构有着相似之处,上下两扇大小一致,下部处理为锥形漏斗状,用来盛放粮食。在磨齿的处理上,采用了分区式处理,而第二类则根据漏斗的形状采用了旋圈式磨道。这两类石磨都属于单人操作(图4.41~图4.43)。而这一时期最为辉煌的机械成就就是"牛转连磨"技术。[②]而这些技术说明当时人们已经懂得"包角"的大小在摩擦传动中的作用,并对增速和减速有了清晰的概念。[③]

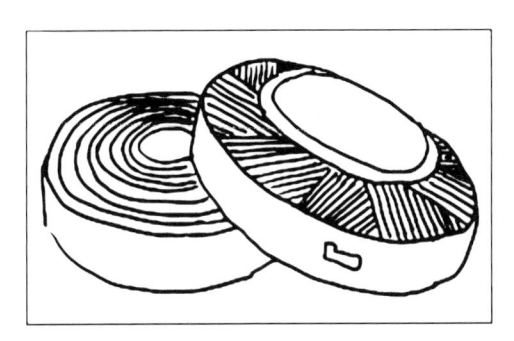

图4.39 洛阳烧沟汉墓西汉石磨

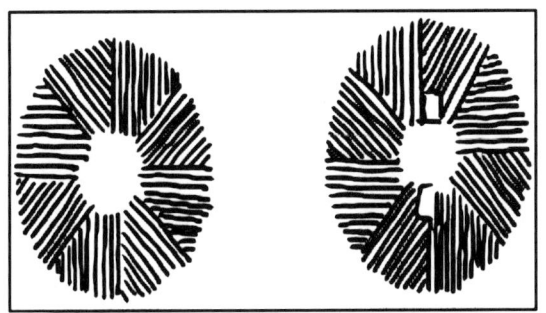

图4.40 东汉江苏徐州十里铺出土的石磨上下盘

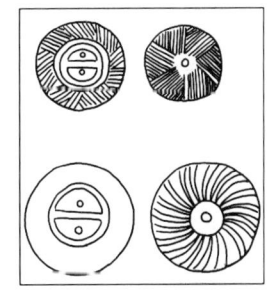

图4.41 邹城刘宝墓石磨

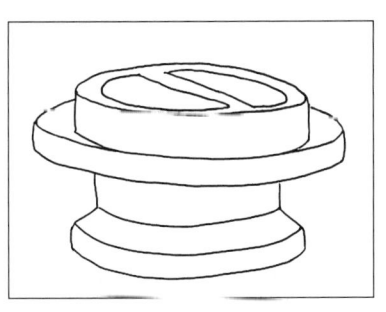

图4.42 邹城刘宝墓石磨浅盘磨

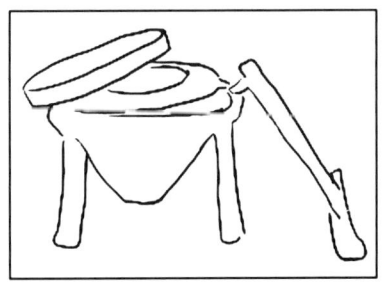

图4.43 漏斗磨

---

① 张凤.中国古代圆形石磨相关问题研究[J].华夏考古,2016(2):62.
② 胡晓建.中国传统粮食加工工具的沿革及特点[J].中国历史博物馆馆刊,1994(6):14.
③ 范楚玉.我国古代农业生产工具的发明创造[J].文史知识,1994(12):46.

隋唐是中国石磨的定型阶段，隋代张胜墓中出土的两件陶磨（图4.44）基本与后世没有多少区别，①磨扇采用放置在平台带束腰的做法，且无托盘，锥形磨底业已消失，磨柄设计在磨扇上部边沿，垂直插入锥形手柄，方便手握。这种磨的样式在随后的发展中只是体量进行变化，磨齿则是由利用了六组或八组划区的斜线组成，②其中上下磨盘的咬合象征了太极阴阳循环之理。小型单人手推磨在隋唐成型并且延续至今，在加工一些较少的谷类作物作业中往往用此种工作方式。

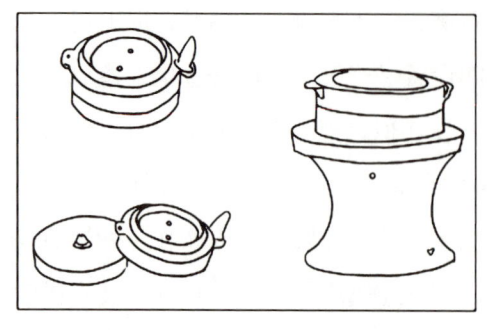

图4.44 隋代张胜墓的两件陶磨

二、从"二人推磨"的农具定型到"二鬼推磨"的力学分析

石磨的驱动力有人、牲畜、水能和风能，其中应用最为广泛的当属人力。早期的小型石磨以单人生产为主，当粮食加工需求不断加大的时候，在多个方面对石磨都有要求。首先，在体量上必须增大，但石磨增大之后，其磨齿之间的摩擦面也会增加，伴随着需要更大的驱动力。因此，两人同时作业能够满足这一工作需求。

二人推磨的陶俑并没有在西汉墓葬中出土，在唐代之后壁画当中却是多见。在敦煌莫高窟第61窟（图4.45）中出现了两位农夫推磨的场景，而且，在画面的左侧上方有"灵口之磨"的榜题。③高启安则对这幅壁画中的石磨予以质疑，首先，推磨的方式不应该为顺时针走向，应该是相反的逆时针方向。④这一点任长义进行了争辩，他认为古代推磨如同天体运动，而天象星宿的观测都是顺时而为，因此，古之推磨亦可顺时。⑤此外，

图4.45 五代敦煌莫高窟第61窟西壁二人推磨图

---

① 考古研究所安阳发掘队. 安阳隋张盛墓发掘记[J]. 考古，1959（10）：544.
② 中国农业博物馆农史研究室编. 中国古代农业科技史图说[M]. 北京：中国农业出版社，1989：193.
③ 王进玉. 敦煌科学技术画卷[M]. 北京：商务出版社，2001：69.
④ 高启安. 莫高窟第61窟"五台山灵口之店推磨图"之我见[J]. 敦煌学辑刊，2001（1）：113.
⑤ 任长义. 莫高窟第61窟五台山图"灵口之店"性质再议[J]. 黑龙江社会科学，2006（5）：155.

高启安先生认为推磨之人手中的杠子并没有与磨盘连接的绳子，因此，怀疑图中上方的白色之物应当是发酵后的白面，而这幅图也是压面图而非推磨。① 对于这一问题，如果能够观看到山西长治市故县（图4.46）和屯留金代（图4.47、图4.48）的石磨，自然迎刃而解，这一时期的磨杠确是放置在磨盘之上，而如何与磨盘连接确实在外观无法体现，但有一个解释较为合理，就是木杠利用暗榫的结构与磨盘连接。

图4.46　长治故县村宋代壁画　　图4.47　屯留金代墓室西壁壁画石磨图　　图4.48　屯留金代墓室东壁壁画辘轳图

宋金时期山西墓室壁画呈现了相同的样式，长治市故县村墓室南壁中部的拱门朱雀纹的两端绘制了《踏碓石磨图》（图4.49），② 这种样式在宋代已然是主流搭配，区别于粮食粗加工的场上作业，精加工作业在工作地点的选择上相对讲究。这幅图像在右侧的石磨图旁有辘轳和水井，表明了此处的石磨为湿磨作业，无论加工菽类或是黍类，都与当地的饮食习惯有着很大的联系。相距不远的长治市屯留县宋金壁画中在西壁的假门上方和东壁两侧同样绘制了踏碓、石磨、水井、辘轳、簸箕等农业情节，③ 宋代已经将粮食精加工场景作为升天引导和连通宇宙的仪式。这一时期形成的"二人推磨"代表了人力磨制加工技术的成熟。这一时期的磨台与汉代相近，敦煌壁画中的磨台为红砖所砌的圆柱形，故县村磨台与隋代张盛墓相仿，收腰鼓状。而屯留金墓中的磨台则是敞口形设计，磨台与磨的比例为1:1，推测高度应该45厘米左右。

图4.49　长治故县村墓室拱门踏碓石磨图

---

① 高启安. 莫高窟第61窟"五台山灵口之店推磨图"之我见[J]. 敦煌学辑刊，2001年（1）：112-113.
② 朱晓芳，王进先. 山西长治故县村宋代壁画墓[J]. 文物，2005（4）：52.
③ 王进先，杨林中. 山西屯留宋代金代壁画墓[J]. 文物，2003（3）：46-47.

明代寺观壁画中的"二人推磨"遗存在山西朔州崇福寺（图4.50）与大同华严寺的千手千眼观世音手中（图4.51）。这两幅图像中的石磨较宋金时期有三点变化：①石磨的体量更加巨大，直径有一人之高，由于石磨较大，磨台的高度骤降，与石磨相比为1∶3，高度20厘米左右，石磨的直径超过200厘米，尤其是在华严寺的壁画石磨的面积极大，而且两位红衣壮汉正在奋力推磨，显然费力之极。②磨杆的变化，这一时期的磨杆全部插入上磨扇式设计，这种设计显然更加符合人机工学，距离地面70厘米左右的高度使人在腿蹬手推之时能够将全身之力全部压上，而宋代磨杆设计在磨扇之上在推动时多用上肢力量，缺乏腰部力量的参与，这一改变能够让身材较矮之人参与。③入仓口的变化，相对汉代和隋唐时期，将放入粮食的仓口合二为一并置于中心，更加符合轴心部分粮食的分流，而由于壁画并非为处理粮食所用，此台巨磨的作用是惩戒工具，用来磨灭恶鬼，因此，入口设计极大。除此以外，为了方便菩萨手的托举，石磨之下还设计了一个非常巨大的地台，应当有收集面粉之用。

图4.50 朔州崇福寺石磨　　　　　图4.51 大同华严寺大雄宝殿壁画石磨图

明代寺观壁画中还有一类形式为"双鬼推磨"，怀仁崔府君庙西壁"磨勘司"（图4.52、图4.53）与高平市定林寺（图4.54）中的都有此类图像，样式为两只恶鬼手推两扇大磨磨勘恶鬼的场景，而"磨勘司"的设置也正是在明洪武三年（1370），洪武二十年（1387）复罢，历经两置两废，是典型的明承宋、元制并走向明代特色的痕迹。[①]而该机构也一直被误认为是大理寺的替代机构，实则不仅限于司法活动，更是负责磨勘天下钱粮。[②]将此短暂的机构放置在地府当中，似乎有警示人们奉公守法，洁身自好之教

[①] 黄阿明. 明初磨勘司论考[J]. 社会科学辑刊, 2013 (4): 127.
[②] 王伟凯. 明代磨勘司职能考辨兼论《明史·大理寺》目下的一丝差错[J]. 社会科学辑刊, 2007 (2): 148–149.

化。即使是如此短暂的机构，壁画中仍然给予附会，在内容上虽然也是劝人向善之功用，但细观石磨发现也有一定的改动。首先，作为地狱世界描绘的场景，推磨之人改为两名恶鬼，自然红毛绿体甚是可怕。另外，磨台由石台变为由木质结构组成的桌台，定林寺由于漫漶严重，因此，不可见其细节。在石磨的外部装饰上，崔府君庙中的石磨外部全部雕凿了直线纹样，粮食入口设计在中心左侧。其中，共有五力在其中作用。首先F_1代表了磨杆对人的弹力，而F_N代表地面对人的支撑力，f是地面对人的向前的摩擦力，G是人的重力，F_2是磨中人对第二个人的弹力。很明显，为了获取更大的驱动力，图中有了第三人的参与，用来提高石磨效率。"双鬼推磨"有着极强的现实性，虽然在体量上没有崇福寺壁画之巨，但是，磨的形式代表了明代晚期民间石磨的典型样式。

图 4.52 怀仁崔府君庙西壁磨勘司"双鬼推磨"图 　　图 4.53 怀仁崔府君庙西壁"双鬼推磨"受力分析图 　　图 4.54 高平市定林寺"双鬼推磨"图

除了二人推磨外，《农书》中还有"二驴拉磨"图（图 4.55、图 4.56）的样式，采用了矩形木框结构对毛驴进行牵制，石磨上扇边沿则有铁环将木框加固，这一设计使畜力能够很好地发挥其能效。图中共有四种力的关系，F_N地面对驴的支持力，f是地面对驴的摩擦力，F是磨杆对驴的弹力，G是驴的重力。畜力的使用解放了人类双手，同时，也避免了人长期从事如此枯燥繁重的劳作。明代石磨是继承了唐宋工艺基础，又根据具体的粮食加工技术演化出来的具有地域特色的磨制工具。这些壁画中的人物全部呈逆时针状进行推磨，这种运转方式是汉代之后因分区磨齿最终确立而形成的单旋磨，[1]也是石磨技术高度发展的象征，而单旋逆时针的转动更加方便人们使用右手对磨的控制，是发挥人力能效的关键。

---

[1] 任长义. 莫高窟第61窟五台山图"灵口之店"性质再议［J］. 黑龙江社会科学，2006年（5）：156.

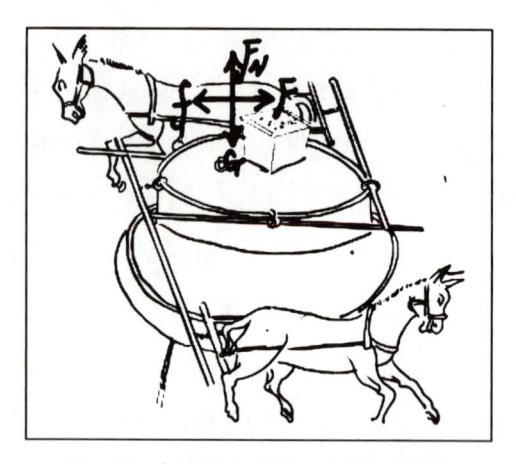

图 4.55 《农书》"二驴拉磨"图　　　　　图 4.56 《农书》"二驴拉磨"受力分析图

第五章 计量工具研究

在古代农业生产活动中，如果按照春耕秋收的说法来推断，将粮食运输囤积并不在其中。但是作为一个整体而完善的加工系统，迅速而有效地完成粮食的储存是保证劳动成果归粒入仓的收尾环节。其涉及如何计量，及利用何种工具进行运输，均是一些农业科技工具范畴。

第一节　物理计量的变迁与壁画中器具的交集

山西寺观壁画中主要涉及量器和衡器类。主要有以下几种：秤、斗、挑、担、桶、袋。在古代量器变迁和发展中，秤与斗是最为重要的计量工具，其精准的计量单位被广泛而普及地进行了推广。而桶和袋，由于没有固定的单位与统一的容积，因此，一般并未被算作正规的量器予以标准化计量。实际上，早在秦国时期，桶就在民间作为计量工具被广泛使用。口袋则是粮食盛装的最终形式，虽然并没有明确其量度单位，但民间在归纳收成与成果时，总以这一单位进行衡量。这两者既承担了装运的功能，同时也肩负了计量的使命。只是由于在不同时期、不同地域在使用计量单位时，则过度强调它们的功能属性，而忽略了其量器的功能。

中国的度、量、衡发展史极其漫长悠远，同样可以追溯到上古时期。五种不同的计量方法包括：度、量、衡、里、亩。黄帝同样被神话为创造度、量、衡单位的始祖。诚然，这是一种附会之说，却也充分说明度、量、衡产生的时代，势必是早于国家的形成，应该在氏族社会就开始发生，并且不断演化来提高精确度，促进公平。度量衡的产生与起源，在世界各地说法不一。从考古学的角度来看，1987年贾湖骨笛的出土，似乎印证了度、量、衡来源于音律之说。但是短笛并不能够解答长度、容积和重量的具体来源。这种将三种物理计量集于一身的推断，显然证据不足。因此，农业生产的问题，还需从自身着手。"秬黍说"成为最具代表性的起源论断。此中的秬黍，就是产自山西上党（今长治地区）的黑黍。将一黍之长、重、大小作为基本单位来考量其他物体的物理属性，显然是具备了充足的论据。

随之而来的问题，虽然秬是一种较大的谷物，即使能够找到体积相同的此类谷粒，排列出一定长度，仍然具有极大的困难。同时，由于生长周期的不同和植物土壤的区别，黍的长度出现了较大的区别。因此，这一学说虽然在世界范围内广泛认证，却也存在着较大的疑问。而较为直观和消弭于民间的学说则是"体长说"。根据人身体的长度，或者肢体的跨度进行量度是最为便利的途径。诸如：利用秬长来作寸，臂长来作尺，这些都是沿用至今的方法。在世界科技史的长河中，中国和西方都有利用手脚进行丈量刻度的传统。

无论有多少种起源论，度、量、衡来自物物交换，则是不争的事实。早期的部落氏族在进行以物易物时，只是进行着简单的单体物体的交换，并没有涉及较为复杂的价值判断。当氏族之间的相互馈赠变为民间活动以后，不同种类的物品出现时，势必会产生标准与价值决断的问题。频繁的交易，更加促使部落之间必须寻找能够平衡这些差异的方法。从平直的树枝到缠结的麻绳，从粗重的陶器到植物的外壳，这些都是评判原始物理长度、重量和容积的主要工具。随着农业分工的不断细化和畜牧业的发展，更加精确的度、量、衡单位出现在部落氏族之间。在私有制推波助澜的作用下，货币的出现也改变了物体交换的方式方法。人们渴求有更加精准的工具来帮助他们实现公平的交易。此时，人们将目光放到了日用器上面，将这些常用的器皿标准化，是推动度、量、衡发展主要的驱动方式。同时，国家的产生和行政命令的干涉，也促进了这些标准化器具的推广。

山西明代寺观壁画中出现最多的度、量、衡工具，即容器量具，且以升、斗类居多。此种工具是如何演化并不十分明晰，但触发升、斗进行革命性变革的应是人之双手。起始阶段，人类是采用单手抓物称量物品的多少，称之为"溢"。顾名思义，意指由指缝而出，不可多盛。利用双手捧物或盛装粮食，同样是最为简单和原始的动作。通过这一动作，能够进行较多物品的转移。由于双手呈尖底状覆斗状，能够更加稳定，同时满负荷的位移，此一形式称为"掬"。由这一捧演化出来的则是最基本的容量单位。满四掬称之为一豆。而四进制的容器工具包括了豆、釜、区。这些器具在早期是陶器，而后演化为青铜器。相对应的还有十进制的容器：斗和斛就是最为典型的代表。[①] 斗的成型，使得量具形成了最为典型的样式。同时，也在朝代的更迭中演化改进。它既是盛装容器，而在重量和尺度上也反映了当时政治生态对社会的影响。

第二节　斗的样式形成与时代流变

从山西寺观壁画中的量器可以看出，明代以来，量器最为广泛的形制和样式为"斗"。这种倒覆形的最终确立经过了漫长的岁月演化而成。从上文得知，量的标准单位值在各个历史朝代不断地递增，其器形样式同样在不断地附和随变。这二者相互支持，成为具有绝对标准单位的量制容器。

远古时期，人类只是利用双手相掬进行着简单的称量，在石器时代，则开始使用陶器进行相对意义上的粗量。直到上古三代以降，青铜器的出现，才真正意义上获得了一种相对精确的容器。但这些只是出现在后世的文献记载，并没有实物出土，因此，缺乏有力的物证来进行相佐。春秋战国时期已经到了奴隶制末期，开始出现一些具有实际意义上的容器，早期大宗的礼器和明器渐渐地减少，而标有刻度和铭文的量器取代了那些没有实际用途的饕餮纹器，开始为人的生活服务。1991—1992 年，文物发掘尤盛。首先是在齐国旧都临淄出土了大量的铜量，这些量器集中在永流乡和梧台乡两地。器形的主要造型分为两个部分，第一部分为单柄尾端下垂的手柄，连接着上大下小的圆形容腔，上边口径 8.1～13.9 厘米，下底口径 5.6～10.2 厘米，其上下口径相差 3.5 厘米左右。从这一时期的铜量可以看出，上大下小容腔已经初具形态，不同之处是圆形的容腔。通过容器的铭文"右里敀"可知应为官量。这种量器为春秋早期开始使用的量器，其最终的样式并没有具体的变化，在中国 20 世纪七八十年代，我们仍然能够看到用铝、铜制成的形制相同的舀水瓢被广泛地应用。可见此种量器在开始设计阶段就具有着广泛的适应性和使用价值。

春秋战国期间，除了此种铜量以外，铜釜的广泛应用亦从出土文物中可见一斑。同样在山东，出土于胶县的"子禾子铜釜"（图 5.1）和"陈纯铜釜"（图 5.2）等三件量器在青铜史上占有极高的学术地位。这两件铜釜造型完全仿照了新石器时代的彩陶器形，

---

① 黄淑珍，赵富强. 中国古代度量衡的起源和发展 [J]. 雁北师院学报，1998（10）：19.

图5.1 子禾子铜釜 　　图5.2 陈纯铜釜

短颈、鼓腹、双耳与商周时期的足形釜截然不同。缺少了威严冷峻，增添了简单温润，这是青铜器走向实用性的有力表征。虽然这一时期的青铜量器成为主要的材质，从出土的量具整体来看，陶制量器的延续是民量的主要选择，这种量具加工方法简单、材料易得，容器主要是一些容腔较深而无过多变化的豆、区、釜类组成。虽然它们也可以作为官量，但陶制容器在加工过程中由于水分的挥发导致形体收缩，并且极易受到外界环境的影响而发生损坏，这些特点导致其不能够作为标准的单位量器，徘徊于官、民之间，实用器和量器之间。青铜材料成为标准量器的不二选择。[①]春秋期间，鲁国是重要的一方诸侯，而出土的量器却没有，在其周围的几个小国却在近代有量器出土，尤其是邹国（图5.3），20世纪50年代至80年代出土了一种鼓腹双耳的量器廪陶量，其周身以弦纹和密集的竖刮痕组成，并由带状凸起纹分隔，是使用在仓廪当中官用，并与齐国的田家量容积相仿，在20000毫升上下。而量口的变化是为了更加快速地进行装入粮食，双耳由环形改为里粗外细的直柄是为了增加工作效能，加强双手握柄，实现快速旋转倾倒动作。而齐国、韩国（图5.4）、魏国、赵国等出土的大量陶量当中，属于或直桶或鼓腹或阔底的陶量占百分之五十以上，这些陶量，摒弃了耳柄设计，光滑的外壁饰以简单的弦纹刮痕来增加与手的摩擦，这使得工作效率进一步提高，而器皿的作用更为单纯。楚国郢大府铜量（图5.5）的单耳为直桶造型，耳柄圆环较小在中间部位，可容量1000毫升左右，这种器形在后世中不断演进最终成为生活中杯形器皿之鼻祖。秦国方升是商鞅变法的重要产物（图5.6），通过土地垦荒的揭幕演化为各类制度的标准化的高度

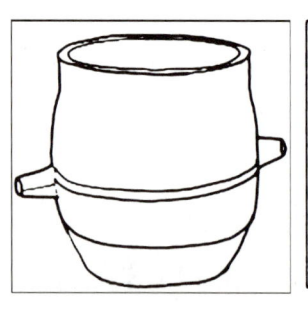

图5.3 邹国廪陶量　　图5.4 韩国陶量

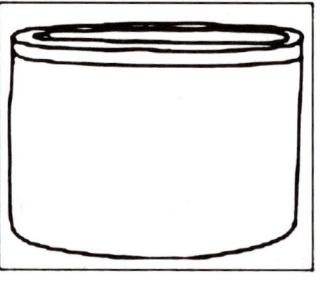

---

① ［汉］班固. 汉书·律历志［M］. 卷二十一，上海：上海古籍出版社，2008：972.

统一，在《史记·秦本纪》中记载有"秦孝公十年，卫鞅为大良造"，[①]商鞅升就是在其任职大良造期间亲自铸造，而一升的容积就此提出，即 $16\frac{1}{5}$ 寸的积，为 16.2 立方寸。[②] 尽管如此，出土方升的容积仍然从 200 毫升 ~2000 毫升不等，可见，在秦代同样经历了量制变大的改革。方升的造型呈长方状，单柄中空，可接入木柄，增加动力臂以提高装仓效率。从出土的十余件方升来看，其容腔由方形演化为椭圆造型（图 5.7），目的是通过减小受力面更加顺利地插入谷堆盛取粮食，这一设计是提高称量功能的典型表现。

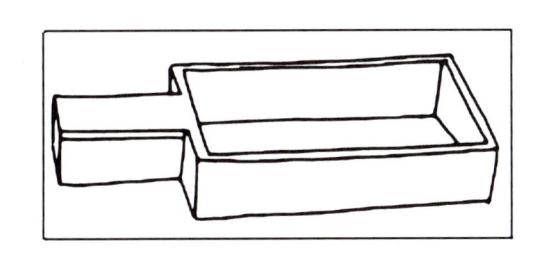

图 5.5　楚国郢大府铜量　　　　图 5.6　秦国方升

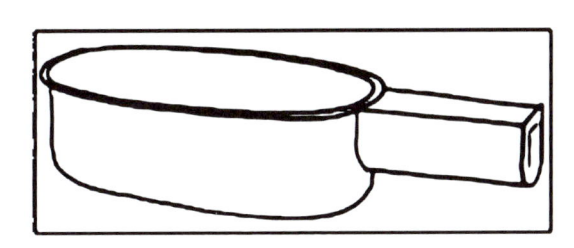

图 5.7　秦国武城椭圆形铜量

综观战国时期量器的造型，由简单向复杂，由粗简到精致，虽然容积单位不尽相同，材料选取不一，而口、底、柄又是变化最多的部分。这些器皿在一定程度上都有合二为一的实用价值，大量陶制量器的出现，说明量制单位在战国的普及性程度极高。

汉代铜量（图 5.8、图 5.9）基本服从了先秦时期的主要规制，尤其是对秦代铜量的继承一如翻版（表 5.1）。从出土的量器来看，西汉时期主要有两种量器，短柄的大铜量和长柄的小铜量。短柄大铜量长度从 20 厘米 ~30 厘米不等，高度最高超 9 厘米，铜量的盛装口为椭圆形或圆形，底部或为平底或为半球底。这也是秦代铜量的遗痕。短柄为中空，可以接入木柄。外壁并有铭文，多为篆文，镌刻了铜量的量值单位，容积为

[①]　[西汉].《史记》卷五 [M]. 北京：中华书局，1954，76.
[②]　邱光明，邱隆，杨平. 中国科学技术史·度量衡卷 [M]. 北京：科学出版社，2006，166.

1000毫升左右。小铜量均为长柄，容器部分呈上宽下窄的桶形样式，在柄的末端有圆形小套环可系软绳用于悬挂，此类铜量多为成套出现，长度从4厘米~9厘米不等，容积最少的不足1毫升，最多的也只有7毫升左右。用途多为精细量器，用来盛装药物。这一时期的量器在类型上趋于多样，能够提供不同量值，将量器与衡器的作用兼容并蓄，实属巧妙。

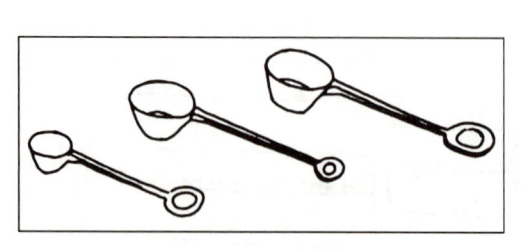

图 5.8　陕西咸阳小铜量

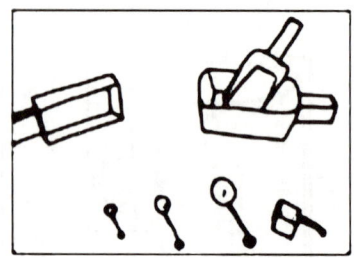

图 5.9　山西常家园秦汉复原的小铜量

表 5.1　秦代方升容积单位量制表[①]

名称	长度（厘米）	宽度（厘米）	容腔长（厘米）	深度（厘米）	容积（毫升）	馆藏地点
始皇诏铜秦方升	18.7	6.9	12.5	2.5	216	上海博物馆
始皇诏铜秦方升	18.7	8.4	14.5	2.6	210	中国历史博物馆
秦武城椭圆形铜量	24.3	8.3	16	4.8	485	中国历史博物馆
始皇诏铜秦方升	20.5	9.5	15.6	5.5	495	中国历史博物馆
秦始皇诏椭圆形铜量	24.6	9.8	17.8	4.8	490	天津历史博物馆
秦始皇诏椭圆形铜量	20.8	12	15.1	5.4	495	旅顺博物馆
秦两诏椭圆形铜量	23.3	10.2	18.1	6.8	650	上海博物馆
秦两诏椭圆形铜量	30.3	16.4	25.3	9.8	2050	中国历史博物馆

新莽嘉量（图 5.10、图 5.11）的出现无疑具有划时代的意义（表 5.2）。在制造工艺上，将五量合为一体，正如《汉书·律历志》记载："上为斛，下为斗，左耳为升，右耳为合、龠"，从容积、面积、尺度上对这一时期度量衡的标准进行了确定。新莽嘉量在结构上完全与前朝量具区分，在双耳的设计上兼具了握柄和小型量器的功能，同时上下

[①] 国家计量总局. 中国古代度量衡图集[M]. 北京：文物出版社，1984，58-68.

分层的设计能够满足更为细致的容积测定，由 10 毫升到 20000 毫升的跨度，中间值分别是 20 毫升、200 毫升、2000 毫升，一种量具能够兼顾到如此多的测定值范围，除了工艺的精巧，还有对空间单位的完美测算，新莽嘉量势必成为量具史中的经典。

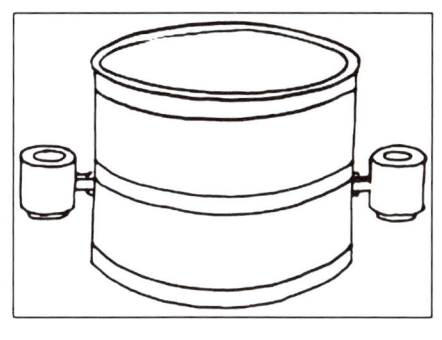

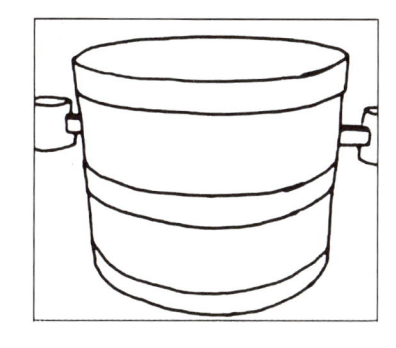

图 5.10　新莽嘉量　　　　　　　　　　图 5.11　山西常家庄园复原的新莽嘉量

表 5.2　新莽嘉量数值

名称	直径（厘米）	深度（厘米）	容积（毫升）
籥	3.231	1.2865	10.65
合	3.29	2.4165	21.125
升	6.494	5.7795	191.825
斗	32.5645	2.2675	2012.5
斛	32.948	22.895	20097.5

从魏晋以前出土的器形来看，圆形和椭圆形占到一多半之多，方形铜量的数量极少，但山西明代寺观壁画中反映的木斗确实以方形为主，其中的发展变化经历了前朝的诸多转折，归类唐以前的量器有如下规律：一是材质属性，主要以陶及青铜或铁为主，这三者当中尤以青铜量具为最。即使到了春秋以后冶铁技术已经非常的成熟，量器在铸造上仍然选取青铜。这其中有几个因素，首先，陶器虽然易于成型，但轮制的陶器仍然难以保证成型的稳定，泥土的干湿变化在烧制前后差异较大，因此，作为民用的普通盛具量器的流行是工艺技术所造成。第二点是铁器的铸造工艺虽然已经非常高超，但其受外界温度的影响较大，冷热缩比是误差增加的主要原因。青铜则不然，有着良好的金属稳定性。同时，模制技术的成熟完备即使在数学条件（圆周率）未成熟的情况下，仍然可以制作出王莽嘉量一样的旷世工艺。这是青铜作为量具材质的主要因素。二是功能

性，从圆形陶量到王莽嘉量来看，这些量器都是复合型样式存在，从"三量"到"五量"，从量值到度值体现了古人在度量衡设计当中"一物多用"的实用性观念。唐以前方量目前存世的有6件之多。其造型多以单柄小方升为主。秦国商鞅铜方升是其中代表。《史记·秦本纪》中记载：孝公"十年，卫鞅为大良造"。

铭文印证了商鞅方升是商鞅在秦孝公十八年任"大良造"时铸造的标准量具。方升底部镌刻了秦始皇二十六年诏书，说明这一标准器一直沿用至秦始皇统一六国，并用此作为标准量值。左壁还镌刻了"爰积十六尊（寸）五分尊（寸）壹为升"，即以 $16\frac{1}{5}$ 立方寸的容积定为一升。说明早在公元前300多年已经运用了"以度审容"的科学方法。[①]

斟半朕铜量的量体造型为正方体设计，在《说文》中认为斟是一种极小的单位，斟半朕就是一斟又半朕，相当于 $1\frac{1}{2}$。这是一种极小的方升，同时也是一件标准的小型量器。其他的方量还有两件"始皇诏铜方升"，与"商鞅铜方升"相近，至王莽时期又有"始建国铜方斗"造型与"斟半朕"铜方升相近，只是容积变大，可容纳1940毫升。另一件存世的"始建国铜方斗"现藏于日本，容积可达198毫升。量体侧面铭文记载："律量升，方二寸二分而圆其外，鹿旁四蓬八毫，冥八寸一分，深二寸，积万六千二百分，容十合，始建国元年正月癸酉朔日制"。[②]这六件方形斗升样式由长方形变为正方形，虽然与敞口或覆口斗有着较大的差别，但趋方的设计说明古人在制造标准的量器时，更加能够驾驭的方法。在圆周率计算不够精准的先秦时期，制造圆形的量器需要高超的辅助工具。方形的量体在测量上更加简单，不容易产生较大的误差。为什么没有推广方形量器，青铜器形的形成或多或少受着彩陶造型的影响，圆形陶器更加普及，而方形泥坯的成型不如圆形方便，在造物观的引领下，青铜量器自然趋向圆形。而圆形同时代表着天地思想，《考工记·栗氏》记载："内方而外圆，则天地之象；一寸三寸，则阴阳奇耦之义"。中国自古存在天圆地方的思想，如同玉琮一般，有着沟通天地，往复循环，生生不息之意，这也是中国古代哲学思想同样束缚方形量器通行的关键因素。

新莽以降，由南北朝至隋，量器的造型一直保持着圆形样式。至唐代，再次将方形量器回归并且进行了升级改造，最著名的人物是唐代张文收。其人善音律，对度量之事偏好，但记述较少。唐代杜佑的《通典》记述了张文收修定度、量、衡之事："大唐贞

[①] 国家计量总局. 中国古代度量衡图集[M]. 北京：文物出版社，1984：44.
[②] 国家计量总局. 中国古代度量衡图集[M]. 北京：文物出版社，1984：85.

观中，张文收铸铜斛、秤、尺、升、合，咸得其数……一斛，一秤，是文收总章年所造。斛正圆而小，与秤相符也。"①由此可见，张文收在高宗时期所造量器为内方而外圆的造型。内方是为了量器制作的准确性而进行的改革，外圆则仍然难以脱其窠臼的表象符合。虽然唐代对圆周率的应用已经非常成熟，但只测深度和边长就可求得容积的内方，铜斛显然更加便于测量。虽然是一个简单的变化，但足以对后世的方形量器造成影响。唐贞观十年（636），张文收又仿照"新莽嘉量"打造出一种融五量及长度为一体的新型方形量具（图5.12）。在《通典》记载了"斛左右耳与臀皆正方，积十而登，以至于斛"。其中斛的耳与臀在造型上发生了本质的改变，方形的样式依然以龠、合、斗、升、斛为主。在姬永亮的研究中将此斛的形制，推测为斛身截面为正方形柱桶状，中间相隔，上半部分是斛，下方半部是斗；左右各有一耳为升，左为升右边是分体设计，上合下龠；整体斛身与后世的斗极为相近。②《清朝通典》记载并图绘了两件量具，乾隆九年，御制嘉

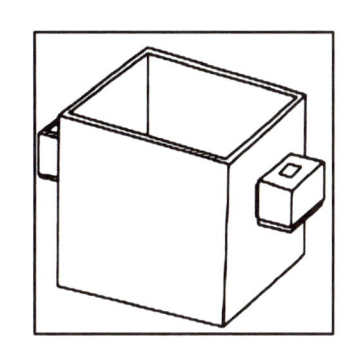

图5.12 清代仿张文收方斛图

量，方圆各一，圆制仿东汉嘉量之式，方制仿唐张文收之式，……并刻方圆度数于其上，于是律、度、量、衡之制了如指掌，极制作之明备焉。③从图中可以看到，此斛已经完全变为方形。

唐代对量具的重要转折在此出现，量具至唐大变，由此一发不可收拾，在此基础上进行了不断演化，至明代各式方形的量具依然多样。据《明会典》记载："洪武元年令铸造铁斛斗升……"其中与山西寺观壁画中的大斗最为相近的是明代成化兵子铜斗（图5.13、图5.14），容量为9600毫升。此斗为上宽下窄式设计。与唐以前量具的区别有以下三点：①虽然成化兵子斗仍然是铜质，而明《会典》中出现了铁斛斗，材质的变化说明铜量具的心理依赖逐步褪去。不仅有纯铁的斛斗，而且还有木质包铁边的斛斗出现，这在使用功能上更加轻便，也能够提升称量效能。作为民用斛斗，早期以陶器为主，随着木器加工技术的不断提高，精确应用榫卯结构的木斗成为民用量具的主

---

① [唐]杜佑. 通典卷一·权量[M]. 杭州：浙江古籍出版社，2000：751.
② 姬永亮. 张文收对传统计量的贡献[J]. 自然科学史研究，2008（10）：27.
③ [清]嵇璜，刘墉. 清朝通典[M]. 杭州：浙江古籍出版社，2000：2505.

力。②提手的演化，无论陶器或者是铜器，单柄、双耳或双持的设计是早期斛斗的主要样式。这种外延式辅助把手无论单柄或双柄都是借助手臂的力量来把持，在容量小时尚可。唐以后，斛斗的容积不断扩大，双耳的设计使人非常吃力。因此，明代的斛斗将手柄移至斛斗口部中间，变为单手提升，可以借助全身的力气进行运动，是非常实用的一种功能演化。③由于斗口把手的改进，将原始陶器和青铜器覆斗口的样式进行了倾角改变，上宽下窄的设计，有力地解决了倾倒粮食时泼洒的问题，同时高速的倾泻提高了工作效率。坡面的设计使人在提斗时减小了与腿的接触面，工作的流畅度自然增加。

图 5.13　明代成化兵子铜斗　　　　图 5.14　山西常家庄园复原成化兵子铜斗

第三节　山西寺观壁画斗的样式与工具

稷益庙中并未出现斗与斛，而是另外一种量具，一种鼓腹的圆桶。这种桶的样式来源于陶量或铜量，无耳，桶身有铁圈做箍。从画面的比例来分析，桶（图5.15）的高度45厘米～50厘米，直径30厘米左右。而太原六郎庙壁画的斗与斛（图5.16）及怀仁县刘晏庄乡崔府君庙壁画的内都有斗（图5.17）的描绘，这种量具，在当时最为盛行。怀仁县刘晏庄乡崔府君庙西壁的斗秤司画面中的受刑之人应是生前不讲诚信，多为缺斤短两之辈，因此，在堕入地狱之后受刑于此司。画面本为劝诫世人，警示世风之功用，但由于详细的斗秤描绘，使得这幅图像独具科技考古价值。从壁画碑记得知，为明代晚期作品，作为地域掌管衡量器的代表，显然依据了明代成化兵子铜斗造型，不同之处，是此斗采用了拱形提手设计，而成化斗的提梁与斗齐平，这种拱形提梁的设计，能够将粮食盛满而手部空间充裕，是非常人性化的一种创造性发明。与六郎庙壁画的斗在整体外形相仿，但唯一变化是没有提梁的设计，显然是非常不利于快速盛装之用，这种式样为何能够盛行，显然有其存在的价值，去梁设计能够更加直观地观测粮食的容积变化。消除视觉阻隔，也使得测量更加便捷，唯一的不同就是搬运过程由提升式改变为捧抱式，显然这一改变，并未产生过多的负担，各有利弊。从山西晋中地区遗存的实物量具对比，这两种样式都有遗存，方形官斗的成型演化，凝聚了由陶至铜到铁、最后以木质结构收尾这一材料最终成型的演化，方形样式并非是明代独有的产物，在历史洪流的盘桓流转中，不断地适应生产的发展是方斗定型的主要推手。虽然此后在方斗的截口处进行了诸多的变化，诸如坡度的倾斜设计，都是为了更好地适应装运与称量设计，但在本质的造型中，并未有更大的演进，这种样式一直延续至现代农业社会（图5.18～图5.20），仍然没有改变。

图5.15 稷益庙壁画中的桶 　　　图5.16 太原六郎庙中的斗 　　　图5.17 怀仁县刘晏庄乡崔府君庙中的斗秤司

图5.18 始建国铜方斗 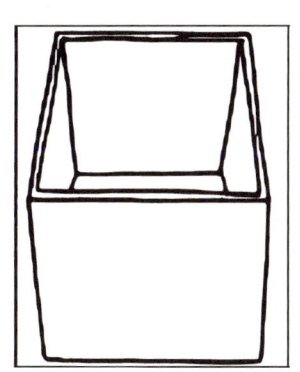　　　图5.19 山西晋中遗存明代官斗1 　　　图5.20 山西晋中遗存明代官斗2

量具的演进过程在渐进中不断回首，从材质到造型并不会将前朝的式样完全丢弃，在更好地适应社会生产力的前提下，合理地改进并存是其普遍规律，山西寺观壁画中量具的形象记录了黄河农耕文明等量交换的价值体现，斗制图样的最终形成是量器历史演

变过程中量值不断叠加的印证，也代表了对农业工具追求便捷高效的不断需求。人类社会总是在追求高度的公平，制度的不断改进需要技术的普及支撑，而且有更多的人参与到生产公平中，制度的健全将得到有效的保障。因此，无论是新石器时期的彩陶量具，还是光耀千秋的王莽嘉量，到方斗的市井普及，是人类追寻公正的心理杠杆（表5.3、表5.4）。这种改变维持了社会的公平公正，是促成市场合理运转的维持手段，是人类价值交往过程中的责任担当。无论是描绘农业为主的六郎庙、稷益庙神祠壁画，还是如崔府君庙这类"地狱变"佛教壁画，处处都有关于计量工具的场面与情节，这是图绘功能的正常表达。

表5.3 隋唐宋元的量器容积表

年代（公元）	时代	1尺合厘米数	1升合毫升数	1量合毫升数	1斤合克数
前350—前307	秦	23.1	200	15.6	250
前206—8年	西汉	23.1	200	15.6	250
9—24年	新	23.1	200	15.3	245
25—220年	东汉	23.1	200	15.4	246
220—265年	魏	24.2	230	17.7	283
265—420年	两晋	24.2	230	17.7	283
420—589年	南朝	24.2	244	18.8	300
420—589年	北朝	前25.6 后30	前300 后600	前23 后42	前370 后672
581—618年	隋	29.5	600	42	672
618—907年	唐	30.6	600	41.4~42	622~672
960—1279年	宋	31.4	702	40~41.3	640~661
1206—1368年	元	35	1003	40	596.8
1368—1644年	明	32	1035	37.3	596.8
1616—1912年	清	32	1035	37.3	300
1912—1949年	民国	33.3	1000	50	500

表 5.4　隋唐宋元的量器容积比较表

时期、时代		单位量值			
^^	^^	名称	容积	比较容积	单位容积与古量之比率（%）	单位容积（升）折今量数（毫升）
新莽		嘉良升	1升	1升	100	200
隋初		大升	1升	（古量）3升	300	600
隋后期		升	1升	（古量）1升	100	200
唐初		大升	1升	（古量）3升	300	600
唐中后期		大升	1升	（古量）2.75升	275	550
五代	闽	泉州斛	5斗	（宋足斗）7.5斗	495~555	990~1110
^^	^^	漳州斛	5斗	（宋足斗）8.88斗	591~657	1182~1314
^^	南汉	大量	10斗	（宋足斗）18斗	594~666	1188~1332
北宋		嘉佑足斛	3斗	（西汉斛）10斗	333	666
^^		2.7斗	2.7斗	（汉斛）10斗	370	740
南宋		加三斗	1斗	（宋足斗）1.3斗	433~481	866~962
^^		加八斗	1斗	（宋足斗）1.8斗	594~666	1188~1332
元（辽金）		官斛	2.4斗	（江西乡斗）6斗	833~943	1666~1886
^^		官斛	1斛	（宋足斛）1.5斛	500~555	1000~1110
^^		官斛	10斗	（宋足斛）7斛	462~518	924~1036

第六章 医学科技与文化考辨

第一节 瘟疫文化的形成与蜕变

21世纪的2003—2009年，中国乃至世界暴发了大规模的传染性疾病"SARS"与"甲型H1N1流感病毒"。虽然最后人类与疫情在搏斗中取得了暂时胜利，却为此付出了惨痛的代价。各国由此造成的经济损失不计其数。与此同时，"手足口病""羊流感"和"禽流感"等传染性疾病仍然肆虐于世界的不同角落，不断吞噬着一个又一个鲜活的生命，威胁着全人类的健康。

瘟疫实则是细菌或病毒等病原微生物对人或动物躯体的一种侵害。考古学家已经在距今9000万年前的鸟类化石中找到了其踪迹。纵观历史，疫病的大规模暴发并非只在21世纪大行其道，自古及今，世界各地不同时期都有大规模的疫情肆虐。公元元年以来人类经历过多次大瘟疫。其主要的传播途径就是人类在圈养猪、马、牛、羊、禽类等动物时发生的各类细菌与微生物病变，随即在农业发展和人类生产活动中所引发的一些群体性疾病。战争、灾荒、国际往来及大规模的移民等事件都是流行病传播的主要途径。没有有效的传染病学控制手段，必将威胁到整个社会的安全[1]。因瘟疫导致的死亡率很高，自然灾害、战争、气候也是促成瘟疫流行的罪魁祸首。

瘟疫的产生伴随着人类对其的不懈抗争。由于当时医学条件的限制，导致了古代先民对其的恐惧心理。由于科技医疗手段的局限，只能借助一些民间的宗教仪式来进行"治疗"，早在西周时期，利用"大傩"驱疫。因此"瘟疫文化"随之诞生并不断演化，

---

[1] 杨建伯. 流行病学方法[M]. 北京：北京医科大学协和医科大学联合出版社，1994：2.

逐渐形成一种祈福驱灾，祛病纳福来驱疫的主流意识，进而演化成为一种社会制度。[1] 在与传统文化和宗教体系互相交汇后，逐渐消弭于其中，成为中国传统文化的一种隐形主体。

第二节 中国古代对"瘟疫"的记载

古人对于瘟疫的文字记载见于甲骨文中，谓之"疾年"。这里的"疾年"指的就是瘟疫。许慎在《说文解字》曰："疫，民皆疾也。"这种提法就是将瘟疫作为流行于民间的传染病进行了定义。而瘟疫在中国古代的另一个称谓则是"疠"。在《尚书·金縢》中有："史乃册，祝曰：'惟尔元孙某，遘厉虐疾。'"《左传·哀公元年》则记载："在国，天有灾疠，亲巡孤寡，而共其乏困。在军，熟食者分，而后敢食。"[2]《说文解字》称："疠，恶疮疾也。从疒，厉省声。力大反。"这是对疠的病理描述。

中国古代关于瘟疫的记载多广者始于汉代。西汉时期疫病主要集中在文、景时期[3]，在《史记·景帝本纪》以及《汉书》文帝、景帝、宣帝、元帝、哀帝纪和奉翼、京房、薛宣传，以及天文志、食货志等篇中记载了因地震、山崩、大旱、蝗灾、洪涝、雪灾、战争、苛政等自然与人为因素引起的瘟疫大流行，哀鸿遍野，伤人无数。东汉时期的瘟疫在《后汉书》光武、孝安、孝灵帝纪及钟离意、杨终、杨厚传等篇中记载了因自然灾害引起的瘟疫大爆发为五年一个周期。像西汉王充的"湿气疫疠，千户灭门"[4]之说令人闻之丧胆，不寒而栗。明清两代由于人口数量的增加，瘟疫处于大爆发期。仅明代一朝就发生 260 多次的大型传染性疾病，显然，这一数据触目惊心至极。因此，对于"瘟神"的崇拜在明代寺观壁画当中比比皆是。从《汉书》至《明史》的典籍当中对于瘟疫的记载达到 230 余次。这些统计只是初步统计，并不全面。在明代的正史当中就有 23 次记载，而其他史料记载多达 64 次，由此可见，从两汉至明清，2100 年间瘟疫的不完全统计应该有 1000 次以上，爆发周期为平均两年一次。这是一个多么骇人听闻的数字呀！当然，由此也可以看出，瘟疫的传播手段是多样的，其传播的媒介更是五花八门，

---

[1] 史兰华等著. 中国传统医学史 [M]. 北京：科技出版社，1992：38.
[2] 杨伯峻. 春秋左传注 [M]. 北京：中华书局，2009：565.
[3] 薛瑞泽. 汉代疫病流行及救助 [M]. 郑州：大象出版社，2003：35.
[4] 王充著. 黄晖校译. 论衡校释 [M]. 卷二，台北：台北商务印书馆，1968：42.

而且是由来已久。因此，与瘟疫的不断斗争是人类社会与自然不断协调的持久战。山西作为明代人口集中的内陆型城市瘟疫爆发的面积超过县总量的40%以上，从明代瘟疫爆发时间表来看，从嘉靖二十九年（1550）开始一直到明末，瘟疫总体呈现为高发期，最低的时间维持在15%左右（图6.1、图6.2）。

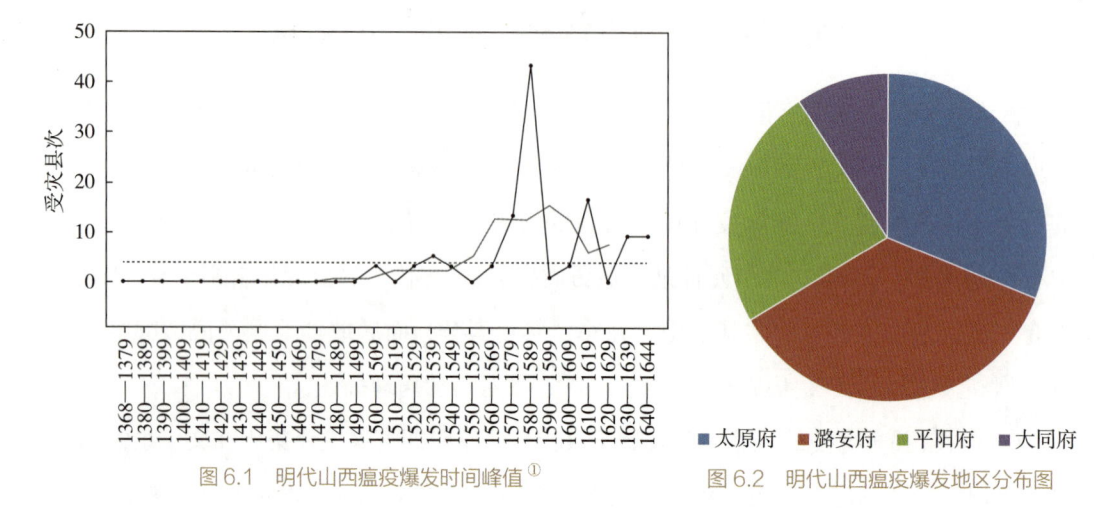

图6.1　明代山西瘟疫爆发时间峰值[1]

图6.2　明代山西瘟疫爆发地区分布图

如此大规模的疫病在明代频繁爆发无论是对皇权还是民众都是最为直接的威胁。而明代的中医学显然不具有对于细菌的认识。因此，神祠祭祀当中开始表露出对于瘟病的恐惧，这种投射最终形成一种文化印记与宗教图腾。而对于瘟病的害怕也转变为一种原始的神鬼崇拜，五瘟崇拜正是如此而来。

第三节　古代医学典著对瘟疫的认识

中国古代医学对瘟疫的称谓有多种，最为广泛的当属"温病"一说。在唐代之前，这一称谓并没有完全确定，因此，归属于伤寒一科。[2] 因此，唐代名医张仲景在他的著名医学巨著《伤寒杂病论》之中就有对温病的详细病理描述和诊疗方案。从书中对温病的描写当中可以看出，温病的流传多为医者不能洞晓其病根源而导致流传成疫。间接地说明当时社会对温病的医疗手段还不是特别的普及。此外，晋唐之后逐渐将伤寒与

---

[1]　图表引自邹文卿. 明清山西自然灾害及其防治技术［J］. 山西大学博士学位论文，2014（6）：70.

[2]　正如《内经》所说："今夫热病者，皆上喊之类也。"南京中医学院编. 温病学［M］. 上海：上海科学技术出版社，1978：5.

温病进行了区别，尤其是巢元方所著的《诸病源候论》，为魏晋南北朝医学对病理的认识起到了关键的作用。巢元方指出，"疫疠""时气"有流行和传染性，成就了"疫疠病候说"，系统地阐述了瘟疫的发病源。另外，唐代医学家孙思邈在《千金翼方》中对张仲景的《伤寒杂病论》进行了整理，也为温病学的研究作出重要的贡献[①]。当然，历代对《伤寒杂病论》的推崇和对张仲景的尊圣也导致了人们对瘟疫的片面认识。尤其是宋以前虽然有各种寒凉治温之法存在，但缺乏理论化、体系化的总结，直到宋明理学兴起后，医学受到极为深刻的影响[②]。在对前人的温病学进行系统整理后，清代吴有性在《温疫论》一书中指出温病的发生因为感受到一种外界的异气并非受风、寒、暑、湿造成。一年四季均可造成发病，并非春、夏、秋三个季节才会得此症。[③]因此，温病与瘟疫之说分为两派，一种认为温病就是瘟疫、同一疾病的两种称法。另一种说法认为传染者为瘟疫，不传染者为温病。从现在来看，温病虽然不能完全成为瘟疫，但其属感染性热病应该包括在瘟疫的范畴。[④]

第四节 "五瘟神"之缘起与演变

古代由于医学条件的低下，对瘟疫的形成认识与医治手段非常贫乏。导致人们"谈瘟色变"，由于这种恐瘟的心理，加之宗教对其的利用，逐渐演化出各种瘟疫的文化形态和艺术形式，深深根植于中国传统文化之中。与宗教、民俗、历史、社会、医学等文化形态交相辉映，构架出一种以瘟疫流行为鬼神作祟的鬼神文化语义，并长期统治着中国的瘟疫文化主流意识，直到今天。

最初的瘟神是鬼神信仰的转化，如同中国很多神祇的演化过程，无论是神或是人，在宗教底层总有鬼的表达。这是佛教"六道轮回"的学说所在。而瘟鬼转为瘟神却是在漫长的历史当中逐步升级所致。最早的瘟鬼为三个，在《搜神记》当中出现了五鬼记载，之后逐渐以此为主流进行推演发展。

大量的经典史册详细地记载了瘟疫的文化形态与历史沿革。而中国本土衍生的道教

---

① 史兰华等著. 中国传统医学史[M]. 北京：科技出版社，1992：109-112.
② 廖育群. 岐黄医道[M]. 沈阳：辽宁教育出版社，1991：168-169.
③ 浙江省中医研究所评注. 吴有性著. 瘟疫论评注[M]. 北京：人民卫生出版社，1977：8.
④ 南京中医学院编著. 温病学[M]. 上海：上海科学技术出版社，1978：6-7.

同样对其历史形态进行了宗教的夸张与应用。瘟疫的可怕与传染性成为宗教维护教义、宣扬善恶美丑的工具与手段。通过宗教的演化，将瘟疫的发生进行了鬼神论断，以此来达到摄人心魄、规劝信奉的目的。在南北朝末年成书的道教神祇类著作《道要灵·神鬼品经》一书中，以全篇十八品而瘟鬼之论独树一品来论瘟司一职责，可见，瘟神之说于道教地位之重。而在南朝梁陶弘景《真诰·协昌期》载建吉冢埋圆石文中，也有对五鬼的记载，成书于唐代初期的《大上洞渊辞瘟神咒妙经》是洞渊派道士假托元始天尊之名所作，其对五瘟直接称为"五帝"。[1] 由此可见五瘟神地位的提升是何等之快。在此之后《正一瘟司辟毒神灯仪》也有对"五瘟神"的称谓，为五瘟使者[2]，这种称谓正与水陆寺观壁画的大部分称谓相符。而其中的姓氏与后世"五瘟神"除南瘟姓田不姓刘，钟、史二位颠倒位移，基本与后世相符，但在排列中则是按五方，而不是按四季加总管中央为名。

宋元时期的道教更是把宣扬五瘟主掌生死疾病作为了一种教义。规劝修道弟子及其眷属若不从善如流，则会瘟病缠身罹难而去。此间还利用一些祛瘟神符、避瘟仙丹来蛊惑人心。在《正续道藏》还有大量的经卷记载了瘟神，如《太上说牛癀妙经》《太上洞渊辞瘟神咒妙经》《太上三五傍救醮五帝断瘟仪》等。这些经书的记载成为构建瘟神文化体系重要的可考文献。

对五瘟使者最为肯定也是流传最广的记述，当数元代成书明代略有增纂的《三教搜神大全》。其卷四就对"五瘟使者"有详细的描述，此书的记述成为水陆寺观壁画中"五瘟神"图像的文字典范蓝本，同时也将瘟神信仰完全地推广于民间。

自此，各地兴修瘟神庙或瘟祖庙。由于流传版本不同，瘟神表现也有不同，但从现在的遗存来看，瘟神的信仰已随着医学条件的发展渐出尘俗。在笔者的田野考察当中发现1949年以前，河北定县有一座瘟司庙，其中供奉了五位瘟神。现在只遗存明代弘治十七年（1504）的《重修瘟司庙记》碑记。其中记述了这五位瘟神的前身是五位擅长医治瘟疫的游方郎中，死后被尊为五瘟神。而山西万荣县太赵村遗存的《重修五瘟神庙

---

[1] 张继禹. 中华道藏 [M]. 第30册. 北京：华夏出版社，2004：126.
[2] "东方行瘟张使者，南方行瘟田使者，西方行瘟赵使者，北方行瘟史使者，中央行瘟钟使者。"道载 [M]. 第6册. 北京：文物出版社·上海书店·天津古籍出版社联合出版，1988：41.

碑》中则记述了五瘟神的历史演化[①]，同时碑记中记载的瘟神庙规模相对宏大，可见当时瘟神的崇信度非常之高。此种寺观同样是属于道教体系，显而易见，道教对瘟神文化的普及与渗透更为深入。

第五节 古代医学中的"五瘟"

"五瘟"崇拜与祭祀礼俗的形成不仅仅是神话记载，尤其与中国"五行"之学相仿。在早期对于天区的分割当中就有"四象"加中宫的方位之说。而天地呼应是中国天学当中的一大特色。因此，地上之物往往是为了对应天象。中医的形成本来就是对于宇宙的思考并将其对应在身体当中，而"五行"毫无疑问是指导其他学科的基础，因此"五瘟"概念在神话背景的扶持当中伴生在医学之中。《黄帝内经》更是总结了五音、五数、五谷、五官等关于五的医学名词。与天学相同的一点，道家利用"五行学说"开始了对身体的系统认识，以经络和骨骼等身体的各个部位开始对应星辰宇宙，这种归纳与分类的方法本身就是具有高度的抽象科学意义。同时也是一个对社会与世界重新界定的方法。[②] 这种医疗观念在如今看似迷信，实则带有强烈的现实意义。

此外，对于五瘟的信仰在传统的二十四节气当中也有表现。这时的瘟神被描摹为一些常见的毒虫（表6.1）。人们通过对"五毒"的信仰达到驱邪避害的心理慰藉。从这张表中可以看到，对于瘟疫或者是这些施毒的害虫，在每月的祭祀当中都有展现。这当然源于对毒物的恐惧，而更加深层的理解就是卫生防疫工作在古代的持续性。意味着人类开始将瘟病作为主要的疫情预警时间，显然，这同样是科学的预防手段。当我们回首古代低下的医疗手段之时应该对其当时的社会语境融合分析，五瘟信仰本身就是一种心理防疫手段。

---

① 《重修五瘟神庙碑》："客有问于余曰疫病俗谓之瘟此乃阴阳失位寒暑错时故生疫而阴阳书有瘟星瘟鬼道藏经有天瘟地瘟并三瘟五瘟之说历代名人如陈思王廖百子者咸斥为妄语不之信又斯言之瘟且不得为神又乌得而有庙耶余应之曰福善祸淫天道不爽人得此病即有然持此病以为之祸福者且尝考之周礼季冬天大傩方相氏掌疫索鬼神事虽不经而先王神道设教之意亦未可尽废也客唯唯而退适县治北乡五赵村西三里许有庙一所内供瘟神五尊左有金玉财神右有秋苗土地庙前有药楼一座创始于雍正九年历来庙宇倾墙垣倒塌村人于重修后稷庙之功竣而即议修此庙于是兴筑垣墉重状金身关两月而焕然一新费金约一百有奇工既讫求记于余余以前言应之如右诰授大夫知周衔直隶保定府满城县加三纪禄五卓里侯陛。辛卯恩科举人姚希元薰沐谨撰国子监业弟子李志濂沐浴敬书大清同治八年暑月谷旦。"此碑记为笔者田野考察所录。

② 邱鸿钟. 医学与人类文化 [M]. 长沙：湖南科学技术出版社，1993：43.

在山西运城及临汾地区，仍然有众多农村进行"傩戏"表演。这些原始的关于驱疫辟邪的宗教仪式，不可否认，也是对于"五瘟神"文化的一种综合同构，瘟疫既然是一种可防可控的疫病，在确立为神之时，势必要形成长久而有效的流传，这样才能够时时警惕。

表6.1 传统节日中的民俗活动表

传统节日	民俗活动
元旦	四鼓祭五瘟之神
二月二龙抬头	惊蛰日，取日灰糁门限外，可绝虫蚁
三月三日为上巳节	以水盥洁，使邪疾去祈介祉
清明节	清明日，都市人出郊，四野如市
五月五日为端午节	切菖蒲以泛酒中，饮之可辟瘟疫之气
六月六日	抖晾衣服、书籍，谓可不生虫
七月七日乞巧节	晒衣、晒书，遂成卫生民俗
八月一日天灸	朱墨点小儿额以厌疫
九月九日重阳节	登高山，饮菊花酒，此可消祸
立冬日扫疥	以香草等煎汤沐浴以驱疫
十二月除夕	请傩神逐疫

瘟疫的发生伴随着人类社会的形成，尤其是农业文明的诞生，促使人类环境发生了极大的变化，城市的兴起与人口大量聚集为病原体提供了充足的食物来源。当人类通过对土地的有效改造"沾沾自喜"时，灌溉农业更是为病原体的传播提供了温床，"血吸虫"与疟疾开始横扫欧亚大陆。尤其是家畜饲养与畜牧业的发展更是加剧了病原体的传播，此时的人类已经不能阻止这种不可见致病菌的入侵，除了利用死亡所换取的经验进行防控，"祭祀万能"开始发挥作用，虽然"婆罗门"教将其作为宗教纲领，但仔细梳理可以发现，以农业文明为生存法则的人类无论东西方面对如此强悍的疾病皆无力反抗。"祭祀万能"成为心理调节手段，而宗教图像承载了对于恐惧与消亡疫病的诸多崇拜，基于此并根据其所观察到的致病体征发展出了不同文化下形成的瘟神信仰。

第六节　山西佛教水陆画中"五瘟神"造型体系

中国早期的瘟神信仰有"三鬼"与"五鬼"之说，其形象多是水鬼。南北朝时期，道教将其纳入信仰，在《太上洞渊神咒》中记载了"五瘟"与"七瘟"，并各有部众。《搜神记》与《三教源流搜神大全》最终确定"五瘟神"信仰。五位神祇各司其职，成为此后不变之搭配。佛教对于"五瘟神"的引入主要体现在水陆画的描绘当中，水陆画是"水陆法会"超度亡灵时张挂或专门绘制的图像，出于"悲忏法"，从宋元《法界圣凡水陆》到明清《天地冥阳水陆仪文》皆是水陆法会之文本。作为佛教的一种仪轨，融合了唱诵、咒法、图像召请等多种形式，在神祇描绘中将三界诸神与三教灵侯纳入其中，是汉传佛教一脉以净土为基础，融合华严、法华等思想，以密宗为导引的综合佛教仪轨。而其缘起法门纷繁复杂，将另文专述。在元代后期，《天地冥阳水陆仪文》通行并成为北方大部分地区使用的仪轨文本，而目前存世的仪文刻本基本为山西太原版或文水版。水陆画在表现过程中一方面需要遵循文本的次序排列，在具体构图当中往往是按照"天地人鬼"进行布局，反映到仪文组群为"正位神祇""天仙神祇""下界地祇""冥界诸神""往古人伦""十类五姓无主孤魂"等，从一般的水陆图像呈现中看，这种图式结构带有佛教对"小千世界"的阐释，其中"五瘟使者"隶属于"观世音菩萨摩诃萨"一组，这一群组除了"阿难"与"面然鬼王"之外皆是各类沉沦地狱诸鬼，将"五瘟使者"纳入其中甚为突兀。因此在具体描绘中其位置变迁随着时代与地域的变换而不同。稷山青龙寺将其放置于南壁西侧紧随"五方行雨龙王"之后，为典型的下界地祇构描绘。阳高云林寺描绘在西壁下方"五道监斋善恶二部"之后，为"十殿冥王众"统辖。而浑源永安寺则经营位置于西壁下方"启教大士面燃鬼王等众"之后，隶属"观世音菩萨摩诃萨"一组。从整体表达来看为三大图式结构，这种多重身份的表达是超越仪文原本的民间信仰解读，也是不同地域文化影响下形成的民俗信仰。

五瘟神在组群描绘中又呈现出三大类型，第一类是以青龙寺、宝宁寺、毗卢寺为代表五位神祇由力士与半兽人组成；第二类是以公主寺及玉皇庙道教神祇样式为代表，五位瘟神全部为道君状，这种描绘往往出现在明代绢本水陆画中；第三类是五位半兽人混杂一名持剑道君。从图像造型分析，这种样式显然全部来自道教典籍《三教源流搜神大全》对其的描述，但从造型流变路径来看，似乎只有公主寺与玉皇庙与其文本描述相似，书中插图描绘了五位文官状神祇，其余水陆画皆是人身兽首样或人身禽首状。在水陆神祇的表达中，人与动物组合的神祇并非只在五瘟神中才有，但五瘟使者为何会蜕变为这种样式并没有在文中体现，但手中所持器物与文中描述基本一致。在五瘟神被道教收纳之前，其鬼怪样貌是为本原，且形象已经深入人心，伴随着人类瘟疫的不断肆虐，对其产生的恐惧感不断加剧，"五鬼"再次成为瘟神之象征，也标志着瘟疫文化从神学转入宗教学阐释，但其核心表达仍旧是以民间耳熟能详的儒家经典人物作为样本进行传播。此外，"五瘟神"在数量的表现中出现了或五或六数量之差别，分析图像，多出之人为仗剑道人，为收复五瘟之"匡阜真人"。从五瘟神榜题来看"主病鬼王五瘟使者"与"五瘟使者众"是最为常用的墨书题记，在仪文中并未有"主病鬼王"称号，这一封号也是将其从地祇拉入冥府幽魂众之关键所在。

第七节　瘟神形象与病原体宿主想象

从水陆画中的五瘟神造型样式（表6.2）所列12幅"五瘟神"图像分析中，以人畜结合的神像有10幅之多，有禽鸟、猛兽及牲畜三大类，此外也有个别画面中出现龙首、虎首之形象。从世界神话造神体系分析，这种将人与动物糅合在一起的"兽形人"非常普遍，例如希腊神话中的林神为半人半狗样，古埃及阿努比斯也是这种类型。希腊哲学家恩培多克勒曾做过假设，也许人类就是由这种不同动物的身体偶然地组合在一起进化而成。公元1世纪开始，针对这种双重属性生命存在的可能卢克莱修进行了反驳，而18世纪居维叶又对这种假设无稽之处进行了论证，但博物学家让－巴普蒂斯特却对这种怪兽的生命整体性充满兴趣并予以支持。这也侧面说明"兽形人"不仅在世界神话体系的地位源远流长，且在生物学进化论中占有一席之地。

表6.2　水陆画中的五瘟神造型样式表

寺观名称	神祇（人物）数量	榜题名称及描绘内容
稷山青龙寺	5	"五瘟使者众"鸡、虎、鸟、马、力士
石家庄毗卢寺	5	"主病鬼王五瘟使者"鸡、虎、犬、马、力士
右玉宝宁寺	5	"主病鬼王五瘟使者众"鸡、虎、马、鸟、力士
繁峙公主寺	5	"五瘟使者"5位道君

续表

寺观名称	神祇（人物）数量	榜题名称及描绘内容
晋城坪上玉皇庙	5	"五瘟使者"5位道君
太谷圆智寺	5	"五瘟使者之神"虎、兔、鸡及二鬼
灵石资寿寺	5	"五瘟使者神祇众"龙、虎、马、鸡、鸭
蔚县心佛寺	5	虎、熊、鸡、猪、马
寿阳普光寺	6	虎、牛、鸡、马、鸟、持剑道人
阳高云林寺	6	虎、牛、鸡、马、鸟、持剑道人
阳曲佛堂寺	6	"主病鬼王五瘟使者"虎、牛、鸡、马、鸟、持剑道人
蔚县重泰寺	6	"主病鬼王五瘟使者宝幡"牛、鸡、马、鸟、鬼、持剑道人

从整体生命进化过程来看，造成这种"异端"说原因可能是早期从畸形生物得到的启发，而不同生物在属性上的强势特征也是相互嫁接的关键因素。中国半人半兽的形象创造源自上古时期，甚至新石器时代就有类似的纹样发生。秦汉以来神仙思想的发展也促使了这种组合生物的创生，诸如伏羲女娲人首蛇身正是代表了生殖崇拜，而最具代表性的就是《山海经》大量的记载，其中"鹎""精卫"代表了人与禽鸟的结合体，虎首人身名为"强良"，人首牛耳称之为"诸犍"，人身龙首曰"祠"，这种半兽人的造型成为《山海经》神怪形象的重要造型来源。从人类对自然抗争与协调共处之角度，造神既是对未知与不确定物体形象化膜拜，更是使用了"嫁接"手段加强其抵御自然风险能力。"五瘟神"正是沿用了这种造神系统，而道教系统在将其纳入谱系并没有带入这种创神样式，而是以人形道君状表述，这也是在道教文献中难觅其样貌特征的关键。但"五瘟神"无论是纳入佛教或道教，其原始鬼神属性是根植民间已逾千年。水陆壁画所选取的只是《山海经》中的一类样式，但其图像所具备的视觉张力能够贴合民众对于瘟疫的想象，因此成为经典样式粉本流传。

从另一个角度，其中最为常见的鸡、虎、鸟、马、牛作为其造型常态是否有迎合神祇身份属性所在？这一假设显然是从大量图证普及中可以得到答案，既然是瘟神的造型，在创神初期起码有两种原因，第一就是惊骇其身份，突兀其状以显示威力；第二种表达则是代表了拯救苍生之功德，虽为鬼王，实为医者。造型可怖但实为菩萨。这种描绘类似于水陆画之"面然鬼王"（观音菩萨之化身）。佛教神学在早期为"一元神"，大乘之后，"一神多身"成为主旨表达，法身、化身或报身为千万身代表了佛教在哲学架构中从一到无限的思考。毫无疑问，五瘟神之代表绝非单单五鬼之众，其所依附为千万众。此处无论是"三瘟""五瘟"还是"七瘟"，只是一个概数。

从瘟疫传播角度，动物是瘟疫病原体的主要来源，人类在面对各类温病过程中逐渐发现了动物是最为主要的传播者。这是由于农业的发生与动物的圈养，因此图像中所展现的鸡、牛、马是出现最多的动物，仪文中有"病时少药少汤"则是点明了动物传播的瘟疫来势迅猛，而很难有特效的药物对症治疗，古代人并不了解致病原因是细菌和病毒，但即使医学科技如此发达的今天，人们面对"非典"和"新型冠状病毒"时推断的病原体寄宿主仍旧是动物。可见人类在面对瘟疫时在早期通过病理判断已经明确了人畜互传是瘟疫发生的主要原因。《三教搜神大全》中甚至直言"此行病者乃天之降疾，无法而治之"，对于瘟疫之无可奈何显示出其超强的传染性与致死率。此外，除了人畜共患是瘟疫传播的特征，动物自身传播更为可怖，中国古代是农业社会，大型动物作为家庭或村镇最强的生产力决定了农业经济根本，出现了动物瘟疫即意味着大面积的疫情失控，中国北方至今使用"传"字来描绘动物疫病传播途径，这个"传"字意味着快速、不可控以及大量死亡，"传鸡""传猪""传牛"都是对这一现象准确的定位。此外，五瘟神中的鸟类也是出现最多的形象，作为飞禽，鸟类由于其自身的迁徙增加了其携带病原体的可能，由于觅食的原因，家养禽类往往会经常接触到野生鸟类，这就是"鸡瘟"发生的直接原因之一。

水陆画中虎与龙的形象并没有寄托对于致病宿主的假想，这两种神兽往往是中华文明图腾象征，尤其是龙神的形象在水陆图像中成为地祇主要的象征，"水府神众"也是龙神形象的内化。这种独有的表达带有强烈的中国化色彩，而始为一变是来自宋代对于龙画成为专门一派，当代表"九五之尊"趋向世俗图形且多变的样式展现，龙神悄然成为禳灾祛瘟的神众。在功能上，《三教搜神大全》所定位的"五瘟神"有两个阶段，第一阶段是为授命下界天行时病，第二为隋文帝立祠祭祀被匡阜真人收复成为治瘟神祇。这种文本结构恰恰是中国神话在造神本体过程中的惯用手法，这也意味着"五瘟神"不仅是瘟疫传播之"潘多拉"魔盒，更是"解铃还须系铃人"之灭瘟医者。其双重身份的转换在"鬼子母""罗刹神众"等神祇中亦可窥见。关于瘟疫病原体之认识从中医学角度在十七世纪得到了理论认知提升，明代吴有性在其《瘟疫论》中提出了新的病理学认知论，通过经验积累与鉴别提出戾气"偏中于动物说"，强调了人与动物相互之间对戾气（病原体）有着一定的制约因素，还将戾气与外科化脓性感染相联系，[①] 在没有显微镜的情况下，这种通过实践推论的病原说具有相当前瞻的科学视野。

第八节　五瘟神与古代五行医学系统思想

瘟疫在历代均有大规模发生，以宋代为例，两宋仅文献记载就有 167 次，其中自然灾害引发的瘟疫可达 63 次，因此就有"水疫""火疫""旱疫""饥疫""震疫"之称。[②] 这些灾荒所造成的瘟疫显然是超过了动物与病患之间的传播。因此在五瘟神创生过程中，其形象往往潜藏其中。这些细节主要体现在五瘟神手持器物，《三教源流搜神大全》所记载的勺子并罐子，皮袋并剑，扇子，锤子与大壶，壁画中最为代表性的描绘为火葫芦，勺子与水桶，芭蕉叶，布口袋，锤子与凿子，虽然图像与文本有着些许器物调整，但从功能考证实则相同，其器物分别对应了不同的灾祸，依次为"火疫""水疫""旱疫""饥疫""震疫"。如果说这种器物的表达只是附会或巧合，那么，真正的内核涵义应当是中医五行相生相克之思想。

对于自然界的认识与解读最高之境界就是对于宇宙之探究，而无论是早期的印度哲学还是后来的汉传大乘思想都对天学进行了应用与融合。中国本土的儒道二教自然不落下风，"四象"加中宫分区说正是以天象观测为基础的天学思想系统。三教融合之后，加之"地望"学说的进一步发展，与 17 世纪传教士的进入更加完备了这一思想体系。中医的形成在实验试错中形成了一个整体系统，即"五脏一体"，其基础理论正是利用了阴阳五行对于物质的理解，这种五行系统正是利用了宇宙与自然运行规律来揭示人体五脏、五腑、五官等相生相克之关系。从生成科学角度来看，中国早期道教就有"三生万物"之详化与细化，在最早的医学典籍《黄帝内经》之"运气理论"是宇宙生成演化模式之一，即五行生克制化规律。[③] 道家对于"五行学说"不仅仅用于观星炼丹，通过这种循环往复系统构建了人体自身系统的运行，开始以经络和骨骼等身体的各个部位对应星辰宇宙，这种归纳与分类的方法本身就是具有高度的抽象意义。同时也是对社会与

[①] 李经纬. 中医史[M]. 海口：海南出版社，2015：291.
[②] 韩毅. 宋代社会防治瘟疫的特点、作用与历史借鉴[M]. 北京：商务印书馆，2015：535.
[③] 叶亮，张静远.《黄帝内经》运气理论所蕴含的宇宙生成模式探讨[J]. 系统科学学报，2020（2）：118.

世界重新界定的方法。①

在佛教星宿表达中，"五星""七曜""九曜"抑或"十一大曜"，基础星宿皆是以金木水火土做底，而佛教五星造型对佛道二教以五行为基础的神祇具有引领作用。以公主寺壁画为例，五星手中所持为笏板、桃木、琵琶、毛笔、宝剑，在永乐宫道教壁画中，道教五星法器几乎一致。回看水陆画之"五瘟神"，手中器物与五行完全对应，甚至较之五星更加贴合。如果说五瘟神手中器物是行瘟布疫时所用，在被匡阜真人收降后显然成了驱除瘟病的神将。根据五星相生相克之理论，"培土以制水，抑木以扶土，泻火以补水，佐金以平木"，这些器物又成了治病救人之法器。因此在壁画中，扇子为芭蕉，火器容纳于葫芦内，铁钉配以木槌，木桶配以灌器，这种将法器与神祇造型巧妙融于一体的多重含义体现出五行学说的广义特征，同时也是中医文化基础理论的准确表达。诚然，在水陆画的描绘中，每一组五瘟神都在进行着微调，甚至个别出现了放弃原有法器描绘，单纯表达其拯救病患之属性，太谷圆智寺采用了五神围坐手持钵盂之图式结构，从其造型来看与"药王菩萨"的钵盂类似，而钵盂之内还有调羹，这种特写强化了药钵之特征，这种描绘方式也加强了五瘟神尊为"医者"之身份表达。

从历代瘟疫大流行统计来看，战争造成的瘟疫可达整体数量的四分之一，②明代吴有性是第一次将这一疾病细化归类并进行定性之人，《瘟疫论》中对瘟疫起源罪犯或囚徒予以清晰表述，因此将此病称为"温病"，而是否具有传染性也是区分瘟疫与瘟病的关键。作为中国传统中医文化，其指导思想是以阴阳五行，而佛教水陆画本身只是利用佛教艺术表达对多神信仰进行展示，二者似乎毫无纠葛。但其底层的逻辑是以社会学为架构的"三教合一"与"天人合一"，汉传佛教的造神系统不仅仅是对佛教的微调，在理论基础上其民俗的自适应能力成就了这一异域宗教的开枝蔓叶，"五瘟神"（图6.3~图6.6）造型之多重语义表达正是体现了其内在系统相互联系，社会属性错综复杂之特征。这种写实表述为佛教儒学化，医学体用化，形成了一种依托儒家文本，佛教艺术化特征，道教医学内涵之框架，中医思想内涵与宗教文化悄然潜藏其中。2020年，人类迎来了历史上最大的一次瘟疫暴发——新型冠状病毒肺炎，集体休眠与全球停摆成为全

---

① 邱鸿钟. 医学与人类文化[M]. 长沙：湖南科学技术出版社，1993：43.
② 廖育群. 岐黄医道[M]. 沈阳：辽宁教育出版社，1991：75.

人类的防疫状态，面对如此来势汹汹的瘟疫，我们原以为了解了细菌与病毒的真相可以破解或轻易抵御，但面对全球集体瘫痪时，人们再一次陷入沉思。也许，我们在对于瘟疫的形成与传播，已经可以利用最为先进的防疫系统进行布控。但似乎只能局部压制或短期防控。在全球化的今天，人口的高速流动、物流的瞬息到达已经不再单一地以国家为整体考量疫情，回溯前人在面对大疫时的经验与方法，才是正确防控疫情的手段之一。中医五行思想虽然有着诸多的神学特质，但对于物质生克的理论是普世意义的架构，如果能够将医学与宗教及社会学综合考量，将形成一种新的中医防疫系统论，图像学的作用将不再作为证史应用，带有科普与媒介传播的特征成为超越本体的重要属性。

图 6.3 普光寺"五瘟神" 　　图 6.4 公主寺"五瘟神" 　　图 6.5 永安寺"五瘟神" 　　图 6.6 青龙寺"五瘟神"

第九节　关于外科医学的图像

山西明清水陆寺观壁画在画面下层描绘"十类五姓无主孤魂"，这些图像来自"观世音菩萨摩诃萨"之中，《天地冥阳水陆仪文》中包括了十一组，但在壁画中呈现数量各不相同。[①] 在这些图像当中，描绘了地狱非正常死亡之各类孤魂，在佛教轮回报应说中意味着困顿于此、难以超脱之众。从壁画图像学分析，其既能作为佛教仪轨之载体，同时也是表达当时社会样态与世俗生活之所在。而中国古代非正常死亡往往伴随着疾病与伤痛，其中外伤诊疗是古代中医重要的环节，而其中的"折疡"（骨折）是最为常见的病症。其致病方式往往是外力所致，在山西水陆寺观壁画中有三类图像对此进行了细

---

① ［明］《天地冥阳水陆仪文》卷下《观世音菩萨摩诃萨》，普林斯顿藏刻本．

致的描绘，包括云林寺西壁上方"往滥无辜自刑生死"、寿阳普光寺西壁下方"墙崩屋倒树折崖摧诸鬼众"和浑源永安寺南壁西侧"身殂道路客死他乡鬼神众"和西壁下方"墙崩屋倒树折崖摧诸鬼神众"。这些壁画用丹青笔墨较为写实地对致病原因与诊疗方式进行了记录。

一、关于"折疡"图像

壁画图像整体内容都是在表现遭受意外厄运而死之鬼。因此，形态可怖，场景血腥。在佛教水陆绘画的功能性当中，主要以"拔苦"与"超度"为主要功能，无论是兵灾战事所亡，或是墙倒屋塌而伤，通过水陆法会的超度，自然归于"六道四生"。这种轮回之说是佛教之劝诫主要的功能。在描绘这些"非正常死亡"的画面时，画师势必穷尽幻想，怎奈未见现实，因此，从生活中搜寻所绘题材，用自己的理解去描绘这些"死于非命"之人。由于所受外力导致死亡，绘制的场景自然是一些肢体残损、骨伤筋断状。在以上四幅图当中，生动地描绘了骨科治疗病例，这在明代之前的医学典籍之中只见文字记录，以图像来描绘这一治疗方式甚少，至清代，方才有医典对此进行图解。因此，通过这三殿佛教壁画能够直观地回看明代骨科医疗的发展原貌。

从表6.3可知，壁画绘制了四名骨折患者，致伤的原因有意外伤、墙体倒塌砸伤、马车碾压伤三类。在一般生活，虽然人骨的密度极大，但是在强力和外界集中力量的施压下，人骨极其脆弱，甚至在一些看似安全的环境中非常容易折断。

这三种致病原因是外伤骨科主要的造成因素，同时也体现了古代对于这种外伤的恐惧。在古代医疗条件与消毒手段比较落后的情况下，如何能够安全地处理骨伤一直是古人长期在外科领域探索的方法。经过大量的实践，古人发现了骨骼自愈修复功能，但是需要固定患处，因此，图中出现了两种治疗骨折的固定手法，针对不同的患处以及受伤的程度对断裂的骨头进行辅助固定。这种治疗手段的发生时间并不确定，而技术成熟期则在唐代。通过研究壁画中骨伤固定法能够为研究明代骨科医学发展提供一些图像资料的填补。

表6.3 明代水陆寺观关于骨科治疗的图像表

图像名称		鬼众数量	治疗方式	有无夹板
阳高云林寺	往滥无辜自刑生死	5	悬挂腕带	无
寿阳普光寺	墙崩屋倒树折崖摧诸鬼众	3	悬挂腕带	有
浑源永安寺	身殂道路客死他乡鬼神众	3	开刀，敷药	无
浑源永安寺	墙崩屋倒树折崖摧诸鬼神众	4	腕带悬挂	无

二、唐宋时期"折疡"病理记载及医治方法

中国医学的分类最早出现在《周礼·天官·冢宰》："疡医掌肿疡、溃疡、金疡、折疡之祝药、刮、杀之齐。"[1] 由于医疗条件所限，在古代一旦发生骨折，因为消毒不够及时或者彻底，就会造成局部溃疡，现代医学称之为"细菌感染"。因此，骨伤往往伴随着对患处和周边的整体处理，因此，骨折称之为折疡属疡病科。

治疗骨折最为有效的方法为夹板固定法，这种方法于4世纪开始应用，《葛氏方》已载有竹简固定法，隋代巢元方《诸病源候论》："夫腕伤重者，为断皮肉、骨髓，伤经脉。皆是卒然致损，故血气隔绝，不能周荣，所以须善系缚，按摩导引，令其血气复也。"[2] 此处强调治疗骨折要"善系缚"，从阳高县云林寺"往滥无辜自刑生死"和浑源永安寺"墙崩屋倒树折崖摧诸鬼神众"图中有一人脖子上套有绳带，永安寺老者右手悬于空中，腕部有布条作为支撑。云林寺则是一名中年男子，双手插于袖筒之内，胳膊同样有绳索固定在脖颈之上。此类骨伤应当属于血气隔绝之疾，属于骨伤较轻一级。此外，此类方法又称兜吊疗法，主要是通过布条或者三角巾的兜吊来治疗关节脱位或者下颌骨骨折。[3]

折疡病的治疗在唐代趋于成熟，唐代由于李唐王朝笃信道教，道门中人才辈出，其中医学圣手蔺道人所著的《仙授理伤续断秘方》，是我国历史上现存最早的一部伤科专书，而在蔺道人的生平书中进行了描述。其书名为"仙授"可能是指他书中所提的邓先生传授。[4] 书中在"医治整理补接次第口诀"中记载了关于断骨的方法："凡骨破打断，

---

[1] 周礼·天官·冢宰[M].上海：上海古籍出版社，2004：71.
[2] 南京中医学院校译.诸病源候论校释下·腕伤病诸侯[M].北京：人民卫生出版社，1980.
[3] 李乃民.中国传统医学外治疗法[M].北京：学苑出版社，1997.
[4] 此方唐会昌间，有一头陀，结草庵于宜春之钟村，貌甚古，年百四五十岁……所授者特其最后一卷云。盖建民.道教医学[M].北京：宗教文化出版社，2006.

或筋断有破处，用风流散填涂。却用针线缝合其皮，又四围用黑龙散敷贴。凡夹缚用杉木皮数片，周回紧夹缚，留开皆一缝，夹缚必三度，缚必要紧。……凡用杉皮，浸约如指大片，疏排令周匝用小绳三度紧缚，三日一次。如前淋洗，换涂贴药。"① 此处记载的断骨固定法，非常详细，杉木皮是外表固定的主要材料。选取杉木皮作为外部固定主要有如下优点：首先，杉木皮取材方便，在中国北方大部分地区都有种植；其次，杉木由于生长周期快，木质相对疏松，因此，有透气的优点，长期用来包裹四肢保证了良好的通气性；再次，质量轻薄，由于密度较小，既可以形成硬质包裹，又保证了患者不至于承受过重的负担。有如此多的优势，因此，这一方法在后世成为经典，通行至今。在普光寺西壁的"墙崩屋倒树折崖摧诸鬼众"中，最前面一名手捻胡须的老者，右手手臂采用的正是这种杉木制作的硬质包裹，从外观来看，杉木被裁成20厘米长、3厘米宽的木片，每片之间都有一定的空隙。

此种方法多用于四肢骨干骨折，经过整复用杉树皮固定，在骨折肢体的关节处用绢帛或者麻绳缠绕固定，并不影响关节做屈伸运动。由于骨折需要长时间休养，固定骨干局部而关节可以灵活活动不至于血气凝滞形成肌体萎缩。夹板固定法技术是唐代骨科技术的一大突破。

三、明代"小夹板固定法"在壁画中的表达

在经过宋元对此方法的完善之后，明代王肯堂将前人之经验集大成，遂成《证治准绳》，在《筋骨伤》一篇中记载："如骨折，要拔伸捺平正，用药敷贴，以正、副夹束缚，勿令转动，使损处坚固，……若手足曲直等处及转动处，只宜绢包缚，令时数转动，不可夹缚。"（图6.7）论述束缚敷贴用药甚详，载有杉树皮、竹皮双重固定法。②（图6.8）

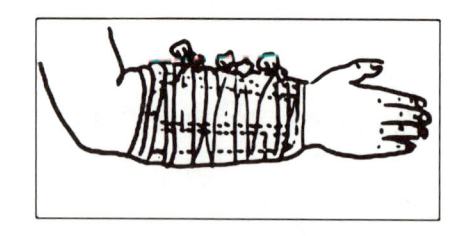

图6.7 放置杉木板（多层小夹板固定法）　　图6.8 放置木夹板（多层小夹板固定法）

---

① ［唐］蔺道人. 仙授理伤断续秘方. 医治整理补次第口诀［M］. 北京：人民卫生出版社，2008.
② ［明］王肯堂，陆拯集成. 王肯堂医学全书卷之六［M］. 北京：中国中医药出版社，1999.

此处的固定法出现了正负板,意味着固定板的增加。而现代医学中正是使用这种杉木板内层包扎、木板外部固定的方法。

这种通过扎带来约束夹板,能够很好地保护骨折断处,并且防止骨断处发生位移。如果因为保护或者固定不善令骨断处再次错位,骨骼折断处就会发生倾斜,会将侧骨膜撕裂,并且造成周边软组织损伤。观测普光寺之夹板,在体量之上显然非常饱满,因此,很有可能就是使用了多层夹板固定法。

夹板完全固定后,由于关节仍然可以活动,断处远端的重量能够有效保护,这种由远端肢体重量造成骨折二次风险的概率也大大减小了。由于肌肉牵拉,也是骨折发生危险的风险因素,经过小夹板的包裹之后,肌肉的收缩产生的纵向挤压,使得骨断面能够保持长时间的紧密接触,也利于骨质分泌物的堆积。从而加速愈合。

明代的小夹板固定法显然已经非常成熟,通过多层夹板和内衬的共同作用,保证了夹板内部断处不会发生骨断处的角度旋转,能够在一定的时间内帮助断骨恢复,来减少患者的痛苦。普光寺西壁所描绘"折疡"之人显然是准确记载了这一方法,其细密的小夹板准确地反映出明代中期这一治疗技术之普及。

在王肯堂的《证治准绳》中,还有关于粉碎性骨折的处理方法:"凡皮里有碎骨,只要定痛膏,夹缚,十分伤害,自然烂开肉,其骨碎必自出,然后掺补肌散,外以补肉膏敷贴。"永安寺"身殂道路客死他乡鬼神众"图中,一名红衣之人遭受马踏而损失大臂,另一名头戴草帽的农夫正在实施清洗伤口与敷药救治。作为常见的外科伤,无论古今中外,迅速得到处理是避免伤口感染的有效手段,这二人在事故场地就地进行金创治疗,显示出明代在外科手术急救当中的先进的医学观念,这也是民众对医学的普及性认知的提高。

四、虫蛇咬伤的防治

在山西寺观壁画的"人伦仪诸鬼众"当中,除了对骨科有描述外,在一组名为"严寒大暑兽咬虫伤诸鬼众"的图像中,描绘了受毒蛇噬咬之痛。普光寺(图6.9)与永安寺(图6.10)将受伤之人安排坐在地上,双手抱腿,面露痛苦。地面上正匍匐着一条毒蛇。永安寺之蛇为红色,普光寺为黑蛇。二人皆是被此毒物所伤。云林寺图像为壁面上部(图6.11),一人正手中紧紧攥着一条白蛇,蛇首正在奋力挣扎,欲要蹿出人手掌握。

这三幅图像描绘了古人闻之色变的毒蛇咬伤。蛇之毒属于神经性毒药。人被咬后患处出现红肿麻木的症状，一些毒性较强之蛇能够使人马上毙命。毒性较轻的也会并伴有寒热、呕恶、头痛、眩晕等全身症状，甚至出血、抽搐等各种表现的中毒类疾病。古人并不是非常了解毒蛇之毒的成分，因此，早期的一些医学典籍之中，会出现一些啼笑皆非的治疗手法，类似使用"大便"救治毒蛇咬伤。

图6.9　寿阳普光寺蛇咬图　　图6.10　永安寺蛇咬图　　图6.11　云林寺蛇咬图

明代时期，人们对这种外伤已经见之甚多，因此，使用物理的控制方法能够有效地降低毒蛇带来的危害。王肯堂《医学全书》："路行，卒被蛇咬。当急扯裹脚带，扎缚伤处上下许，使毒气不能侵伤肌体，又急用白矾，安刀头火上溶汁沸，滴于伤处，待冷，以长篦子速挑去靥，则毒血随出。黯肿尚未退滴之，以退为度"。[①]这里突出了路行，卒被咬，由于古代荒野极多，杂草之中常有毒蛇，因此，农民总是被咬伤。这种身材体型极小的爬行动物有着极强的攻击性和超高的致死率。随着医学的发展，人们在分析了蛇毒的成分后，开始使用血清来治疗，而古代只能通过反复试验才能够缓解毒蛇咬伤的痛苦。

被毒蛇咬后，其临床表现因蛇毒所含成分及其毒性作用而异。古人在实践中发现采用头发、布袋对咬伤处进行紧急包扎，防止蛇毒蔓延，虽然不会根除蛇毒，却能够阻隔蛇毒蔓延，是非常有效的紧急治疗手段。

壁画中采用了兽咬虫伤，除了毒蛇之外，还有类似蝎子、蜈蚣之类的毒物，而毒蛇只是一种代表象征。因此，中国古人有驱五毒去淫邪之习俗。

总之，毒虫咬伤在古代的治疗以外伤清理加敷药的双管治疗法进行，及时清理创口

---

① [明]王肯堂，陆拯集成. 王肯堂医学全书卷之六[M]. 北京：中国中医药出版社，1999：1362.

患处是这一治疗方法的关键。

山西明代寺观壁画中的夹板固定法和外科急救法应当代表了这一时期医疗技术在民间的普及,这是社会步向文明的高度象征。壁画在宣扬地狱世界的痛苦及轮回之无常过程中,同时也在以另一个角度告诉人们如何合理地保护自己,并且利用直观的图像来普及一些常用的医学知识,而普光寺(图6.12)、云林寺(图6.13)以及永安寺壁画(图6.14、图6.15),将此类图像全部描绘在最下层,使人们在读识过程中不单单对地狱世界产生敬畏,更是学习到自救与防护的常识,水陆壁画是三教融合之体现,其社会功能与世俗文化的渗透尤为突出。

图6.12 普光寺壁手臂骨折夹板固定法

图6.13 云林寺军阵杀伤水火漂焚

图6.14 永安寺骨折悬挂法

图6.15 永安寺身殂道路客死他乡鬼神众

第七章 | 山西明清寺观壁画中的民俗意蕴
——以太谷圣果寺与河曲观音堂为例

圣果寺距太谷县城西南约 4 千米中咸阳村西北有寺观一座，寺观名曰"圣果寺"，县志记载"圣果寺在县南十里东咸阳村，金皇统八年建。"① 民国《太谷县志》中记载此寺建于东咸阳村，但实际所处为中咸阳村，此外还有南、西、东三个咸阳村，县志记载尚且有出入，北咸阳村应当曾经有过设置。② 之所以名为咸阳村，因其在县南十五里衮，十里山上有水得名咸阳谷。依照县志记载为秦赵之战秦军驻扎军营得名，历史久远矣。③ 根据清代重修碑记记载，此庙建于北汉广运三年（976），历代皆有重修，而目前遗构为清道光大修。山门为卷棚顶下穿廊结构，两侧置钟鼓二楼，门外西隅有一座戏台。进入山门拾级而上有一砂砾岩质牌坊，雀替繁华有石鼓门墩，其中雕刻内容龙首狮子、书籍香炉之类，门额上有石牌匾题为"鹫岭"，正面中央上书"西极慈云"，东侧书"兜率天"；西侧为"调御师"；背面石匾额书"祇园"，后衬"东垂法雨"；两侧刻"最上乘""光明藏"，书法苍劲浑厚，不落俗套，落款时间为道光庚寅，题写为东敬张凤祥。在牌楼顶端有五尊狮子（寺内道长认为是朝天犼），石雕整体装饰缠枝荷花，代表了佛国圣境。从书法题记而言，此寺偏重于净土信仰，同时无论是雕工装饰或书法纹样，体现出超高的佛学修养与艺术文脉。石牌坊西侧有多人合抱之古槐，名曰汉槐，仍旧枝繁叶茂。牌坊的

---

① ［民国］太谷县志·中国地方志集成·西府志 19 [M]．凤凰出版社、上海书店、巴蜀书社，2005，59.

② 目前只有东西南中四个咸阳村，而并无北咸阳村，从地理位置上，东西南北按照中咸阳村位置呈放射状分布，因此消失的北咸阳村应当在距离中咸阳村不超过 1 千米范围处。［明］太谷县志·中国地方志集成·山西府志 19 [M]．凤凰出版社、上海书店、巴蜀书社，2005：358.

③ "长乐乡十七里拼为九都里，白城里、咸阳里……咸阳谷在县南十五里衮，十里山上有源泉流出谷名咸阳水，西合回马水按城壕记秦伐赵筑城近谷口，以咸阳兵戍之故名。"［民国］太谷县志·中国地方志集成·山西府志 19 [M]．凤凰出版社、上海书店、巴蜀书社，2005：33-35.

设置代替了中殿之位置,在如此狭促的空间中尽可能地将"净土"信仰营造全面。

寺内建筑呈一进布局,正殿面阔三间进深三椽,单檐悬山顶,斗拱雀替皆有彩绘,虽在近年进行了翻修,仍可见清代旧样。大殿原有匾额"雨花天",上款为乾隆岁次丙午年己寅月谷旦;下款为弟子王世禄信男黄沭谨。"雨花天"为佛教故事,寓意高僧讲经漫天飞花,实意修行深厚,对佛理参悟透彻因而天降祥瑞,又名曰天花乱坠。①雨花天从佛讲经到高僧讲经代表了汉传大乘佛教教义之精深,是大乘八宗之一。而《法华经》是汉传佛教神学语境下的经典,同时也是佛教天台宗根本经,唐宋时期此经大兴于民间,后融合净土宗,流布更加广泛。山西是中国佛教圣地之一,但之于天台并不多见,尤其是"雨花天"作为正殿大匾额实属罕见,目前此匾额已被文物局保管,寺庙也改为道观,替换了"大通明圣众"新匾。

大殿内东西北三墙皆有水陆壁画,原有塑像毁于"文革",目前重塑了道教神祇供奉。根据守寺人陈相华回忆,他自幼生长于中咸阳村,"文革"开始后村里宗教文物遭到大规模破坏,该寺中的部分建筑构件与泥塑皆在这一时期被毁,面对三墙壁画,老者心存善念,用不加胶的大白涂料薄喷其上,使得一殿丹青躲过了浩劫,此后终身守在寺内,心存虔诚,虽为一介农民,然之于文化遗产的保护功德无量,正是有此大善之人,在壁画重修时,只是稍加拂拭便使得重焕光彩,宛若昨日。由于老者生于斯长于斯,对于寺内的建筑彩塑自小观看,印象颇深,因此回忆旧制颇具价值。大殿外部两侧原有九龙泥塑,殿内梁架皆有彩绘,或为花卉,或为金龙,即便是椽檩之上也是遍涂青蓝,多处构件有贴金装饰,富丽堂皇之极,色彩与殿内壁画浑然一体。大殿面宽8.9米,进深6.7米,房脊高处距离地面5.3米,东西两壁壁画高度3.5米。据陈相华回忆,殿内正面原塑有三个神祇,分别是中间戴冠的主佛与两侧的童子,推断为毗卢遮那佛与二弟子的组合。在殿内顶部有机巧营造,东西南北有四位使者,手捧符卷向中央奔跑,中央是一座小宫殿,上面为一坐佛,应为密教大日如来。水陆法会所奉请的神祇为十方法界诸神,救度者属五姓十类、幽沉一切未获超生者,因此法会须议移牒者为四大持符使者——四值使者,仪文曰:"责持前件文牒,上游天界;次及人寰,水府龙庭,修罗鬼趣,四生十类,冥府

---

① "佛说此经已,结跏趺坐……是时天雨曼陀罗华、摩诃曼陀罗华、曼珠沙华、摩诃曼珠沙华而散佛上及诸大众。"《法华经》卷1;又 "法云讲《法华经》忽感天花……,又胜光寺道宗讲《大论》,大雨众花,旋绕讲堂,飞流户内……"[唐]道宣.续高僧传[M].北京:中华书局,2014.

官曹，主执官防，守护疆界，一切神等。"①可见这四位使者正在将奉请诸事报与佛祖，殿顶上部这一精巧悬塑在其他水陆寺观中并未得见，实属罕见。

正殿脊博有三处墨书与朱砂题记："扶梁功德主白城里七甲曹三喜，男玉璠、玉珆，孙男兆鹏、兆鹇、照远、照明，曾孙男兴会、兴焕、士□、兴功、士英、士□、士庆、兴泰等"，另有题记"道光元年重修，主持僧通梅，徒心净、徒孙源明庆"。从这些题记可见此殿壁画是在正殿修缮之后重绘。

第一节 太谷圣果寺壁画中的民俗价值研究

一、壁画图像空间意义

大殿正面墙目前重塑三尊道教祖师，北壁两侧有四尊明王描绘，造型为须发蓬张、三头六臂状，手中或持宝剑宝戟、摩尼宝珠等器物，足下有鬼卒、侍女，造型显然是密宗样式，但与一般的明王数量不符，在水陆画中明王或十大或八大，此殿壁画描绘了四尊明王，榜题在下方皆漫漶不清，一般明王其法身往往绘于头顶上部，此处皆在额头有金箍，上有以身光头光作背景之佛牌，内画坐佛于莲花台。明王本身为忿怒相，此处所绘四尊不成系统，但若与损毁的中央佛则构成密宗最具代表性的"五方佛"或"五大明王"。根据梵本《金刚顶瑜伽经》《仁王经仪轨》《秘藏记》《菩提心五本义》中关于"'五菩萨'——皆有正法论与教令轮二身，正法轮现菩萨之真宝身，教令轮现明王之忿怒身，加之五佛自性轮身为三轮身，此三轮身有仪轨之意，也有莲花三昧经之意，以此三身为五佛身口意之三业。然《秘藏记》以五菩萨与五佛皆为自性轮身，此以度众生为菩萨之自性故也，其中教令轮身即五大明王"。②由此推断，大殿中现存四大明王与正

---

① 戴晓云校点. 天地冥阳水陆仪文校点[M]. 北京：中国社会科学出版社，2014：178.
② 《仁王经仪轨》自性轮身、正法轮神、教令轮身顺序对应为：大日如来、不动金刚、金刚波罗蜜菩萨；东方阿閦佛、降三世金刚、金刚手菩萨；南方宝生佛、军荼利金刚、金刚宝菩萨；西方弥陀佛、六足尊金刚、金刚利菩萨；北方不空佛、净身金刚、金刚药叉金刚。《梵本瑜伽经仁王经仪轨》自性轮身、正法轮神、教令轮身顺序对应为：大日如来、不动金刚、转法轮菩萨；东方阿閦佛、降三世金刚、普贤菩萨；南方宝生佛、军荼利金刚、虚空藏菩萨；西方弥陀佛、六足尊金刚、文殊菩萨；北方不空佛、净身金刚、催伏一切魔怨菩萨。除此之外，五方佛还对应了"五大菩萨"。《秘藏记》自性轮身、正法轮神、教令轮身顺序对应为：大日如来、不动尊、般若菩萨；东方阿閦佛、降三世金刚、金刚萨埵菩萨；南方宝生佛、军荼利金刚、金刚藏王；西方弥陀佛、六足尊金刚、文殊菩萨；北方不空佛、金刚药叉、金刚牙菩萨。但在不同的佛教典籍中其各轮身对应不同。按上述顺序应为"金刚波罗蜜菩萨"。丁福保. 佛学大辞典[M]. 北京：文物出版社，2002：252.

位佛构成密教之"五大明王"系统,其三身佛之内蕴包含其中,是为密教仪轨语体。

水陆画作为"水陆法会"之神祇呈现,其图像内容随着仪轨的发展不断演化,由宋到明,神祇上下两堂不断充实,尤其是对三教神祇与经典人物的不断扩充。而《天地冥阳水陆仪文》是元代开始流行的一卷刻本(遗存为明翻刻本),虽然此本散佚在大藏经之外,但从目前山西地区遗留的水陆画比较,其图像大都能够对应,即使神祇之间相互调整,抑或增删皆出其左右。根据目前收录最全的普林斯顿藏本,仪文内容依照前后顺序有50余类,图像主要表达了邀请正位、迎请天仙、召请下界、命请冥殿十王、召请往古人伦、召请孤魂等内容。[①] 仪文中按照释道儒、天地人鬼的顺序排列,因此,在壁画图像的布局中同样是按照这种结构进行。尤其是从明代开始,图像样式从大曼荼罗转变为一字排列,虽然像繁峙公主寺仍旧保留了整壁的曼荼罗呈现,但多数壁画已然是神祇前后簇拥呈"千官列雁"或分组表达。在这种图式关系中,壁画上部多是描绘了天仙神祇,依次向下排列为下界神祇与往古人伦;亦有北侧为天仙神祇,向南阶次呈现下界与往古人伦。这种图式内在的逻辑顺序是以佛教为中心的扩展,明代中期这种图式发生了变化,出现了道教神祇居于上部的描绘,同时也有儒家往古人伦位置向上移动的呈现。即便是三教图像位置不类从前,出现了混杂或交融,其图像皆能按照仪文描绘。

纵观此殿壁画,虽然在图式结构中亦是明清样式,但有大量的图像显然是脱离了仪文祖本,若不为臆造,应当是根据地方信仰与民间习俗进行了调整与修改,诸如六曜星君、历代祖师、青烟恶鬼、冤家债主、山精石怪(怪)、目连僧救母、阵亡将士等,这些组群图像似乎极为熟悉,但却在仪文中难觅其踪。细观壁上,图像内容佛道相互糅杂,虽然上下排列也有尊卑之分或天地冥阳之分,但若以仪文推演似乎很难对应。

从正位神祇来看,首先以十方三世佛为邀请主宾,包括毗卢遮那佛、卢舍那佛、释迦牟尼佛、弥勒尊佛、药师琉璃光佛、阿弥陀佛,殿内塑像损毁,但壁画图像也并没有进行表现。菩萨包括了大圣观世音菩萨、大智文殊师利菩萨、大行普贤菩萨摩诃萨、大势至菩萨、大圣虚空藏菩萨、大圣金刚手菩萨摩诃萨、大圣除盖障菩萨摩诃萨、大愿地藏王菩萨摩诃萨皆无表达。[②] 明代之后水陆画按照神祇祈请次序皆有导引神祇,诸如天藏王菩萨、地藏王菩萨等往往位于本组神祇首位,画面全无描绘,就连大阿罗汉或十六

---

① 戴晓云校点. 天地冥阳水陆仪文校点[M]. 北京:中国社会科学出版社,2014:36-39.
② 戴晓云校点. 天地冥阳水陆仪文校点[M]. 北京:中国社会科学出版社,2014:4-6.

罗汉等均无半点笔墨，即使是明王加持也由"十大明王"缩水为"五大明王"（图7.1）。正位神祇是水陆法会之中心，大面积的忽略与缩减应当是主观的布局，《天地冥阳水陆仪文》目前现存多为山西刻本，说明此本在明代就已经非常通行，圣果寺作为一方古刹绝不可能毫无依托而行水陆之法，其同为一县的东漾村净信寺也有一殿水陆画，在正位神祇的描绘中也罕有勾摹相关神祇，很显然，这种图式代表了清代太谷地区水陆画的典型样式（图7.1、图7.2）。

图7.1 圣果寺明王图

水府扶桑之神	三皇上帝之神	初二禅天众		天龙八部之神	孔子四渎
五海龙王	五曜星君	地府十王	六曜星君	阳间太岁	天妃圣众
昼夜水火之神	忠臣烈士众	历代祖师	五瘟使者之神	孝子顺孙	往古圣众
往古九流贤士众	青烟恶鬼	冤家债主	山精石怪（怪）	投河落井	桥梁路道之神

图7.1 圣果寺东壁图像空间排列

天官星君	天龙八部之神	天仙东南斗星君		三官大帝四圣真君	九皇高皇大帝
东洋大海龙王	天曹五谷之神	溪严坛洞龙神	天仙七宿	水府雷神圣众	天仙中斗星君
王子王孙	往古王妃彩女	诸员太尉之神	四洲宝公之神	管诸大山王	四直工曹依者
目连僧救母	秦国白起	阵亡将士	广（旷）野大将	丧门吊客	往古烈女

图7.2 圣果寺西壁图像空间排列

二、地域民俗影响下水陆缘起图像嬗变因由

《天地冥阳水陆仪文》目前遗存版本包括国图本、普林斯顿藏本与北师大藏本，开卷皆以"大雄氏水陆缘起"为首章，对于缘起历史推溯，另文专门梳理其来源悲忏法

第七章 山西明清寺观壁画中的民俗意蕴——以太谷圣果寺与河曲观音堂为例

及历代演化,《天》文缘起一节虽没有史学的完整表达,却对多重缘起因由进行了详述,首先,六道四生普济幽冥、顿出苦沦是为缘起关键;其次,庆喜尊者(阿难)与面然鬼王触发仪轨生成为根本;其三,武帝梦僧修水陆大斋,西京法海于兰若寺复整颓纲,感秦襄王、白起等"长平之战"诸罪人亦能拔苦地狱,获得解脱前来感恩,因此仪文天下咸知。三个缘起因由从佛教神学到政教推波助澜各有侧重,其中在明清水陆画的表达中皆有描绘。第一类图像依照仪文"方今仪轨,约类乃百二十殊",将供奉祈请的神祇悉数罗列,且水陆画中根据规模大小进行增减;第二类描绘了阿难与面然鬼王,对仪文中"乞无碍斋由,白佛求脱斯苦",且水陆出《焰口经》进行了有效注解;第三类图像中重点展现"长平悲歌",强调佛教的拔苦功能,同时也是大乘佛教利他教义的核心展示。

以目前所存最早的稷山青龙寺水陆壁画对应,对仪文的图像表达主要体现了前两类,并没有第三类关于秦襄王与白起一众的描绘。明代水陆壁画中则三方面的图像内容一应俱全,尤其是对第三类图像,以永安寺和普光寺为例,往往将二人描绘在陛牢之中,体现了地狱铁城、邹拘斋狱之苦。

圣果寺(图7.2)水陆壁画从绘画视角看与仪文出入极大,在神祇的图式排列中前文阐释了三教图像的过分混同,两壁只有46组神祇,相较于一般水陆壁画略显"寒酸",尤其是对正位神祇的缺漏使得这一堂水陆画初观时恍若《黄箓斋图》。

变化较大的应当是第二类缘起图像,阿难(图7.3)与面然鬼王作为"焰口施食"的主角,青龙寺北壁专门进行了大画幅描绘,并将其与"十类五姓无主孤魂众"放诸一壁,体现了水陆无遮道场利济四生。圣果寺并没有将这二者置于同一画面,而是拆分为三个内容来描绘,包括东壁中间部分的"历代祖师",下部左二的"青烟恶鬼"(图7.4)和西壁右下角"目连僧救母"(图7.5)。

图7.2 圣果寺位置图[①]

图7.3 历代祖师图之阿难

---

① 来自百度地图,圣果寺后改为道观,现名为"圣果观"。

图7.4 青烟恶鬼　　　　　　　　　　　图7.5 目连僧救母

"历代祖师"共描绘了八人，皆为僧人状，中间部分着红衣袈裟者为核心人物阿难，其手中标志器物铜铃在青龙寺等阿难图像中皆同。阿难作为水陆法会缘起核心，本身就是接引者，在《天地冥阳水陆仪文》中各类召请诗赞皆有"以此振铃伸召请"作为起首词，而阿难着红衣袈裟也在水陆画中成为定式，并在大部分水陆画中呈现如此。

"青烟恶鬼"描绘了十一身鬼众，整殿壁画并没有描绘与阿难"搭档"的"面然鬼王"，而是采用了这组饿殍鬼怪。与此相仿的图像在甘肃古浪县博物馆收藏的42幅水陆画中也有表达，但这堂水陆卷轴同时也描绘了面然鬼王，但是否画师故意舍弃或者对水陆仪轨不清造成便不得而知，但"青烟恶鬼"并不能代替面然鬼王，其只是"十类五姓无主孤魂众"属。

"目连僧救母"也在甘肃的水陆画中出现，此处图像以八人为一组，目连僧持禅杖，手中有僧钵与勺。其后中央描绘了堕入地狱世界身披枷锁桎梏的母亲，上身袒露骨瘦如柴受尽磨难之态。周围皆是地狱世界的鬼卒，面部丑陋、凶神恶煞般阻拦着目连僧救母。目连救母同样来源于《盂兰盆经》，而图像中所描绘的正是大目犍连始得六通欲报哺乳之恩的场景，经文曰："大目犍连始得六通，欲度父母，报哺乳之恩，即以道眼观视世间，见其亡母，生恶鬼中，不见饮食，皮骨连立。"[①] 从佛教语体中，阿难见面然鬼王都与《盂兰盆经》相关，但其本质上加入了儒家孝道观念，是佛教舶来汉地进行融合的经文。此经一卷仅800余字，为西晋竺法护所译，后经圭峰大师注疏阐扬，流传千年。[②] 唐代开始，目连故事出现了大量的变文，构成了以讲唱为主的口传心授，相较原

---

① ［西晋］竺法护.佛说盂兰盆经.乾隆大藏经29卷，财团法人桃源县至善教育事务基金会，529.
② 吴明.盂兰盆供讲义[J].法音，1993（9）：6.

第七章　山西明清寺观壁画中的民俗意蕴——以太谷圣果寺与河曲观音堂为例

文,对目连父母名字以及地狱中受苦细节和目连曲折的救母情节进行了细节描写,[①]这就推动了文本走向更加广大的受众。目连故事的大范围传播发生在北宋时期,由说唱文学升级为杂剧表演,而《目连救母》也成为盂兰盆会祭鬼的主要节目,元代是中国杂剧发展高峰,大量的改编再次促进此类曲目的发展,《打青提》《录鬼簿续编》等杂剧都讲述了相关故事。[②]佛教文学的传播多是在信众当中口口相传,相较之下,杂剧的教化功能更加有效,舞台本身具有的通俗性与传播特征能够将目连故事植根民俗。演化至明清时期,成为盂兰盆会的重要节目。由此可见,圣果寺加入这一图像,应当是与太谷地区晋商富庶、儒家孝道文化尤盛有关,加之太谷地区繁荣的经济,当地的戏曲文化极为繁盛,地域文化对佛教图像的影响不言而喻。目连与阿难同为佛前座下弟子,二人都在度化众生,启蒙教义,但竺法护将中国传统儒孝观嫁接其中使其呈现出强烈的汉传佛教特征。

对于第三类缘起图像是关于"僧梦秦王",将水陆法会与中国封建王朝开端最惨绝人寰的"长平之战"相结合,本意是强调对不赦之人的拔苦,但此处并没有着墨于陛牢苦难,图像榜题为"秦国白起"(图7.6),但却描绘了白起与陈轸同囚枷内,周围鬼吏怒目而视,显然是堕入阿鼻地狱。咸阳村本身就是秦国驻扎军营与赵国对峙处,白起被后世奉为战神,却又因为坑杀40万降军留下千古骂名。这组图像之后描绘了一组"阵亡将士",一众人丢盔弃甲,有被利箭穿喉或死于刀剑,与前面的白起二人呼应,意味深长。同时在上部还有一组"诸员太尉之神"(图7.7)与其后"旷野大将军"(图7.8)都是有关武将图像,由此可见地域民俗形成的文化在佛教图像创作中影响深

图7.6　秦国白起图　　　　　　　　　图7.7　诸员太尉之神

[①] 刘杰.宋前目连故事的流变及其文化阐释[J].敦煌学辑刊,2009(1):119.
[②] 李小荣.目连故事中国化的文化意义[J].盐城师范学院学报(人文社会科学版),2004(5):93.

远，白起虽然因长平之战背负千古骂名，但画师似乎在表现中并没有强调其罪恶滔天饱受酷刑，所画桀骜不驯之态与后组负伤狼狈溃逃的将军形成反差，这种模糊的笔调似乎难辨其中褒贬，更像是对武神的颂扬。

作为山西通行的水陆文本，《天》文首页对缘起一节的成因推论细致入微，虽然神学色彩颇重，缺乏史论考据，但其内含的发端成因皆是汉传佛教精义之所在。圣果寺笔墨恣意，图像替代似乎无章可循，但思忖再三莫不是三教文化角力与融合过程中的相互适应，民俗信仰与佛教的多向度交融体现出水陆法会不断横向兼容，走向大众的净土思潮。

图7.8 旷野大将军

三、壁画图像装饰造型表达

水陆画在功能上从属于水陆法会，但其本体仍旧是以中国画图像表现为中心，壁画在材质上的转换并没有削弱纸本或绢本绘画对其的影响，明代水陆壁画恰恰在图式上以"长卷"的形式展开描绘。图像除了分组列队，更加强调整体呈现。这种表达体现在观看方式上的变化，从观者视角，壁画虽罗列百人千人、浩浩汤汤，但其壁面整体的青绿丹红具有强烈的视觉冲击力，一方面来源于壁画人物巨大的体量及对人的"压迫"。同时，造型与色彩形成的带状装饰具有华丽与辉煌的震撼之感。水陆法会在汉地的发展从进入中国之后从未停止融合，大乘佛教的入世观并非单纯向政治和文化妥协，图像本体具有的普世价值恰恰更能够体现出汉传佛教的原本样态。

壁画图像在位置经营中采用了蜿蜒曲折的波纹构图，每组神祇采用了大空间的疏密处理加强其节奏表达，这种构图显然牺牲了大量的空间，但却营造出浓郁的文人化美学意境，这也是两墙壁画只绘42组神祇的原因。从地域风格来看，太谷三堂清代水陆壁画（圆智寺、净信寺）都属于这种类型，每组神祇在前后上下都会进行错位，例如，举信幡者位于队列前方，其位置与最后神祇保持水平，中间部分形成三角形构图，使得队列有强烈的流动感。

在造型上，此殿壁画有着极强的创造性表现，为了避免图像单一与程式化，画师

第七章　山西明清寺观壁画中的民俗意蕴——以太谷圣果寺与河曲观音堂为例

在神祇的组合中竭力进行着细节调整，这种排布使图像更加耐人寻味。综合分析有以下四个特征：①持幡者的造型与动态，采用了六种以上的人物造型来调节与区分族群变化（图7.9～图7.14），包括仕女、鬼卒、僧人、士兵、童子，即便是同一种造型也进行了动态变化。从造型上，区别于一般水陆画持幡者呆板单一的动态，大部分持幡者具有高超的写实状态描绘，或跳脚腾跃，或弯腰扯幡，每个侍者动作都随着信幡飘扬

图 7.9　青烟恶鬼榜题 　　　图 7.10　四值工曹榜题 　　　图 7.11　四洲宝公之神榜题

图 7.12　天曹五谷之神榜题 　　图 7.13　天龙八部榜题 　　图 7.14　天仙东南斗星君榜题

与摆动的角度进行着身体的相应变化（图 7.15 ~ 图 7.20）。幡静止则人肃立，幡飞扬则人躬身弯腰，极力控制与保持着平衡，动态的描绘将人与风幡相抗衡时的状态完美而真实再现，这种微妙的动态写实需要画师对人物造型有着极强的控制力方可完成。②华盖

图 7.15　天仙七宿榜题

图 7.16　王子王孙榜题

图 7.17　往古烈女榜题

图 7.18　五瘟使者榜题

图 7.19　溪严坛洞龙神榜题

图 7.20　诸员太尉之神榜题

（图 7.21、图 7.22）、伞盖（图 7.23、图 7.24、图 7.25）、旌旗（图 7.26、图 7.27、图 7.28）的多样表达，同样是为了调节画面，增加耐看性，每组采用了不同的伞盖、羽葆和旗帜对画面进行装饰，这些器物在绘制中结构清晰，真实自然，若非有着极强的观察能力难以臆造如此多的样式。③云纹装

图 7.21　华盖 1

图 7.22　华盖 2

图 7.23　伞盖 1

图 7.24　伞盖 2

图 7.25　伞盖 3

图 7.26　旌旗 1

图 7.27　旌旗 2

图 7.28　旌旗 3

饰动静相宜，神祇人物背景采用了龙云纹的造型，采用了密体勾勒将云纹描绘宛若飞龙状，云头为涡状火焰形，加之云身呈S形插入云头组合，整体背景宛若千条蛟龙前赴后继，壮观异常。线描的密集加强了底纹的装饰性，但不加赋色又能极好地衬托主体神祇。④色彩的层次，正殿壁画采用了青、绿、朱、白、黄等几种色彩。背景底色采用了石绿色与神祇服饰的朱红色形成强烈的色彩透视，而大面积的冷色也使得壁画不失庄严，这种赋色特征在唐宋时期的寺观壁画已然形成定式，除了红绿二色之外，其他颜色皆为中间色调，极好地调节了色彩平衡。明代之后，壁画受到材料的影响不断减少石色的使用，因此画面中服饰多有薄色罩染或浅施淡赭，如此赋色并没有减弱画面的厚重与富丽，反而使得画面神祇随着整体图式变化跃动，这种图像具有的轻灵与曼妙在内部形成了一种张力，隐秘而伟大。除此之外，画面中不断调节着每组的动静变化，组群之间的微调并没有影响壁画整体的一致性，漫步其中、浏览壁上丹青，只见每组各不相同，忽而号啕呼喊、忽而静默如初、忽而乖张可怖、忽而谦恭肃穆，一幅幅绝妙佳作呈现其中。

四、生动的世俗情节与民俗价值

从图式结构与图像表达两方面来看，此殿壁画并没有按照《天》文作为参考，相反，与清代流行的一些水陆卷轴图像非常相似。这些神祇的排布引入了大量的民间信仰神祇，并且多数并非出于佛教与道家，乃是民间形成的神灵信仰。水陆法会的神祇依照三教源流仪文召请顺序为正位神祇、天仙神祇、下界神祇与冥界神祇，也可分类为四天、空行、地行、琰魔四类，①其神祇基本已成定式，东西两壁一般依照水陆牌位左60位，右60位（不含正位）分布。②此殿壁画在分类上除了打破固定程式，更加突出了民俗意趣，在榜题中以通俗的笔调进行描绘。从图式关系分析四层图像有着强烈的三教融通性：①第一层水府扶桑之神、三皇上帝之神、初二禅天众、天龙八部之神、孔子四渎、天官星君、天龙八部之神、天仙东南斗星君、三官大帝四圣真君、九垒高皇大帝，描绘了十组图像皆是三教上界神祇，此组将孔子与四渎并列，同时将九

---

① 四天包括"释迦如来至阿罗汉，四空无色，定果诸天至周天列曜一切星君"；空行包括"五通净行，一切天仙至天猷副元帅"；地行包括"后土圣母，五岳帝君至殿塔伽蓝一切土地众"；琰魔包括"冥殿十王，五道将军至一切恶鬼众，一切傍生等众"。戴晓云校点.天地冥阳水陆仪文校点[M].中国社会科学出版社，2014（5）：178–180.

② 戴晓云校点.天地冥阳水陆仪文校点[M].中国社会科学出版社，2014（5）：217–218.

垒高皇大帝提升顶部，显然是对儒教的推崇（图7.29~图7.32）；②第二层十二组包括五海龙王、五曜星君、地府十王、六曜星君、阳间太岁、天妃圣众、东洋大海龙

图7.29　东洋大海龙王

图7.30　溪严坛洞龙神

图7.31　四洲宝公之神

图7.32　天龙八部之神

王、天曹五谷之神、溪严坛洞龙神、天仙七宿、水府雷神圣众、天仙中斗星君是以龙王、星君、琰魔诸神构成的天仙神祇，以龙神为例，传统水陆图像描绘为五湖四海、金银铜铁，此处东洋大海龙王与溪严坛洞龙神似乎名不见经传，但应当是清代中期水陆图像世俗化对民间龙神信仰的演化所致（图7.33~图7.37）。此外，天曹五谷之神手中各持器物，麦穗与树石表征了农神信仰，具有强烈的地域特征（太谷农业极为发达）；③第三层十二组包括昼夜水火之神、忠臣烈士众、历代祖师、五瘟使者之神、孝子顺孙、往古圣众、王子王孙、往古王妃彩女、诸员太尉之神、四洲宝公之神、管诸大山王、四直工曹依者，此组以下界地祇与往古人伦构成，而其中关于诸员太尉之神、四洲宝公之神、管诸大山王在山西其他水陆壁画中未见，强调方位神与山神本身就是自然崇拜的神灵化显示。历代祖师除了强调阿难的接引地位，共描绘了八位僧

图 7.33 山精石怪

图 7.34 丧门吊客

图 7.35 阳间太岁

图 7.36 地府十王

图 7.37 五谷之神

人,是否寓意了大乘八宗不可知,但其中中间红衣戴帽僧人为禅宗达摩初祖显而易见;④第四层十二组包括往古九流贤士众、青烟恶鬼、冤家债主、山精石怔(怪)、投河落井、桥梁路道之神、目连僧救母、秦国白起、阵亡将士、广(旷)野大将、丧门吊客、往古烈女,以往古人伦与冥界诸鬼为主要表达,此组鬼众描绘得饶有趣味,青烟恶鬼为针咽大腹、其持幡者竟然与云雾相融(图 7.38)。山精石怔(怪)描绘成千奇百怪的妖精,想象力之强令人咋舌。冤家债主宛如闹市一般,拉扯打骂好不热闹,最为精彩之处是一名女子扯住男子胡须,手中怀抱孩童,下有大孩抱腿阻止,二人显然是夫妻,正因丈夫行苟且之事打闹,笔触之生动跃然壁上。桥梁路道之神所绘应当是黄道、黑道、金银桥,鬼吏镇守与遍地匍倒磕头状代表了由此可通往超生所在。

图 7.38 阵亡将士

青龙寺元代水陆壁画以曼荼罗的样式呈现,将正位神祇放置在四壁顶端,体现出佛教至上以及优越的宗教地位。明代水陆画的平行图式将三教拉入平等对话，水陆图像不再以佛为尊。圣果寺壁画中强化的儒家表达与冥界诸鬼之民俗意趣并非要逃离佛教因果论，这种"过度"植入显然是佛教仪轨走向普罗大众争取更多信众的手段。西壁南侧下层描绘了目连僧救母，东壁南侧下层描绘了桥梁路道之神，从图像读取的顺序目连由儒转释进入地狱救母，下部皆是地狱诸鬼，而最后的桥梁路道自然是超脱之路，壁画从面然大师对众生的拔苦转化为目连救度不仅是简单的仪轨图像调整，民俗的干预体现了自我救赎的因果论。同时画面在冥界部分处理时并没有展示更多的苦难，这种笔触温情显然是对轮回说含蓄的表达。在图式结构中，一般的水陆画皆是众神朝向北侧，这种朝圣式表达主要是体现北壁正位尊荣。但此殿壁画神祇均是朝向南侧，也就是大门方向，是否有着度化与超脱不可知，但显然是画师有意为之。简而言之，此殿水陆画虽为清代作品，然其绘画水准与图式排布实属上乘。此外，超越仪文本体展现地域信仰是此殿壁画强大的语体展呈，况且经善人护佑，保存品相如此完好，令人嗟叹！

第二节 河曲观音堂清代壁画中的多样社会表达

一、河曲观音堂遗存

忻州市河曲县树儿梁乡下养仓村西南侧有古庙三殿，名为观音堂。整殿庙宇颓败倾塌，毁损严重。现遗存正殿与东西配殿，正殿为观音堂（图7.39），东配殿为关公殿（图7.40），西配殿是娘娘庙。

正殿东西两壁有壁画遗存，且壁画下部剥落严重，壁面高度为220厘米，宽度为495厘米，整体面积将近22平方米。壁画内容是观音菩萨经传故事。图式排列为正方形连环构图。东西两壁各有21幅情节表现，画面可见壁画有35块，但东壁左下3块壁画和西壁右下4块完全损坏。庙内虽无碑记记载，从正殿西壁壁画风格来判断为明代作品。大量的青绿色调兼配朱砂使得壁画色彩均衡，典雅精致。这一特征与山西同时代的壁画极为相似。

东配殿的关公殿的东西两壁均有壁画，共有32幅关公故事呈现，画面较之正殿明显呆僵了一些。虽然赋色丰富，但造型较为刻板，应该是清代所绘（图7.41）。此种类型的关公殿分布极广，图像的程式化非常严重，在构图当中缺乏创新也是此类关公图的

图 7.39　正殿东壁观音堂经传故事

图 7.40　关公殿东壁

图 7.41　关公殿西壁

一大弊端。

庙内最有特点的当属西配殿，有两间，最西侧一间配殿内壁画为马王爷出巡图与马王爷回宫图两幅壁画分列在东西两壁，壁画宽度有114厘米，高度为187厘米。内容形式与朔州及大同一代分布的马王庙如出一辙，三头六臂骑马出巡的马王与身边的鬼卒神将在排列上极为相似。可见雁北一代的神祇样式在地域的分布上互为影响，形成了较强的图像模式。

二、"婴戏图"民俗化之滥觞

在西配殿的另一间西壁完整地保留了一幅《百子图》，是整间庙宇的点睛之笔，也是异于雁北其他神庙宗祠壁画的图像样式。壁面高度为200厘米，宽度有320厘米，青绿为底，水墨山水为境。图中描绘了一名端庄的女子手捧一名婴孩，周围为众多孩童戏耍的场景。壁画的人物有52名之多，因此故名《百子图》。在中国古代，由于生产力的关系，生育与繁衍一直是人类社会结构组成的重要单位，因此，观音信仰与娘娘信仰一直是以一种隐形的生殖崇拜对宗教进行了重新地架构，人们在祈福的过程中将求子放置在重要的位置。类似的图像还有《百子图》《婴戏图》和《弥勒戏婴图》，可见，无论佛与菩萨，在汉传佛教的演化过程当中，功能与祈福寓意不断地加深，导致这种变化的自然是血脉延续必须借助的佛教诉求。因此，在对繁衍生息的精神寄托上，突出了数量来加强语境。而类似有《百寿图》《百福图》都与此有异曲同工之妙。

208

"婴戏图"最早始于唐宋时期,主要描绘天真烂漫的孩童形象。在佛教中,"磨喝乐"为释迦牟尼之子,从属于天龙八部。然而其最早出现时确实在佛教文献中,出土于敦煌的五代文献《庚申年七月十五日于阗公主施舍簿》中就有"摩睺罗壹拾"的文字记载,其中的摩睺罗就是这一时期用来礼佛的塑像。有学者经过考察认为:摩睺罗来源于唐密胎藏曼荼罗造像,其本身即是"天龙八部"中的"大黑天"。虽然在日本兴福寺有着孩童脸庞的"摩侯罗伽"像,但其中造像还是相距甚远,因此并不足以支撑其来源。① 这一样式显然与佛教有着关联。《东京梦华录》中记载:"七夕前三五日,车马盈市,……又小儿须买新荷叶执之,盖效颦磨喝乐。"宋代出现的执莲童子与"摩睺罗"的造型在此重叠。而《东京梦华录》记载这一物品主要在七夕前后出现,南宋时期的著作《梦粱录》《岁时广记》《武林旧事》也记载了这一风俗。② 七夕又名"乞巧节",祭祀的对象为牛郎织女,将此物进行供奉并非单纯的"玩具"功能,而是"祈子"之意。唐宋时期,与此相同的还有在佛教中"四生"之一的"化生"逐渐也由菩萨样演化为"童子"像,化生为中元节所供养的一种童子形象,唐代为蜡制,③并且出于西域,与摩睺罗为同一物。化生是"七月十五"女子用来祈嗣的物品,中元节女子在盆中盛水,将蜡样的"化生"放入水中拍打,意寓生子。化生的材料为蜡,在随后的发展中逐渐有不同的材料进行加工,山西晋北与晋中在"七月十五"仍然供奉制作一种面塑人偶,俗称"爬娃娃"(图7.42)应当是蜡样"化生"的延续。这两类虽然是不同时间供奉的"贡品"。尤其是陶瓷的"孩儿枕"俨然成了风靡一时的"经典造像"。有学者梳理了宋代出土的瓷枕发现,最早为定窑童子荷叶枕(图7.43),时间为元祐元年,和另外一件大观年间瓷枕共同之处是都有莲花装饰,这种样式显然具有浓重的"摩睺罗"痕迹。同时,宗教语意使得这一题材具有了广泛的受众群体,

图7.42 爬娃娃

---

① 刘宗迪.摩睺罗与宋代七夕风俗的西域渊源[M].民俗研究,2012(1):73.
② 赵伟.神圣与世俗——宋代执莲童子图像研究[M].艺术设计研究,2015(4):19.
③ [元]杨士弘《唐音》引唐《岁时纪事》。

图7.43　童子荷叶枕

因此，美好的寓意与佛教内核将"孩儿枕"作为一种"寝具"盛行于宋金时期，成为繁衍子嗣的象征。①而南宋时期，"摩睺罗"在江浙一带逐渐定形，发展成为一类泥塑，成为千家万户之玩偶。从陶瓷到面塑直至泥塑玩偶，"摩睺罗"与"化生"在宗教语体的式微中逐渐走向世俗化。尤其是面塑文化的形成，山西的晋中、晋南、晋北仍然在活态传承着这种样式。虽然造型上趋于更加复杂的装饰，但最为经典的"爬娃娃"造型是"化生"孩儿的延续。面塑的发生在早期被认为是祭祀的替代品，这种与陶俑具有相同衍生形态的食品在目前"非物质文化遗产"的研究中尚不明确发生期，但中元节作为中国传统的"鬼节"，并不具有祈嗣的作用，"化生"与"摩睺罗"在功能上的交叠也说明了早期汉族祭祀仪式的趋同性，对于子嗣的追求是人类繁衍生息的首要目标。因此，即使民俗在各类历史原因的阻隔下和演化中逐步脱离本体初始，但样式在地域的流迁中依旧能够保留一部分价值。这两种"孩童"的样式虽然不能证明是《婴戏图》的初源，但绝对与此息息相关。

三、婴戏图在绘画中的空间意趣

明清之后，《婴戏图》成为一类代表民俗美好寓意的画科，尤其是木版年画对此题材乐此不疲，传统地域的几大年画刻板都有大量关于"婴儿戏春"的图样印刷。因此，《婴戏图》的推广在世俗化与佛教交融的宋代开始逐步融合，明代以后，样式逐渐形成一种定式，而"杨柳青""桃花坞""绵竹木版"与"潍坊木版"正是推动这种图像走向大众最为直接的工具。这种普世价值的灌输开始导致人们对《婴戏图》样式本源问题提出试论。近代关于《婴戏图》造型来源的首发声者为胡适，1935年胡适发表了《磨合罗》探讨大黑天与"磨合罗"的关系，同时也提出了鬼子母信仰与磨合罗的渊源。这二者都是唐密显教最为常见的神祇，国内的学者认为鬼子母是菩萨样，与童子相去甚远，不可能与此有关。实则对于鬼子母的信仰在宋元时期极为兴盛，而现存山

---

① 孙发成.宋代的"磨喝乐"信仰及其形象——兼论宋孩儿枕与"磨喝乐"的渊源[J].民俗研究，2014（1）：137-143.

西繁峙岩山寺的金代壁画中就有《鬼子母变相图》。作者王逵为金代宫廷画家，此人绘画技法极为高超，在《鬼子母变相图》中绘制了九个孩童与鬼子母戏耍的场景。其中的"皮影戏"绝对是沿袭了北宋风俗画的写实技法，将童子天真烂漫的形象描绘得淋漓尽致，可以说这幅壁画沿袭了北宋《婴戏图》的造型样式，与南宋发展开来的《婴戏图》交相辉映。南宋迁都临安之后，宫廷画院建制仍然保留，培养了一批技法高超、图写天趣的大家，苏汉臣与李嵩正是其中的佼佼者。二人都善作《婴戏图》，属于典型的民俗题材，画中两名孩童在庭院中玩耍游戏，庭院之中芙蓉盛开，野菊朵朵，地上佛塔、铙钹等玩具散落，笔调轻松自由，一派天真。[1] 而南宋画家李嵩更是由于其工匠身份的影响在创作过程中融合了许多民俗意味。《货郎图》《影戏骷髅图》就是带有强烈魔幻色彩的作品，此后，苏汉臣的弟子陈宗训沿袭了他的画法，在秋庭《婴戏图》中表现了孩童天真烂漫的形象。宋代有一些佚名画家更是在此基础上进行描绘，《百子戏春》《闹学图》都是此类题材，人物也增加为几十或上百。[2] 自此，关于"婴戏"则是人物画中独立的一类进行表现，各类工艺竞相模仿。

"鬼子母"又名"诃利帝母"，自西晋随佛教传入，在从吐鲁番出土的幡画（图7.44）中可以看出，诃利帝母在早期的呈现就是与童子共组。故事讲述了药叉诃利帝母由于喜吃他人孩童，佛陀为了惩罚她，将其孩子扣押在饭钵之下，"鬼子母"率众欲要揭开佛陀饭钵，最终纹丝未动，饱尝失子之痛的诃利帝母在佛陀的感召下皈依佛门，成为"圣母菩萨"样。在岩山寺壁画中并没有对"揭钵"进行展开式描绘，而是将重点放在诃利帝母皈依之后乐享天伦的场景。显然，这种细节的描绘更加适应观者的需求。元代之后，寺观壁画更是对这一题材无一遗漏地进行描绘。目前我国最早的水陆寺观壁画山西稷山青龙寺也有《鬼子母变相图》（图7.45）的描绘。明代的水陆壁画在诃利帝母的表现中也是无一遗漏，其端庄的容貌与孩童在其身畔的嬉闹构成了诃利帝母"圣母"样的表达。这一故事文本的高超在于"揭钵"，而宋元时期《鬼母揭钵》成为一类专门的剧本进行创作。尤其是元末明初《西游记》的剧本中出现的"爱奴儿"与岩山寺《鬼子母变相图》（图7.46）相仿，是对鬼子母儿子的称谓。而《西游记》中的"红孩儿"也就成了鬼子母的儿子，"红孩儿"在被观音收服之后，成为"善财童子"，因此"五十三参"表现的

---

[1] 程沁．苏汉臣《秋庭婴戏图》研究[J]．美与时代（下旬刊），2009（6）：64．
[2] 曹淦源．"婴戏图"试论[J]．景德镇陶瓷，1987（4）：37．

图 7.44　吐鲁番寺院幡画上的　　图 7.45　青龙寺鬼子母　　图 7.46　岩山寺鬼子母变相图
　　　　 诃利帝母　　　　　　　　　　　 变相图

童子模样也是此类题材之一。由此可见，"鬼子母"的信仰成为萌发《婴戏图》的诱因是有据可考的，也就是说：胡适先生的推断是有着客观根据的，绝非单纯的猜测，这种判断基于一种清代之后遍布中国南北方的"娘娘"信仰。对于"祈子"，中国最为广泛的当属"观音"信仰，而佛教中的观音大士显然在初期是不具备这种求子作用，而诃利帝母作为与孩童如此密切的佛教神祇具有的功能显然更符合民众的价值功能取向要求。但"鬼子母"由于骇然的身份又很难被世俗化接受，因此，"娘娘"作为一种笼统的称谓成为中国民间底层求子信仰的基础。而据此产生的具有教化功能的图画在清代大肆传播，植根民间。山西忻州河曲县"娘娘庙"中正是这类图像的"基因"延续。可见，宗教绘画在"鬼子母"图像传播过程中十分积极，尤其是以壁画最为突出。作为中国宗教图像的重要表现载体，壁画在发展过程中不断突破宗教语体的羁绊，宋代之后更是将世俗化与三教合一作为搭建通向大众的普世价值。早期的主尊佛像表现与"曼荼罗"的中心式表达被庞杂的"千官列雁"取代，追求多元的宗教思想将三教紧紧地捆绑在一起，因此，佛教的神祇不断脱离浓重的"救赎"与"拔苦"意味，追求一种自然与世人的贴合成为人们对"母系"神祇的精神寄托。鬼子母的形象在壁画的蜕变过程中与萌生时的形象完全不同，民间强大的"造神"功能由此启动，而《婴戏图》虽然在创立之初毫无宗教寓意，与"鬼子母"图像的碰撞则是中国"圣母"题材图像的最好表达。

《马王出巡图》描绘的骑马引路童子（图 7.47、图 7.48），画面给人情趣活泼的感觉。而独幅表现的婴戏部分可以分为四组进行情节分解。画面的中心位置是送子娘娘，画师并未将其安排在画面正中央，由于娘娘面部朝右，因此，其位置靠近左侧，右侧的

第七章　山西明清寺观壁画中的民俗意蕴——以太谷圣果寺与河曲观音堂为例

图 7.47　马王出巡图 1

图 7.48　马王出巡图 2

空间显得更加宽阔，而这种安排也使得送子娘娘的位置处于黄金分割线之上。这样的主体人物突出而不突兀，灵活而不呆板。由于送子娘娘在体量上是画面最大的主角，因此，大量的孩童被安排在右侧，以平衡画面的空间组合。送子娘娘手中所托孩童单脚站立，一手持金钥、一轻点朱唇，红兜绿裤，憨态可掬，正是最为典型的"胖娃娃"造型。这样的孩童形象是寄托美好与幸福家庭夙愿的意向表达，成为明清以来民间美术造型的主要来源。娘娘的表现完全是现实主义格调的体现，普通的服饰，平和的脸庞，俨然一副古代家庭主妇模样，这是民间神祇来源的精神再现。百婴是画面的表现灵魂，图中的孩童分为两类，一类是头戴发冠，身着长袍，另一种则是肚兜长裤天真无邪。前者在数量上只有八位，分列在画面各部分来携领组群，使画面在精读过程中更有意味。

画面上部左侧有八位孩童（送子娘娘手中除外），其中戴发冠者有四名，最右侧一个小孩手中拿一顶状元帽，高高举起，引得旁边小孩跳起争抢。另外还有两名小孩手中捧书，这一场景使人想起来"五子登科"（图 7.49），这是中国古代教育最具代表性的榜样范式，是中国古代儒家文化对教子育人的典型垂范。

画面中央描绘了《百子图》的外向表现——"群婴戏"（图 7.50），图中十余名小孩或戏鸟、或游戏、或拿玩具、或追逐嬉闹，图像虽然定格静止，但欢声笑语似乎由画壁传出，不绝于耳。这是孩童世界的完美展现，也是对美好生活最简单的寓

图 7.49　登科图

意表达。

　　画面右侧下方描绘了《习武图》（图7.51），所谓"一张一弛，文武之道"，中国自古对文武之事关注甚深。图中的小孩有拉弓射箭者，有戏耍持红缨枪者。这种描绘呼应了左侧读书的孩童，形成文武二道，这样的表现显然是能够满足人们祈愿所求的理想表达。

图7.50　群婴戏

　　画面左下方一组描绘了一群小孩在摆弄祭祀供桌，谓之《行礼图》（图7.52）。显然，祭祀在此是礼的代名词，通过这种含蓄的表现，将人之生而知礼作为教育中必备的素质进行宣扬，传统儒家的精神传递在古代艺术的解读下充满意趣。

图7.51　习武图

图7.52　行礼图

　　此殿观音堂壁画，将传统木版年画与纸本绘画艺术进行了大胆借鉴，脱离了佛道神祇的造像规范，忘却了宗教初意的约束羁绊，在嬉闹玩耍的童趣之中伴随着时光的流逝彰显自然祥和。图中有青草萋萋，远山的烟岚构成了一幅安详静谧的人间乐土，如莺的童声仿佛在山谷之间盘旋回荡，超脱的艺术表现在人性的光辉下别具一格。

　　在中国绘画雅致的人文精神当中，往往关注的是成人世界的情操格调，对于孩童稚嫩的身影很少进行关注，而作为构成人类的微小单位，却成就了一个家庭最重要的欢乐枢纽，也是沟通未来的重要桥梁。能够如此细致地对这些孩童进行描绘是对生命最大的尊重，这也是人们回归本真的内心独白。山西寺观壁画呈现出的多元化与人文色彩毫无遮掩地就此流露。

第三节　大同广灵水神堂"百工图"中的晋北民俗意蕴

　　山西省大同市广灵县东南壶泉镇有壶山一座，山上有庙曰水神堂。始建时间为明代嘉靖时期，初时称为丰水神祠，清代乾隆年间修建文昌阁，后改名水神堂。因广灵县地处塞北，当地气候环境恶劣，无论是游牧还是农耕，人民对水的依赖与恐惧促成了对水的崇拜，故将水赋予神的形象加以信仰，筑庙祭祀。[①]建筑坐北朝南，面积约7600平方米，寺内最为代表的建筑为灵应宝塔、文昌阁、圣母殿等，现存建筑大部分为清代修建，平面呈八边形，为八合院构成，此处既是一处宗教祭祀场所，同时也是北方园林景观的典范，寺庙依山傍水风景雅致，有江南灵秀之味。寺庙之内有一座灵应宝塔，为六角七层式砖塔构造，内部实心，不可攀登。除此之外，还分布有圣母殿、大士庵、百工社、文昌阁、钟鼓楼等，整个建筑在山色水景之中相得益彰，流连其间美不胜收。

　　其中的百工社是极小的一殿庙宇，与圣母殿毗邻，建筑为单檐硬山式清代样式，宽度为8.33米，深度为7.57米，殿内原本有塑像，后被毁坏，据老人们口述，此殿中央曾塑有三尊大像，分别是鲁班、老子与孔子，象征工道儒三家，每逢农历二月十五日和五月初七日，周围工匠来此祭祀鲁班祖师。同时，作为民间祭祀习俗，祭祀鲁班也有祈求五谷丰登、百业兴旺的象征寓意。殿内北壁壁画已毁，目前，只有东西两壁完整地保留了40幅《百工图》，涉及了40多种行业和手艺（有的图像一幅图中包含多种工艺）。百工之说并无确凿来源，据《周礼》记载，中国社会最晚自西周开始，就设有专门性的百工管理机构，最高官员为司空，具体管理者为匠师。[②]百工一词只是一种笼统的概念，泛指民间三教九流之中的一众手艺与各类行业，而且在不同朝代当中亦有变数。例如，明代宋应星《天工开物》之中用了上中下三篇共18卷，附图121幅，描绘了130多项工艺技术，这应该是民间百工图的集大成者。在广灵水神庙百工社的图像之中，与《天工开物》之中符合的工艺约为十余类之多，而相邻的河北省蔚县（旧属于山西大同府）

[①]　沈纲，石谦飞. 广灵水神堂——塞北地区民间祭祀建筑艺术探析［J］. 建筑与文化，2019（11）：245-246.
[②]　刘成纪. 百工、工官及中国社会早期的匠作制度［J］. 郑州大学学报（哲学社会科学版），2015，48（03）：102-109.

夏源关帝庙东西配殿的墙上绘制了 64 幅百工图像，16 幅为一组列于四墙之上，同样将《天工开物》之中的多种工艺进行了细致描绘，而且不仅有栩栩如生的画面，画师还为每幅图做了文字标注，林林总总，不一而足，总共 64 行，行行生动形象。[①] 与广灵百工社不同之处，蔚县的《百工图》被安排在关帝庙的配殿两侧，并不像广灵水神堂内建设了专门的场所，除此之外，这两组《百工图》大量描绘的则是代表了三教九流中的各行各业。这些行业涉及人们的衣、食、住、行诸多方面，完全是民间生活的真实再现。同时由于百工图像是艺术图像和科技图像的结合产物，看似单纯的表现手法和样式中，既有很强的客观力量，又有较高的美学价值；既重视视觉的表达，又强调文化属性。这对我们研究壁画中的艺术非常重要。[②]

一、东壁图像解读与民俗语意

百工社东壁分四层结构连环绘画，每层为五幅图像，从左向右的顺序为腰带行、估衣局、铸铁铺、营造行、泥工行、改换缨帽行、漂布店、麦饼铺、染布分色行、制香店、屠宰行、小酒馆、杂货铺、义当铺、书籍斋、剃头刮脸修鞋铺、磨坊及骡马市场、豆腐坊、皮衣局。这些图像当中，大部分都没有题记，只有极个别在门口有一块小牌匾，而蔚县《百工图》的每幅图像左上或右上均模仿了水陆寺观壁画榜题进行详细说明，有的为三字，如铸铁铺、切烟铺、毡帽铺、粟粮店、漂布店、生药店、柳器店、瓷器摊、漏粉局、裱糊局，也有四字的，如脂肉俱全、水中生色、描画丹青、游巷贸易、完童耍货、改换缨帽、精选木料、修造渡船等，或直接或间接地对此种工艺行当进行了充分讲解，使人在读画的过程中明明白白。而广灵百工社由于大部分都没有题记，有个别的图像只能通过蔚县相仿的情景进行辨认，读取过程中确实有些费劲，但大部分图像仍然绘制得直观明了，在第一时间就可以了解其具体工种。这种清晰的图式方法正是将工种与工艺准确传达的优势所在。

虽然广灵百工社只残余 40 幅图像，但每幅图像所包含的信息量极大，从其中选取一些有代表性的图像进行解读便于我们深入了解清代工艺技术的发展与演化，同时也能

[①] 刘伟. 看文物、解历史——从《百工图》看清初蔚州地区的社会生态和经济特色[J]. 文物鉴定与鉴赏，2019（19）：26-27.

[②] 沈克，王祯.《农器图谱》中图像的美术价值[J]. 美术研究，2006（3）：51-54.

为山西寺观壁画的语言拓宽提供例证。

东壁右侧的三幅图分别是铸铁铺、营造行、泥工行，其表现内容丰富，科技价值极高，人物造型与动态也极其生动。三幅图都以写实具象的笔调对古代铸造工艺、建筑技术进行了全方位的图像表征，使得我们对古人的工艺技术有了新的认识。

东壁左三的铸铁铺画面绘制了六个人物，呈三聚三散的构图布局。画面中上方一处民宅，中间是整幅图像的高潮部分《冶铁鼓风图》，左侧一位中年人手持铁夹正在夹取熔铁的坩埚，炉火在风匣的作用下火焰喷射，右侧三位年轻的后生每人撤步下蹲，正在推拉用来鼓风的风匣，明代炼铁技术其中有一项重要的进步，便是鼓风器已由活门改为活塞推拉式，这项发明比欧洲早一二百年。[①] 同时令人惊讶的是，北方民间民用的鼓风风匣一般只是单柄推拉式，即使蔚县《百工图》中也有此类场景的描绘，不过是一柄加长拉柄，二人共用的大风匣，此处的三人共拉式设计势必能够提高鼓风效率。而清代对煤炭的使用已经较为广泛，这主要归结于采煤技术的提高，当时记载采煤技术较多的文献是《天工开物》和《颜山杂记》。里面特别是关于专用气井、气巷的记载，反映了明末清初在煤矿设计监造方面达到了一个新的技术高度，开采出的煤也越来越多。[②] 尤其是山西北部更加普及，涉及这种三人同拉的风匣能够提供强劲的风力，但三人同时作用必然会有协调的问题，一旦推拉频率不够整齐将会影响风力的输出，降低鼓风效能，很显然这完全不似民用的简易鼓风装置，而是一种设计精巧需要三人协同配合的机械作业设备。画面的下方左右二人，一站一蹲，左侧站立者手持铁棍，正在目不转睛地盯着中年人，随时准备铁水出炉进行协作，右侧一人正蹲地翻砂，铸铁的模具为沙模，好的沙模配比能够提高铁锭的质量，显然，画面中的工匠来回揉搓是为了取得没有空气和砂眼的磨具。据明崇祯《天工开物下篇·五金》记载："其铁流入塘内，数人执持柳木棍排立墙上，先以污潮泥晒干，舂筛细罗如面，一人疾手撒掺，众人柳棍疾搅，即时炒成熟铁。"明代铸铁工艺已相当先进。[③] 在画面的中心部分，是制作好的铁锭磨具，整幅画面在激烈的场景当中完整地展示了铸铁各环节的工艺流程，可谓翔实。

铸铁铺的右侧同样是一组忙碌的场景，叮叮咚咚地斫木、开榫卯、上梁、推刨、支

---

① 杨宽.中国古代冶铁技术开发史[M].上海：上海人民出版社，2004.
② 张培富，王淑萍：山西古代对煤的认识和利用[J].科学技术与辩证法，2000（1）：32-35.
③ [明]宋应星.《天工开物》译注[M].上海古籍出版社，2013.

柱，刹那间让我们置身于木屑横飞的建筑工地，这种砖木混合式结构住宅是北方民居最主要的房屋样式。粗壮的房梁和轻巧的檩条使得这些木构在没有建成时已经极具美感。而每位工人的认真与专注是确保房屋保存时间的关键，《营造法式》的法度实现正是在这些日积月累的高超工匠手中的具体表达。

右侧可以看作此幅图像的延续与结束，泥匠的细致与耐心是确保防漏和防潮的主要部分，画面中的九人各司其职，有和泥匠、抹墙匠、上泥匠、磨砖匠。泥巴经过加入麦壳和沙粒提高了其附着度，可以看到上泥师傅利用叉子轻松地将一大摊泥巴翻到房顶之上，如果泥水配比失调或者不够黏合，泥巴自然会散掉，绝对不能够形成一体。磨砖是古代建筑工艺的一个精细活，将手工青砖反复在石头上磨制，能够有效提高砖块的平整度。这样砌出的墙面接缝细窄整齐，美观结实，但极耗时间，这也是山西能够保持大量古建筑的重要因素。例如：现存的山西五台山的佛寺影壁大概有60余座，由壁顶、壁身、壁座这三部分组成，细细观察可以发现均有磨砖艺术的融入，而且哪怕是装饰用的方雕、斗拱皆有磨砖工艺，可见磨砖艺术之高超。[1]古代营造之事虽有法度，但真正的法度自在人心，优良的工艺与不厌其烦的工序是保证古代建筑艺术的精髓命门。

东壁二层右侧有一幅制香店的图像，工人异常忙碌，这种工艺在蔚县壁画当中没有出现，可见《百工图》的绘制应该是因地制宜，香的作用除了进行祭祀外，大量用于驱蚊增香，是百姓重要的生活用品，家中殷实之人自古每日必祀祖先，焚香点烛是他们的重要生活习惯，而"香火"一词也代表着宗嗣绵延、血脉延续的意思。明朝周嘉胄《香乘·卷十二·南方产香》曾记载："凡香品皆产自南方，南离位，离主火，火为土母，盛则土得养，故沈水、旃檀、熏陆之类多产自岭南，海表土气所钟也。《内典》云香气凑脾，火阳也，故气芬烈。"[2]这句话讲述中国人用阴阳五行分类架构解释香产自南洋的同时，更为重要的是香定位为阴阳五行中的"火"。香又必须经过焚烧而产生香气，香与火相伴而生，故"香"与"火"逐渐并称。根据黄典权叙述，文人笔下的"香火"似乎在东汉已见，而六朝尤盛，"香火"一词在诗文之中远超过"薪火"的出现，"香火"

---

[1] 周祝英.五台山佛寺影壁艺术初探[J].五台山研究，2015（2）：44-53.

[2] ［明］周嘉胄.香乘卷十二·香事别录，《文渊阁四库全书》电子版《子部·谱录类》，迪志文化出版有限公司，1.

的"香"字也重要于"火"字。"薪火相传"逐渐被"香火传承"取代。[①]在今天看来，这一词仍然广泛适用于当代社会。画面中分四组七人进行流水作业，上方的两人进行香泥的捶打，左侧一人利用杠杆压床进行香线的压制，右下二人将盘压好的香线切断装盘，下方一名背身的少年对这些香线进行晾晒翻制，屋内左侧老者正在清点包装。每个环节事无巨细进行了连环展现，这种工艺的披露如果不经过细致的深入观察很难绘制得如此详细，可以讲，清代当地的制香业势必发达。

《制香图》下首是书籍斋，人来人往，非常热闹。但书店内部的售卖人员全部是身着官服，可见当时对书籍的控制是非常严格的，不仅如此，当时清政府还多次颁布征书令，据乾隆三十七年正月初四日《上谕》所言："朕稽古右文、聿资治理，几余典学……今内府藏书，插架不为不富，然古今来著作之手，无虑数千百家，或逸在名山，未登柱史，正宜及时采集，汇送京师，以彰稽古右文之盛。"直接意图是"稽古右文"，但其根本是从源头上管控书籍传播。[②]这种对知识的封锁与禁锢正是中国在经历了漫长的古代文明之后自我封闭走向衰落的内因。书店的旁边是当铺，门口立有"义当"的牌子，店内货架上整齐地码放着各类当品，柜台前有三人正与掌柜讨价还价，门口还有身背当品低语商量之人，当铺门禁森严，外墙与门有高大的栅栏保护与隔壁左侧大门敞开的杂货铺形成鲜明的对比。并且，两个门店除了毗邻之外，在侧面有一小屋形成合围，院内假山嶙峋，垂柳荫郁，生意之好令人欣喜。这一层还有听戏说书的小酒馆匾额谓之《四景图》，店内说书之人手指比画，口若悬河，但观其下方不禁哑然，竟然坐在一架大的"河捞床"上，这种木制器具是用来压制一种山西面食的，名曰"河捞"，说书之人身兼二职，滔滔不绝的讲演与气定神闲的压面竟能同时完成，令人赞叹嬉笑，念其一绝。

酒馆当中的宾客完全被说书之人震撼，齐刷刷地侧身屏息倾听，全然不觉在酒馆的窗外正在进行着一场血腥"屠宰"，两名屠夫一人摁猪头，一人扯猪尾，屠夫口中叼刀正欲宰杀，受惊的母猪正在奋力挣扎，声嘶力竭地号叫着，这一切吸引了酒馆内的一名孩童，小孩趴在窗框观瞧着这场"较量"。屠宰场的上方是肉铺，店内横木之上用铁钩吊挂着宰杀好的猪肉，院内左侧一人正手持赶羊鞭驱赶着两头绵羊前往宰杀。

[①] 黄典权.香火承传考索[J].成大学报，1991（17）.
[②] 中国第一历史档案馆.纂修四库全书档案[M].上海：上海古籍出版社，1997.

屠宰场的下方是剃头刮脸修鞋铺，三个工种被放在三间相隔的大屋内，这也表明，这三个职业在古代是一个体系工种，可见古人在服务业的序列当中也是有着相互协作的关系。此图的右侧是一幅水磨坊图，巨大的水磨被修造在一间穿水而过的屋内，滔滔的山泉奔腾着涌出磨坊，门口肩扛粮食的农夫络绎不绝，可见水磨的力量之大远非人力可比。画面的右侧还有一幅磨豆腐的场景，同样将筛选黄豆、磨制豆浆、卤水点制和豆渣饲养进行了展现。右下最后一幅是皮衣局，描绘了皮草制作工艺的细节，由于山西广灵地处北部，气候寒冷，因此，皮草制作工艺在当地极为繁盛，画面中有皮草的涤荡清洗和捆扎晾晒等诸多环节，尤其是在水中清洗皮毛的二人，手持一张豹皮，正在小河之中仔细认真地翻洗着其中的污垢，可见清代山西北部的生态极好，大量的野兽扑杀养育了这些皮草匠人，而对工艺的苛求是制作极品皮草的必备条件。

二、西壁图像释义与工艺描述

西壁描绘了 20 幅极具山西地方特色的传统工艺，同样的四行五列排序，以庭院屋舍相隔表现了一幅幅生动而有趣的工匠图。西壁最上端由左至右的顺序排列为泥塑匠、丹青行、稼穑行、生药店、读书林；第二行为裱糊匠、烧陶制砖行、铁匠、石匠、酒店；第三行是脱粒坊、制醋坊、银钱行、榨油坊、编篓坊；第四行为制帽行、粟粮店、分金行、锡工行、编席匠。西壁的图像较之东壁更加有趣，在工种上画师选取了士农工商各个行业的代表进行描绘，由于清代距离我们最近，表现出来的工艺都是非常具有亲切感，在观赏这些画面的同时仿佛重新回首童年往事一般。

西壁左上第一幅绘制的是泥塑匠人，泥塑使用的泥巴比前面抹墙的泥更加细腻，尤其是最外一层会加入山西当地的棉花，棉花在泥土组织当中形成纤维结构，将这些土质牢牢锁住，达到干而不裂的效果，因此，泥塑的外表更加细腻光滑。这不是个例，山西隰县千佛庵彩绘泥塑至今都保存较好，它也是选择黏性强、质地细而纯的泥土，对其中的粗泥一般加麻刀，细泥一般加棉花或绵纸，以加强泥和泥之间的拉力，使泥干后不易开裂，[①] 可见当时泥塑技艺已经得到了很好的推广了。画面中有四人，中间的师傅正在塑造一组道教祖师泥像，下方三名学徒正在和制泥巴和搬用泥巴，泥像的栩栩如生和徒

---

① 张芳，杨秋颖，刘林西，蔡博，党小娟.山西隰县千佛庵彩绘泥塑制作工艺研究[J].考古与文物，2019（1）：125-128.

弟制泥的艰辛相互关联，正是这种古法的炮制才能够让山西的寺观泥塑保存上千年而完好无缺，这是艺匠的功劳。在雕塑匠人的右侧是丹青行，一位画师正在宣纸上绘制水墨山水，左侧下方的三名童子手中持水盂和茶壶侍立，此处的屋舍有亭廊设计，别具雅致，说明了古人对绘画的崇尚和礼遇。丹青行右侧有《稼穑图》一幅，画中的下方是牵牛耕种、肩扛曲辕犁耕种绿野的农夫与扬场装运的农夫，门口一名老妪侧身观看，对子女勤于农事极其满意，露出了欣慰的笑容。

西壁二行第一幅为裱糊匠，四位裱糊师傅端坐在临时搭建的施工木台之上裱糊着窗棂，蔚县同样有描写此类工种题材的画面，内容是裱糊顶棚仰尘。无论是纸糊窗棂或者是仰尘翻新，都是每家每户在过年之前必须要做的事情。在玻璃没有盛行的年代，用纸裱糊的窗户可以起到防风防尘的作用，传统的裱糊采用的是白色的麻纸，由于采用了桑树皮制作，植物纤维能够起到很好的拉筋作用，而白麻纸的半透明性对采光也起到了很好的辅助作用，利用清洗过后的面粉打制的糨糊没有了面筋的干扰，极大地提高了纸的黏合力，能够经历春晓秋冬四季变换。而且裱作糨糊的面粉用量在清代具有严格的规定，如裱糊各样纸张为八钱（库斤）折合30克，[①]可见当时对裱糊工作的精细。面粉用量也是有规定的。裱糊工作的尾声是彩绘，利用毛笔将窗棂的空档用淡青色进行彩绘，提高了裱纸的装饰感，每逢年节，红彤彤的剪纸在白色的窗纸映衬之下分外喜庆。

二行二幅描绘的是泥瓦匠，画中的三位工种分别的是和泥、制砖和捏陶。在左上角圈建了一孔圆形砖窑，为烧制砖瓦陶器所用。三人为纯粹的手工艺人，制砖采用了模制法，砖模为一行四个而成。制陶的师傅采用了转盘轮制的手法进行拉坯制作，器皿为圆形直筒状。由于制砖技法的严苛，要求从制泥到成型严格控制泥的内部空隙，因此需要耗费大量的时间来摔制泥巴，砖瓦的质量虽然得到了保证，但是产量较低，因此，这一时代的砖瓦木构建筑并非一般的百姓所能承受，只有家境殷实的人家才可以负担。

二行三幅是铁匠行，单柄拉杆的风匣成为炉火的鼓风设备，在风力的鼓吹之下，烈焰四散，砧板与铁锤的撞击声清晰可闻。从王祯《农书》推动面粉筛和其他需要借助机械，这个重要意义就是体现了重型机械中回转运动变为直线往复运动的标准方式，这是机械运动史上的一次重要变革。[②]运动的成书起，类似机械式的运动记载，不仅用于冶

[①] 蒋博光. 明清古建筑裱糊工艺及材料[J]. 古建园林技术，1992（3）：12-16.
[②] 沈克. 元代市井百工图像初探[J]. 新美术，2009，30（4）：100-102.

铁还用来铁匠铺的右侧则是一幅《石匠图》，在铁凿与斧头的打击之下，石板上出现了或横或竖，或倾斜相交的各式线条，石匠们解衣赤膊，挥汗如雨。

二行最右侧是一间酒店，屋内小厮正在提壶打酒，靠墙并排着四缸美酒，掌柜正在西房翻看着账簿，而院内三匹毛驴候立，地上有四筐酒篓放置在鞍架之上。这种酒篓为苇草编制，酒店的下方正是描绘了这一场景。店内三人席地而坐，有扎捆者，有编篓人，还有修剪苇草长度的助手，院内一名工人正在小跑着搬运做好的酒篓。虽然是植物的纤维而成，由于编制技法细致，紧实的纹理牢牢地抱在一起，不仅可以放酒，还可以放醋，在西壁的酿醋行中同样有这种篓筐。

编篓坊的左侧是一间油坊，屋内是一架大型的榨油机，一名赤膊的大汉正在搅动榨油转盘进行榨制，油坊的左侧一名头戴瓜皮帽的小厮正在打油，院内东侧房的工人正在用油篓装油，这种竹篓看起来比一般的酒篓更大，编制更为密实。

三行左二是酿醋坊，屋内两名大汉正在翻扫发酵的高粱和揉制大曲。屋内仿佛香味四溢，正屋西侧的一名工人正在打醋，地上整齐地码放着七八口醋缸。作为山西的传统工艺，制醋的几个关键环节有磨、蒸、酵、熏、淋、陈，左侧屋内的大缸正是用来陈放老醋所用。山西老陈醋的发酵要经过三冬三夏的冬捞夏晒，方可浓缩成一缸风味浓郁的极品老醋。而在山西同样有着广泛的醋业市场，老百姓将其视为调味必备品，夸张者有"食可天天无肉，不可一日无醋"。

西壁最下端的右侧最后两幅图为锡工行与编席匠。由于锡的熔点较低，因此采用它制作生活日用品远比利用青铜与铁要方便快捷。从画面中可以看出，这一时期的锡器大部分制作为酒器和烛台，用途非常广泛。而锡工行的右侧是一组编席的场景，山西北方地区采用了土炕的卧榻方式，因此，竹席的使用非常普及，画面当中的三个工艺分别是杀青碾压、破篾成线和经纬编制。利用这种工艺编制的竹席坚固耐用，保温隔热，是晋北地区每家每户必备的生活用品。

广灵百工社中的四十幅图像虽然篇幅较少，甚至不够概念上的百幅，但技术含量扎实，绘制技法精细，与一般的寺观壁画相比，此殿壁画采用了青绿色彩兼容水墨的方法描绘，虽然采用了建筑物进行了壁画的串联，但散点透视的应用使得每幅图像都各自独立。在人类诞生之初，解放双手和使用工具就成为我们跃居自然界顶端的生存手段，在漫长的进化过程中，人们不断地协调着大脑与手和眼睛的匹配度，人们在经过千百次的训练之后，经过大脑的反复筛选最终才成就了工艺技术的高度。但在中国，宋以后文人思想的渗透虽然强化了工艺的内涵表现，但鄙夷工匠也成为此后工艺发展的绊脚石，没有具体的成套文献记载，没有名号的流传后世，也没有尊荣的社会地位，这些都让工艺的传承陷入一种恶性的局面，但是在中国传统儒家文化理念的渗透下，"淡泊名利"的思想引导了古代技艺工作者献身科学，"经世致用"的思想激发了爱国仁民的满腔热情，"务实求真"的思想促进了探索和求实精神。[1] 因此，这些工匠仍然在创作过程中饱含热情，发散的思维，细致的生活体验促成了他们对工艺新的解读。中华文明洋洋五千年，在回首历史的时候人们总是在缅怀秦皇汉武的丰功伟绩，在长城喟叹时又在赞扬雄关漫道的博大雄浑，但谁会想起这些默默无闻、名不见经传的工匠呢！恰恰正是这些各行各业的古代匠人维系着民族文化的传承，正是他们的劳作成就了生活与生命的延续，百工百匠，国之大魂，当之无愧。

第四节　繁峙公主寺壁画中的菩萨璎珞工艺

公主寺东、南、西三堂壁画中菩萨所佩戴的璎珞异彩纷呈，通过归类法、对比法等研究方法对公主寺壁画中菩萨璎珞的形制、纹样进行归类分析。发现公主寺壁画中菩萨璎珞可分为短、中、长三种类型，中璎珞与长璎珞是在短璎珞基础上构建。璎珞中的纹样包含如意纹、锁形纹、云纹等。

璎珞，通常指菩萨严身饰物。该词由梵文意译而来，在佛经中与之相对应的梵文通常有如下几词："muktā-hāra"意思是"用珍珠等串成的首饰"；"Keyūra"指首饰中戴在手臂上的手镯、臂钏等饰品；"Ratnāvali"意为"一连串的宝石"；"Rūcaka"是"华形的首饰"；还有一个词"Kusuma-mālā"有时也被译为"璎珞"，实际上是华鬘。[2] 由此可见，璎珞是装饰在菩萨像头部、颈部、胸部以及手脚等部位的华丽饰品，一般由宝石、珠玉等贵重材料穿组而成。

璎珞并非中国本土饰品，而是古代印度贵族日常佩戴的金属装饰物。因佛教中的菩萨像以释迦牟尼尚未出家时的悉达多王子形象为蓝本进行创作，故菩萨像的服饰也在一

---

[1] 沈克. 中国古代百工图像的艺术价值[J]. 文艺研究，2005（12）：141-142.
[2] 徐胭胭. 图像的"翻译"：中古时期莫高窟菩萨璎珞的流变[J]. 艺术设计研究，2015（1）：18-26.

定程度上沿袭当时印度贵族的衣饰形制。随着佛教传入中国，璎珞也作为佛教图像中不可或缺的一部分被人们所了解。山西自魏晋以来便是佛教圣地。得益于佛教文化的不断发展与地缘优势，山西现存古代宗教建筑数量居全国首位。绘制于宗教建筑殿内的壁画存遗数量也相当多。"在山西现有的27259.52平方米壁画中，7000多平方米壁画于70多个寺观的墙壁之上"。①

近年来，越来越多的专家、学者关注到山西的寺观壁画，公主寺壁画作为山西明代寺观壁画的代表作，相关主题研究络绎不绝。针对公主寺壁画的研究集中在对壁画内容考释、构图分析以及对北水陆法会研究这三个方面，但对公主寺壁画中菩萨璎珞的深入研究暂未可见。而璎珞作为菩萨造像中的重要组成部分，在宗教造像本土化、世俗化的过程中，也有着自己的演变过程。

一、公主寺壁画概述

公主寺位于山西省忻州市繁峙县杏园乡公主村，坐北向南，平面呈长方形，东西宽40米，南北长96.63米，占地面积4638平方米。属五台山北台外九寺之一，为繁峙县十二大寺院之一。②公主寺大雄宝殿四壁均有壁画，壁画绘制于明弘治十六年（1503）。据榜题记载，画匠为真定府的戎钊、高升、高进、张鸾、冯秉相、赵喜。

公主寺壁画中，北壁是十大明王和六子闹弥勒，南壁是由引路王菩萨带领的往古人伦和阿难尊者、面然鬼王带领的孤魂和地狱景象。东西壁则是排布复杂的佛道神祇。③为对壁画中的菩萨璎珞进行研究，笔者将东、西、南三壁壁画中的菩萨像数量进行了统计（表7.3）。据统计：公主寺东壁（不包含主体佛）共绘制神祇42组，共计163身，其中有菩萨像16身；西壁有神祇40组（不包含主体佛），共计168身，包含菩萨像48身；南壁绘制神祇、人物共计32组，共计112身，有引路王菩萨像1身。北壁因漫漶，影响细节识别，故未做统计。在东、西、南三堂壁画中，菩萨璎珞皆压于天衣之下，项圈式短璎珞占绝大部分，较少见组合型长璎珞与中璎珞。

---

① 周志. 画圣余韵·元明清寺观壁画[M]. 文物出版社，2004：16.
② 李有成. 繁峙公主寺壁画[J]. 文物季刊，1994（4）：10–17.
③ 李淞主编. 山西寺观壁画新证[M]. 北京：北京大学出版社，2011：188.

表 7.3　繁峙公主寺东、西、南三壁壁画中神祇、人物、菩萨数量统计

壁面名称	绘制朝代	神祇、人物组数/组	神祇、人物总数/身	其中菩萨像的数量/身	璎珞主要形制及数量（副）		
					短璎珞	中璎珞	长璎珞
东壁	明代	42	163	16	12	0	4
西壁		40	168	48	44	2	2
南壁		32	112	1	1	0	0

注：表中神祇、人物组数、总数均不包含主体佛。

二、公主寺壁画中的菩萨璎珞形制

公主寺水陆画是依据《天地冥阳水陆仪文》而作的《北水陆法会图》，所祈请神祇包括仪文中明确规定的正位神祇、天仙仪、下界神祇、冥府神祇、往古人伦仪以及孤魂仪六大类。但实际上，公主寺壁画中可见未在《天地冥阳水陆仪文》中有明确归属的宝坛弥勒二菩萨与药王药上二菩萨。

大雄宝殿东壁所绘 16 身菩萨（表 7.4）中，有 14 身菩萨为北水陆法会所祈请的正位神祇，其余 2 身菩萨为引导神祇，分属于下界神祇和天仙神祇系统。其中，持地菩萨归属于下界神祇，作用在于引导地祇、水神。持地菩萨（图 7.53）与两组十地菩萨（左右各 5 身，共计 10 身）均呈站姿，菩萨颈部佩戴"U"形单排白色串珠项链，同时垂挂以三颗彩色宝珠与三个圆形坠饰所穿组而成的项圈式短璎珞。而属天仙神祇谱系的天藏菩萨（图 7.54），则仅佩戴有单"U"形彩色宝珠与圆形坠饰串组的项圈短璎珞。

表 7.4　繁峙公主寺东壁壁画中的菩萨

壁面名称	榜题/组	数量/身	仪轨归属	白色珠串	璎珞样式	璎珞流苏
东壁	持地菩萨	1	下界神	有	短璎珞	无
	十地菩萨（左）	5	正位神	有	短璎珞	无
东壁	十地菩萨（右）	5	正位神	有	短璎珞	无
	天藏菩萨	1	天仙神	无	短璎珞	无
	普贤菩萨	1	正位神	有	长璎珞	有
	势至菩萨	1	正位神	有	长璎珞	有
	观音菩萨	1	正位神	有	长璎珞	有
	文殊菩萨	1	正位神	有	长璎珞	有

注：括号中的"左""右"指在主体佛的左、右两边。

图 7.53　持地菩萨　　　　　　　　　　　　图 7.54　天藏菩萨

　　普贤菩萨（图 7.55）、文殊菩萨均呈坐姿，二位所佩戴璎珞样式均为多层组合璎珞。菩萨颈部饰以"U"形单排白色串珠项链，胸部佩戴彩色宝珠与圆形坠饰串组的缀流苏项圈式短璎珞。又另有左右各两条长珠链，与缀流苏短璎珞在靠近菩萨两肩的起点处相连。长珠链垂向菩萨腰腹部，汇集于一圆形坠饰，又再次向左右两旁散开，最终垂于菩萨坐像的腿部及膝盖处。长璎珞整体为"X"形，与"U"形串珠项链、缀流苏项圈式短璎珞组合形成多层璎珞。势至菩萨（图 7.56）所佩戴的璎珞则更加复杂，除双层"U"形组合缀流苏项圈式短璎珞外，还垂挂有一组网状长璎珞。

　　西壁中的菩萨像（表 7.5）大部分呈站立姿态。威德自在菩萨、十回向菩萨佩戴双层"U"形无流苏项圈式短璎珞，其余菩萨仅佩戴单层无流苏短璎珞。宝坛弥勒二菩萨中，左侧菩萨璎珞被身，右侧菩萨所佩戴璎珞因天衣与手印遮盖，可见部分为三层"U"形中璎珞。药王药上二菩萨情况类似，左侧菩萨可见三层"U"形中璎珞，而右侧菩萨则满身璎珞。南壁壁画中主要绘制水陆法会超度的对象，仅有一尊引路王菩萨作为引导神祇置于其中，引路王菩萨佩戴"U"形双层缀流苏短璎珞。

第七章 山西明清寺观壁画中的民俗意蕴——以太谷圣果寺与河曲观音堂为例

图 7.55 普贤菩萨

图 7.56 势至菩萨

表 7.5 繁峙公主寺西壁壁画中的菩萨

壁面名称	榜题/组	数量/身	仪轨归属	白色珠串	璎珞样式	璎珞流苏
西壁	威德自在菩萨	1	下界神	有	短璎珞	无
	十回向菩萨（左）	5	正位神	有	短璎珞	无
	十信位菩萨十住位菩萨（左）	10	正位神	无	短璎珞	无
	十行位菩萨（左）	5	正位神	无	短璎珞	无
	十行位菩萨（右）	5	正位神	无	短璎珞	无
	十信位菩萨十住位菩萨（右）	10	正位神	无	短璎珞	无
	十回向菩萨（右）	5	正位神	有	短璎珞	无
	地藏菩萨	3	冥府神	无	短璎珞	无
	宝坛弥勒二菩萨	2	无对应仪轨	有	长璎珞（左）/可见中璎珞（右）	均有
	药王药上二菩萨	2	无对应仪轨	有	可见中璎珞（右）/长璎珞（左）	均有

注：括号中的"左""右"指在主体佛的左、右两边。

值得一提的是，东壁坐姿观音菩萨（图 7.57）像中的璎珞形制虽与普贤菩萨、文殊菩萨像同为"U"形、"X"形组合式璎珞，但其主体坠饰却并非类似严身轮的圆形坠饰，而是以民间习俗中寓意美好的长命锁形式出现，体现着宗教图像的世俗化。无独有偶，在晋祠水母楼二层北壁的《水母巡幸图》和南壁的《水母回归图》中，也可见水母娘娘佩戴有垂长命锁的金色项圈璎珞。

水母娘娘并非佛教谱系神祇，而属于民间信仰，源自佛教画像中的璎珞，作为无差别的单纯饰品出现在民间信仰图像中，晋祠水母楼也并非孤例。阳高云林寺大雄宝殿明代壁画中，可见道教神祇北极紫薇大帝戴金色璎珞项

图 7.57　观音菩萨

圈，垂挂长璎珞。新绛稷益庙壁画中，还可见侍女佩戴璎珞项圈。由此可推测：随着佛教不断的中国化，佛像配饰也不断世俗化，同时也影响着世俗的审美。璎珞从最初的菩萨严身之物，逐渐演变成人们心中无差别的、单纯的象征着美好与身份的华丽饰品。

三、公主寺菩萨璎珞的构成元素

依据前文，公主寺壁画中菩萨璎珞以"U"形项圈式短璎珞为主，少数菩萨像又在此基础上增加"X"形或网状长璎珞以达到繁复装饰的效果。因此，笔者将公主寺壁画中菩萨所佩戴的短璎珞抽象视为构成整体璎珞的最基本元素，提取其轮廓绘制出以下四种类型的短璎珞线稿（图 7.58）：A 型短璎珞由单排串珠和金属项圈短璎珞组成，由于项圈压于菩萨天衣之下，线稿展示的可见部分为左右两端的金属挂钩。左右两端起金属挂钩，穿着各 2～4 颗红、绿、蓝等色随机组成的宝珠连接主体坠饰。视觉中心的主体装饰物为中间一大、左右两小镶彩色宝珠圆形坠饰，均似严身轮形制。B 型短璎珞与 A 型无过多区别，只是白色串珠在正中间往下垂另一颗白色宝珠。C 型短璎珞未与白色串珠搭配出现，在项圈短璎珞的基础上于主体坠饰下方增加一绿色如意纹样。D 型短璎珞相对复杂，在 C 型基础上搭配以白色单排串珠，三个圆形坠饰下方再分别垂流苏三条。

第七章 山西明清寺观壁画中的民俗意蕴——以太谷圣果寺与河曲观音堂为例

A 型 短璎珞　　　　　　B 型 短璎珞

C 型 短璎珞　　　　　　D 型 短璎珞

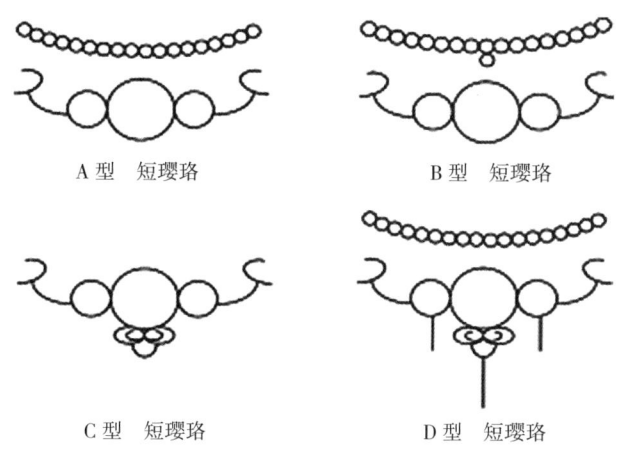

图7.58　公主寺壁画中菩萨短璎珞线描图（绘者：张雨晖）

公主寺壁画中菩萨璎珞形制以短璎珞为基本构成元素，辅以传统纹样穿插，整体构成和谐的画面。依据壁画中可分辨的纹样，笔者整理出了公主寺壁中菩萨璎珞纹样外轮廓线描图（图7.59）。其中基础图形包括：如意纹、锁形纹、云纹、菱形纹、单排连珠纹、圆形宝珠以及莲花纹。基础图形通过对称、翻转等方式组合而成不同纹样，丰富菩萨璎珞的构成元素。

如意纹　　　锁形纹　　　云纹

菱形纹　　单排连珠纹　　圆形宝珠　　莲花纹

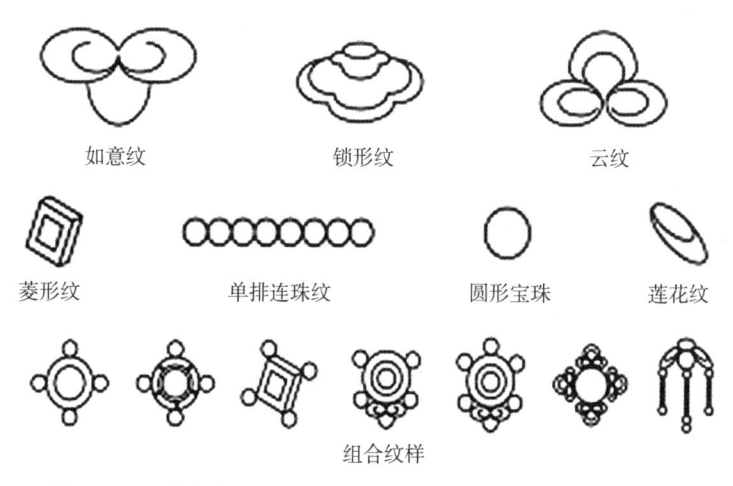

组合纹样

图7.59　公主寺壁画中菩萨璎珞纹样外轮廓线描图（绘者：张雨晖）

公主寺壁画中的菩萨璎珞多以短璎珞为主，也可见中璎珞和长璎珞。璎珞纹样较为丰富，但多数璎珞在装饰上以圆形坠饰为主体。而西壁的观音菩萨中心主体装饰物则为独特的长命锁形纹样，展现出了当时的宗教世俗化。璎珞的繁复程度在一定程度上反映出了菩萨的身份高低。

结 语

明清作为中国封建王朝的最后时期，绘画上承宋元之法度，为中国美术发展过程中集大成之时代。但由于洪武年间开始的闭关锁国，也导致了文化交流较之元代陡然锐减。同时，政治上的党同伐异带来的政治迫害及鞑靼与瓦剌的不断侵扰使得北方民众饱受伤痛。在信仰的崇拜中削弱了宗教纯粹的追求，转而"三教合一"的宗教诉求在寺观壁画的图像表达中满目皆是。即便如此，地位低下的画匠仍然从纸本与绢本的画轴当中汲取着唐宋残存的"丹青意趣"。同时，"图以载道"作为一种世俗化的佛教创作新意在山西各地展开，因此，我们才能够读取到极多的古代科技信息，这也是本书将寺观壁画图像作为研究对象的主要原因。

山西寺观壁画能够大量的保存，一部分原因得益于其独特的地貌，天然屏障与多沟壑的丘陵成为这些古庙道观的天然"防火墙"。无论是古代的"灭佛"运动，还是近代的硝烟战争，这些潜藏在深山荒野的神祇丹青得以幸免于难。这也正是"表里山河"带来的福音。甚至在很长的一段时间，这些古庙都无人问津，历史的尘埃将其完整地封存在这一地域之中。

由于山西历史悠久以及古文化资源丰富多样，加之作为农耕文明的发源地之一，这些壁画在图像的表达之上记录了大量农业稼穑之事。本书也从多个方面进行了抽取分析。在耕种工具研究当中，抽取了新绛稷益庙《烧荒狩猎图》与《教民稼穑图》作为研究对象，同时将"六郎庙"中的图像铺陈类比，列出明代农业耕种工具的结构式样，对比农业典籍图像记载，详细地分析了这些农具的形成脉络与工艺特点。稷益庙壁画中的《缚蝗图》的夸张表达与《赶鸟图》的生动再现，展现了明代山西作为农业灾害的重灾区人们对于蝗灾与鸟害的防治手段。宗教色彩的赋予是人们将此进行普适性宣讲的图绘说教，这是"科普"绘画浪漫样式的智慧选择。

从《耒耜图》到《曲辕犁》的阐述是对开垦农具序列化的最终展现。稷益庙的曲辕犁是中国农业工具在融合了"木作技艺""铁器造作"与垦地松土工具的综合解析。这一农具同时也代表了中国犁地作业工具的完美蜕变，是畜力与耕者在力学平衡及速度矫力上趋于"完善"的典型农具代表。

通过对《耧车图》的分析，解读了六郎庙为代表的山西明代晚期三足耧车的地域特征。同时，作为旱地播种工具，耧车在北方地区的广泛使用说明了这种农具设计的合理性与科学性。对收割工具"镰刀"的深入研究，呼应了稼穑之事冠以"春种秋收"的因果关系，揭示了收割工具在世界范围内的广泛实用性与多样变化。通过对原始风能工具的综合解释，将这些毫不起眼的扫帚、簸箕进行重新定义，其功能的丰富性完整地展现了此类简单农具的重要性。而"风扇车"的考辨，有力地将卧式风扇车历史进行了回溯，并推移至明代晚期，显然这是对此类大型农业机械设备的重新定位，并且通过早期柜式风扇车的释义，区分了北方使用此类"虎头风扇车"的原因。并根据图像表现，对此类风扇车在功能的科学解读中全面而细致地进行梳理。这也是对山西区域农业发展的有力图证。

作为一墙壁画在粮食加工环节的表现中并没有呈现"连枷"，这是笔者一个极大的疑问，也是盛产菽类作物地区的一个问号。在粮食精加工农具的绘制方面，包括踏碓、石磨在山西有着悠久的使用历史。从脱粒去皮到磨制浆水，粮食加工工具已经不单单对粮食进行破碎，同时也是食物转化环节重要的手段，因此，踏碓和石磨虽然被描绘成利器，但这并不妨碍人们对其的正确解读。

人们在仰望星空之时总是充满窥探的欲望，古代对于天文的粉碎是统治者在宇宙认知方向的短板，并且也将天文之术归纳为"星占之学"。尽管有着强烈的宗教外衣做披风，但宏大的图像却是记载了古人对天宇的观测发现。将这些佛教主尊放置在画面中央是"别尊"曼荼罗与"说法曼荼罗"的水陆表达，这也解释了水陆法会的来源与图像的定式。佛教希望通过图像再现，传达出星官与宇宙的联系，而画面呈现出的秩序却向我们揭示着另一些鲜为人知的秘密。

如果说宗教之间本身有着很大的隔阂，而破除宗教藩篱的手段，就是对宇宙的构建与探求，这一点在明代寺观壁画的发展过程中越来越明显。在"水陆仪轨"的继承当中，本书通过对稷山青龙寺与繁峙公主寺的详细"切片"，利用"唐密"的图式回归了其形成的原因。在"曼荼罗"图像中，确定了山西作为"唐密曼荼罗""消亡"后的最终"休憩繁衍"之地。其中的"曼荼罗"代表着佛教对宇宙的深刻认知，怎奈汉传佛教最终难以避免的消亡在历史的荡涤之中。青龙寺与公主寺完整地记录了这种精心的"掩藏"。这也将为水陆源流及"须弥山"大千世界的解读增加新的背景支撑。总之，山西寺观壁画所表现出来的就是一种超越宗教的理性光芒，其图像承载的厚重文化非一代能够窥视完全。

宗教壁画本身承载了丰富的哲学寓意，相对于具体的佛教水陆图像与道教神祇，天文一直在古代民众中讳莫如深。但是对于宇宙的"窥探"，确实是每个人潜藏于心中的欲望象征。"三垣、四象、二十八宿"的成形一直在上层社会流传，民众对于天的概念，仅限于日月五行，壁画中描绘出的道教星官融合了"五曜""七曜""十一曜""十二次"和"十二宫"等天学语意，使得人们在观看这些宗教劝诫之时，能够领会宇宙苍穹、斗转星移之概念。同时，明代自利玛窦入华以来"西学东渐"之风尤起，万历年间，山西寺观壁画开始呈现的"星官"多样表达将箭头直指这一史料。在永清寺和普光寺中，道教星官的骤然增加与井然排序并非偶然为之。这一时期在中国，无论是上层官员或是贩夫走卒，西洋舶来的天文知识与中国古老的天学星官相互融合，寺观壁画展现出宏大的宇宙空间的描述。因此，完全可以将满墙的壁画当作"盖天说"下的星宿进行描摹，这样的绘制显然已经超越了佛教对于宇宙的简单理解，进而成为一种对天区宗教划分的再读。

画中的医学情境，首先是对"道医"和"畜瘟"形成"五瘟神"图像的浪漫化处理表达。转而壁画以写实的笔调记录了外科医学中的骨科夹板固定法与虫蛇咬伤防治。这些图像还有很多的表达内容由于篇幅原因没有书写，包括眼科、生育、妇科等关于医疗的信息。即便如此，图中对"瘟疫"说的起源与成形及外科医学的再现可谓真实。

画中对于其他科技如建筑、纺织、冶金等知识的记载比比皆是，奈何笔者涉猎浅薄，学识粗陋，难以一一将其研究透彻，只待作为日后的研究方向，穷尽毕生，得知万一。

山西明代寺观壁画中，最为根本的就是图像绘制。这一时期的壁画，线条造型和赋色象形良莠不齐，但稷益庙、定林寺、普光寺、永清寺等寺庙仍然是精彩纷呈。这些庄重堂皇的神祇图像，却也传递出现代艺术再现时的功能承载与价值表达。相比之下，即使如今功成名就的卓越画家在面对宗教题材时难免刻板教条。如今的佛教绘画往往是"观音满街有、弥勒多如牛"，这些完全汉化的定式佛教充斥在大街小巷，人们对美的认知直线下降。原因是缺乏生活的体悟，缺乏对自然的敬畏。而这些默默无闻的画匠在告诉我们，即使是地位极其低下的古代画工，只要饱含热情，用心去记录，势必会还原真实的社会与生活。而这些图像将会成就"不朽与永恒"。

主要参考文献

[1] 王进玉.敦煌石窟全集23·科学技术画卷[M].香港：商务印书馆（香港）有限公司，2001.
[2] 王进玉.敦煌学和科学史[M].甘肃：甘肃教育出版社，2011.
[3] 李最雄.丝绸之路壁画彩塑保护[M].北京：科学出版社，2005.
[4] 刘敦桢.中国建筑史[M].北京：中国建筑工业出版社，1984：270.
[5] 中国科学院土木建筑研究所，清华大学建筑系合编.中国建筑[M].北京：文物出版社，1957.
[6] 金维诺.寺院壁画的考察与研究[J].文物，1998（4）：47.
[7] 乌丙安.中国民间信仰[M].上海：上海人民出版社，1995：223.
[8] 李昉，等.太平御览[M]//左氏传（卷四十五）北京：中华书局，1960：216.
[9] 曹书杰.后稷传说与稷祀文化[M].北京：社会科学文献出版社，2006：66-67.
[10] 黄怀信.先周族及其文化的渊源及流转[C]//周文化论集.西安：三秦出版社，1993：59.
[11] 丁山.中国古代宗教与神话考[M].上海：科学出版社，1961：18.
[12] 丁山.中国古代宗教与神话考[M].上海：科学出版社，1961：7.
[13] 赵国华.生殖文化崇拜论[M].北京：中国社会科学出版社，1990：275.
[14] 李遵唐.中国地方志集成·山西府县志辑·乾隆闻喜县志[M].南京：凤凰出版社，2005：27.
[15] 魏元柜.中国地方志集成·山西府县志辑·乾隆宁武府志[M].南京：凤凰出版社，2005：128-166.
[16] 韩子泰.中国地方志集成·山西府县志辑·乾隆太原府志[M].南京：凤凰出版社，2005：188.
[17] 韩子泰.中国地方志集成·山西府县志辑·光绪续修曲沃县志[M]南京：凤凰出版社，2005：79.
[18] 韩子泰.中国地方志集成·山西府县志辑·光绪沿阳府志[M].南京：凤凰出版社，2005：413.
[19] 张坊.中国地方志集成·山西府县志辑·乾隆新修曲沃县志[M].南京：凤凰出版社，2005：71.
[20] 沈凤翔.稷山县志[M].台北：成文出版有限公司影印，1976：813.
[21] 沈凤翔.稷山县志[M].台北：成文出版有限公司影印，1976：814-815.
[22] 王晖.商周文化比较研究[M].北京：人民出版社，2005：414-425.

［23］沈凤祥.中国地方志集成·山西府县志辑·同治稷山县志［M］.南京：凤凰出版社，2005：328.

［24］李遵唐.中国地方志集成·山西府县志辑·乾隆闻喜县志［M］.南京：凤凰出版社，2005：562.

［25］沈凤翔.稷山县志［M］.台北：成文出版有限公司影印，1976：813-814.

［26］沈凤祥.中国地方志集成·山西府县志辑·同治稷山县志［M］.南京：凤凰出版社，2005：328.

［27］沈凤祥.中国地方志集成·山西府县志辑·同治稷山县志［M］.南京：凤凰出版社，2005：344.

［28］李遵唐.中国地方志集成·山西府县志辑·乾隆闻喜县志［M］.南京：凤凰出版社，2005：22-222.

［29］沈凤翔.稷山县志［M］.台北：成文出版有限公司，1976：827.

［30］沈凤祥.中国地方志集成·山西府县志辑·同治稷山县志［M］.南京：凤凰出版社，2005：344.

［31］沈凤祥.中国地方志集成·山西府县志辑·同治稷山县志［M］.南京：凤凰出版社，2005：562.

［32］万荣县志办公室.万荣县志［M］.北京：海潮出版社，1995：628.

［33］万荣县志办公室.万荣县志［M］.北京：海潮出版社，1995：630.

［34］何其敏.中国全史·中国明代宗教史［M］.北京：人民出版社，1994：2-3.

［35］李遵唐.中国地方志集成·山西府县志辑·乾隆闻喜县志［M］.南京：凤凰出版社，2005：27.

［36］和岛诚一.山西省河东平原以及太原盆地北半部的史前调查概要［J］.人类学杂志，东京：日本人类学会，1943（58卷）：4.

［37］安志敏.大河村炭化粮食的鉴定和问题——兼论高粱的起源及其在我国的栽培［J］.文物，1981（11）：68.

［38］柴泽俊.山西寺观壁画［M］.北京：文物出版社，1997：125.

［39］乌丙安.中国民间信仰［M］.上海：上海人民出版社，1995：235-236.

［40］干宝，李剑国辑校.新辑搜神记卷二四［M］.北京：中华书局，2007：397.

［41］李乔.中国行业神崇拜［M］.北京：中国华侨出版社，1990：336-336.

［42］丁山.中国古代宗教与神话考［M］.上海：科学出版社，1961：18.

［43］丁山.中国古代宗教与神话考［M］.上海：科学山版社，1961：23.

［44］丁山.中国古代宗教与神话考［M］.上海：科学出版社，1961：29.

［45］詹鄞鑫.神灵与祭祀［M］.南京：江苏古籍出版社，2002：62.

［46］丁山.中国古代宗教与神话考［M］.上海：科学出版社，1961：31.

［47］乌丙安.中国民间信仰［M］.上海：上海人民出版社，1995：223.

［48］詹鄞鑫.神灵与祭祀［M］.南京：江苏古籍出版社，2002：354.

［49］罗竹风.人·社会·宗教［M］.上海：上海社会科学院出版社，1995：279.

［50］詹鄞鑫.神灵与祭祀［M］.南京：江苏古籍出版社，2002：375.

［51］孔蔚.江西的刘猛将军庙与蝗灾［J］.江西师范大学学报（哲学社会科学学报），1994（11）：95.

[52] 据民国徐昭俭修，杨兆泰纂.新绛县志［M］.台北：成文出版有限公司，1976：796.

[53] 李遵唐.中国地方志集成·山西府县志辑·乾隆闻喜县志［M］.南京：凤凰出版社，2005：27.

[54] 沈凤祥.中国地方志集成·山西府县志辑·同治稷山县志［M］.南京：凤凰出版社，2005：344.

[55] 张坊.中国地方志集成·山西府县志辑·乾隆新修曲沃县志［M］.南京：凤凰出版社，2005：69.

[56] 孟昭华.中国灾荒史记［M］.北京：中国社会出版社，1999：480-481.

[57]《中国农作物病虫害图谱》编绘组编.中国农作物病虫图谱·第一集［M］.北京：中国农业科学出版社，1959：268-269.

[58]《中国农作物病虫害图谱》编绘组编.中国农作物病虫图谱·第一集［M］.北京：中国农业科学出版社，1959：74-75.

[59]《中国农作物病虫害图谱》编绘组编.中国农作物病虫图谱·第一集［M］.北京：中国农业科学出版社，1959：480.

[60] 詹鄞鑫.神灵与祭祀［M］.南京：江苏古籍出版社，2002：359.

[61] 乌丙安.中国民间信仰［M］.上海：上海人民出版社，1995：169.

[62] 史宏蕾，伊宝.试论明代稷益庙壁画的艺术成就［J］.沧桑，2004（6）：28-30.

[63] 詹鄞鑫.神灵与祭祀［M］.南京：江苏古籍出版社，2002，354.

[64] 罗竹风.人·社会·宗教［M］.上海：上海社会科学院出版社，1995，279.

[65] 詹鄞鑫.神灵与祭祀［M］.南京：江苏古籍出版社，2002，375.

[66] 孔蔚.江西的刘猛将军庙与蝗灾［J］.江西师范大学学报，1994（11）：92-96.

[67] 据民国徐昭俭修，杨兆泰纂.新绛县志［M］.台北：成文出版有限公司，1976，796.

[68] 李遵唐.中国地方志集成·山西府县志辑·乾隆闻喜县志［M］：南京：凤凰出版社，2005，27.

[69] 沈凤祥.中国地方志集成·山西府县志辑·同治稷山县志［M］.南京：凤凰出版社，2005，344.

[70] 张坊.中国地方志集成·山西府县志辑·乾隆新修曲沃县志［M］.南京：凤凰出版社，2005，69.

[71] 孟昭华.中国灾荒史记［M］.北京：中国社会出版社，1999（1）：480-481.

[72] 中国农作物病虫图谱［M］.北京：中国农业科学出版社，1959（4）：268-269.

[73] 中国农业科学院，中国农作物病虫图谱［M］.第一集，北京：中国农业出版社，1959（4）：74-75.

[74] 陈正祥.《中国文化地理》［M］.北京：三联书店，1983：52-53.

[75] 邹文卿.明清山西自然灾害及其防治技术［J］.山西大学博士学位论文，2014（6）：49.

[76] 周昕.原始农具斧、锛、凿及其属性的变化［J］.农业考古，2004（8）：181.

[77] 李根蟠.中国古代农业［M］.北京：商务印书馆，1998：10-11.

[78] 周昕.原始农具斧、锛、凿及其属性的变化［J］.农业考古，2004（8）：181.

[79] 中国农业博物馆编.中国古代耕织图［M］.北京：中国农业出版社，1995：9-25.

[80] 宋应星.《天工开物》［M］.卷上，乃粒：第一卷，杨素卿手写本.

[81] 王星光. 中国传统犁耕的发生、发展及演变（续三）[J]. 农业考古，1990（1）：271.

[82] 许慎.《说文解字》[M]. 北京：九州出版社，2001，252.

[83] 徐澍，张新旭. 易经·系辞下[M]. 合肥：安徽人民出版社，1992，381.

[84] 陈戍国.《礼记校注》[M]. 长沙：岳麓书社，2004，127.

[85] 闵宗殿，彭治富，王潮生. 中国古代农业科技史图说[M]. 北京：中国农业出版社，1989.43.

[86] 孙常叙. 耒耜的起源及其发展[M]. 上海：上海人民出版社，1959：29.

[87] 曹毓英. 中国牛耕的起源与发展[J]. 农业考古，1982（7）：271.

[88] 犁播. 中国古农具发展史简编[M]. 北京：中国农业出版社，1981：12.

[89] 李根蟠. 中国古代农业[M]. 北京：商务印书馆，1998，34-35.

[90] 马非百. 管子轻重篇新诠[M]. 北京：中华书局，1979：56.

[91] 史游撰.《急就篇 卷三》[M]. 北京：中华书局，1986：25.

[92] 班固.《汉书·食货志·集释》[M]. 北京：中华书局，1986：107-111.

[93] 郭世玉. 淮海地区牛耕画像石与汉代耦耕二牛三人问题的探讨[J]. 农业考古，2004（3）：191.

[94] 钱小康. 论耦耕之争[J]. 机械技术史，1998（1）：306.

[95] 钱小豪. 犁续[J]. 农业考古，2002（3）：306.

[96] 钱小康. 犁（续）[J]. 农业考古，2002（3）：183-206.

[97] 郭璞撰. 袁珂译注·山海经全译·海内经[M]. 贵阳：贵州人民出版社，1991，336.

[98] 徐艺乙. 中国民间美术全集器用篇·工具卷[M]. 济南：山东教育出版社，1995：297.

[99] 史宏蕾，杨小明，高策，伊宝. 新绛稷益庙壁画中的农业科技文化[J]. 山西大学学报哲学社会科学版，2011（11）：81.

[100] 胡泽学. 山西传统犁耕的特点及其成因分析[J]. 古今农业，2011（1）：75.

[101] 胡泽学. 山西传统犁耕的特点及其成因分析[J]. 古今农业，2011（1）：76-80.

[102] 王进玉. 敦煌科学技术画卷[M]. 北京：商务印书馆，2001（10）：49.

[103] 江西省科协、江西省历史博物馆. 中国古代农业科学技术成就展览[J] 内部资料，1980（9）：117.

[104] 李根蟠. 中国古代农业[M]. 北京：商务印书馆，1998：71-72.

[105] 钱小康. 犁续[J]. 农业考古，2002（3）：193.

[106] 王祯. 王毓湖校.《上祯农书》[M]. 北京：中国农业出版社，1981：214-215

[107] 荆三林，李趁有. 中国古代农具史分期探[J]. 中国农史，1985（1）：44.

[108] 贾兰坡，尤玉柱. 山西怀仁鹅毛口石器制造场遗址[J]. 考古学报，1973（3）：16.

[109] 闵宗殿，彭治富，王潮生. 中国古代农业科技史图说[M]. 北京：中国农业出版社，1989：202.

[110] 王星光. 中国古代农具与土壤耕种技术的发展[J]. 郑州大学学报，1994（4）：8.

[111] 杨直民. 我国保墒技术及有关农具的历史发展 [J]. 农业考古, 1986（4）：149.

[112] 杨直民. 我国保墒技术及有关农具的历史发展 [J]. 农业考古, 1986（4）：9.

[113] 王大宾. 汉代中原郡农耕技术选择趋向 [J]. 中国农史, 2012（1）：28.

[114] 邹德秀. 世界农业科学技术史 [M]. 北京：中国农业出版社, 1995（7）：27.

[115] G.W. 柯克斯，M.D. 阿特金斯. 农业生态学——世界食物生产系统的分析 [M]. 北京：中国农业出版社, 1987（9）：78.

[116] 邹德秀. 世界农业科学技术史 [M]. 北京：中国农业出版社, 1995（7）：31.

[117] 中国古代农业科技编辑组. 中国古代农业科技 [M]. 北京：中国农业出版社, 1980（12）：261.

[118] 李约瑟原著. 科林·罗兰改编. 中华科学文明史第一册 [M]. 上海：上海人民出版社, 2002（6）：25.

[119] 古兆明, 古世禄. 山西谷子起源与发展 [M]. 北京：中国农业科学技术出版社, 2007：171.

[120] 江西省科协. 中国古代农业科学技术展览 [M]. 南昌：江西省历史博物馆, 1980：61.

[121] 周昕. 中国农具史纲暨图谱 [M]. 北京：中国建材工业出版社, 1998：145.

[122] 闵宗殿, 彭治富, 王潮生. 中国古代农业科技史图说 [M]. 北京：中国农业出版社, 1989：188.

[123] 周昕. 中国农具史纲暨图谱 [M]. 北京：中国建材工业出版社, 1998：141.

[124] 王祯. 王毓湖校. 王祯农书·农器图谱集之二 [M]. 北京：中国农业出版社, 1981（11）：212.

[125] 中国科学院自然科学研究所编. 中国古代科技成就 [M]. 北京：中国青年出版社, 1978：158.

[126] 闵宗殿, 彭治富, 王潮生. 中国古代农业科技史图说 [M]. 北京：中国农业出版社, 1989, 189.

[127] 中国古代农业科技编辑组. 中国古代农业科技 [M]. 北京：中国农业出版社, 1980：73.

[128] 曾雄生. 稻谷的脱粒与农具的选择 [N]. 光明日报, 2002（6）：11.

[129] 刘兴林. 对中国古代粮食加工技术发展的认识和思考 [J]. 中国经济史研究, 1993（3）：82.

[130] 罗顾辑. 物原 [M]. 北京：中华书局, 1934：33.

[131] 左丘明, 韦昭注. 国语·奇语 [M]. 上海：上海古籍出版社, 1978：228.

[132] 刘熙. 释名 [M]. 北京：中华书局, 1985：104.

[133] 刘义满. 小议连枷 [J]. 农业考古, 1988（2）：222-223.

[134] 宋应星. 天工开物 [M]. 上海：上海古籍出版社, 2008：46.

[135] 王进玉. 敦煌壁画中粮食脱粒及扬场工具 [J]. 农业考古, 1994（1）：264.

[136] 刘兴林. 对中国古代粮食加工技术发展的认识和思考 [J]. 中国经济史研究, 1993（3）：84.

[137] 周昕. 中国农具史纲暨图谱 [M]. 北京：中国建材工业出版社, 1998：117.

[138] 宋应星.《天工开物》[M]. 北京：商务印书馆, 1933：75.

［139］氾胜之. 氾胜之书·上卷·大小麦篇［M］. 北京：科学出版社, 1956（11）：7.

［140］周昕. 中国农具史纲暨图谱［M］. 北京：中国建材工业出版社, 1998：335-337.

［141］李约瑟. 中国科学文明史第二卷［M］. 上海：上海人民出版社, 2002（6）：246.

［142］周昕. 中国农具史纲暨图谱［M］. 北京：中国建材工业出版社, 1998：337.

［143］王毓瑚. 王祯农书［M］. 北京：中国农业出版社, 1981（11）：275.

［144］犁播. 中国古农具发展史简编［M］. 北京：中国农业出版社, 1981：105.

［145］王星光, 柴国生. 风能在古代农业中的利用［J］. 农业考古, 2007（4）：133.

［146］周昕. 中国农具史纲暨图谱［M］. 北京：中国建材工业出版社, 1998：92.

［147］宋应星. 天工开物［M］. 北京：商务出版社, 1954：75.

［148］史晓雷. 山西稷山县稷王庙献殿农事木雕图初探［J］. 文物春秋［J］. 2012（6）：17.

［149］黄兴, 潜伟. 中国古代扇车类型考察与性能研究［J］. 中国农史, 2013（2）：35.

［150］李约瑟著. 李彦译. 中国古代科学［M］. 上海：上海书店出版社, 2001：13.

［151］黄兴, 潜伟. 中国古代扇车类型考察与性能研究［J］. 中国农史, 2013（2）：36.

［152］张柏春, 张治中, 冯立. 中国传统工艺全集·传统机械调查研究［M］. 郑州：大象出版社, 2006：174.

［153］戴念祖, 张旭敏. 中国物理学史大系［M］. 长沙：湖南教育出版社, 2001：292.

［154］刘先洲. 中国机械工程发明史［M］. 北京：科学出版社, 1962, 90.

［155］罗欣辑. 物原［M］. 北京：商务印书馆, 1937：6.

［156］李约瑟著. 鲍国宝译. 中国科学技术史·第四卷［M］. 北京：科学出版社, 1999：166-167.

［157］史晓雷. 风扇车的年代疑案［J］. 百科知识, 2012（8）：31.

［158］张鹜忠. 中国风扇车小考［J］. 农业考古, 1988（2）：170-171.

［159］戴念祖. 中国物理学史大系［M］. 长沙：湖南教育出版社, 2001：293.

［160］黄兴, 潜伟. 中国古代扇车类型考察与性能研究［J］. 中国农史, 2013（2）：32-33.

［161］犁播. 中国古农具发展史纲简编［M］. 北京：中国农业出版社, 1981：91.

［162］王祯. 农书［M］. 上海：上海古籍出版社, 2008：305.

［163］王星光, 柴国生. 中国古代足踏式风扇车考释与复原［J］. 中国科技史杂志, 2011（4）：536.

［164］李约瑟, 鲍国宝等译. 中国科学技术史. 第四卷物理学及相关技术第二分册机械工程［M］. 北京：科学出版社, 1999：166.

［165］史晓雷. 王祯《农书》中的"飓扇"新解［J］. 中国农史, 2011（3）：36.

［166］张鹜忠. 中国风扇车小考［J］. 农业考古, 1988（2）：171.

［167］黄兴, 潜伟. 中国古代扇车类型考察与性能研究［J］. 中国农史, 2013（2）：35.

［168］陈民新. 风车的形制与审美文化研究［J］. 包装世界, 2010（5）：115.

［169］J. Needham. Science and Civilisation in ChinaVol.4［M］. Cambridge：Cambridge University Press,

1971.

[170] 黄兴，潜伟. 中国古代扇车类型考察与性能研究［J］. 中国农史，2013（3）：5.

[171] 张柏春，张治中，冯立昇. 中国传统工艺全集·传统机械调查研究［M］. 郑州：大象出版社，2006：171.

[172] 黄兴，潜伟. 中国古代扇车类型考察与性能研究［J］. 中国农史，2013（2）：35-36.

[173] 张柏春，张治中，冯立昇. 中国传统工艺全集·传统机械调查研究［M］. 郑州：大象出版社，2006：172-174.

[174] 张子文. 中国风扇车起源与发展［J］. 中国农史，1982（2）：64.

[175] 付娟. 汉代明器联机水碓考辨［J］. 古今农业，2015（4）：32.

[176] 高策，徐岩红. 繁峙岩山寺壁画《水碓磨坊图》及其机械原理初探［J］. 科学技术辩证法，2007（6）：98.

[177] 史晓雷. 繁峙岩山寺壁画《水碓磨坊图》机械原理再探［J］. 科学技术哲学，2010（12）：76.

[178] 周昕. 中国农具史纲暨图谱［M］. 北京：中国建材工业出版社，1998（11）：344.

[179] 赵蓬，李桂玲. 古代谷物加工器具之传承［J］. 农业考古，2004（6）：134.

[180] 梁中效. 试论中国古代粮食加工业的形成［J］. 中国农史，1992（1）：76.

[181] 付娟. 汉代明器联机水碓考辨［J］. 古今农业，2015（4）：26.

[182] 张亚丽. 汉代绿釉陶踏碓模型［J］. 文物春秋，2001（6）：75.

[183] 李桂玲. 山西古碓初探［J］. 农村·农业·农民，2014（7）：59.

[184] 赵蓬，李桂玲. 古代谷物加工器具之传承［J］. 农业考古，2004（6）：134-135.

[185] 李桂玲. 山西古碓初探［J］. 农村·农业·农民，2014（7）：136.

[186] 朱晓芳，杨林中，王进先，李永杰. 山西屯留宋村金代壁画墓［J］. 考古，2008（8）：59.

[187] 王星玉. 山西省黍稷（糜）品种类型及分布［J］. 种子通讯，1984（8）：20.

[188] ［明］宋应星. 天工开物［M］. 明崇祯年原刻本.

[189] 王进玉. 敦煌文物中的农史资料［J］. 古今农业，1991：218.

[190] 胡小建. 中国传统粮食加工工具的沿革及特点［J］. 中国历史博物馆馆刊，1994（6）：15.

[191] 范楚玉. 我国古代农业生产工具的发明创造［J］. 文史知识，1994（12）：46.

[192] 陈文. 论中国石磨盘［J］. 农业考古，1990（7）：21.

[193] 李根蟠，卢勋. 中国南方少数民族原始农业形态［M］. 北京：中国农业出版社，1987：48.

[194] 陈文. 论中国石磨盘［J］. 农业考古，1990（7）：208.

[195] 马洪路. 我国新石器时代谷物加工方法演变试探［J］. 农业考古，1984（7）：92.

[196] 赵世纲. 石磨盘、磨棒是谷物加工工具吗［J］. 农业考古，2005（8）：141-142.

[197] 刘先洲. 中国机械工程发明史第二编［M］. 北京：清华大学出版社，2004（8）：60.

[198] 闵宗殿，彭治富，王潮生. 中国古代农业科技史图说［M］. 北京：中国农业出版社，1989

（9）：49-50.

[199] 王建，王向前，陈哲英．山西下川遗址调查报告［J］．北京考古学报，1978（3）：281.

[200] 刘兴林．对中国古代粮食加工技术发展的认识和思考［J］．中国经济史研究，1993（3）：85.

[201] 张凤．中国古代圆形石磨相关问题研究［J］．华夏考古，2016（2）：61.

[202] 张正涛．汉晋时期的粮食加工机械［J］．中国历史博物馆馆刊，1989（6）：52.

[203] 胡晓建．中国传统粮食加工工具的沿革及特点［J］．中国历史博物馆馆刊，1994（6）：12.

[204] 文物编辑委员会．文物考古工作三十年［M］．北京：文物出版社，1981（1）：284.

[205] 寇宗奭．本草衍义［M］．北京：中国科技史料，1981，85.

[206] 胡晓建．中国传统粮食加工工具的沿革及特点［J］．中国历史博物馆馆刊，1994（6）：11.

[207] 卢兆萌．张孝光，满城汉墓农器刍议［J］．农业考古，1982（4）：93.

[208] 张凤．中国古代圆形石磨相关问题研究［J］．华夏考古，2016（2）：62.

[209] 胡晓建．中国传统粮食加工工具的沿革及特点［J］．中国历史博物馆馆刊，1994（6）14.

[210] 范楚玉．我国古代农业生产工具的发明创造［J］．文史知识，1994（12）：46.

[211] 胡心立．山东邹城西晋刘宝墓［J］．文物，2005（1）：9.

[212] 考古研究所安阳发掘队．安阳隋张盛墓发掘记［J］．考古，1959（10）：544.

[213] 中国农业博物馆农史研究室编．中国古代农业科技史图说［M］．北京：中国农业出版社，1989：193.

[214] 王进玉．敦煌科学技术画卷［M］．北京：商务出版社，2001：69.

[215] 高启安．莫高窟第61窟"五台山灵口之店推磨图"之我见［J］．敦煌学辑刊，2001（1）：113.

[216] 任长义．莫高窟第61窟五台山图"灵口之店"性质再议［J］．黑龙江社会科学，2006（5）：155.

[217] 高启安．莫高窟第61窟"五台山灵口之店推磨图"之我见［J］．敦煌学辑刊，2001年（1）：112-113.

[218] 朱晓芳，王进先．山西长治故县村宋代壁画墓［J］．文物，2005（4）：52.

[219] 王进先，杨林中．山西屯留宋代金代壁画墓［J］．文物，2003（3）：46-47.

[220] 黄阿明．明初磨勘司论考［J］．社会科学辑刊，2013（4）：127.

[221] 王伟凯．明代磨勘司职能考辨兼论《明史·大理寺》目下的一丝差错［J］．社会科学辑刊，2007（2）：148-149.

[222] 任长义．莫高窟第61窟五台山图"灵口之店"性质再议［J］．黑龙江社会科学，2006年（5）：156.

[223] 黄淑珍，赵富强．中国古代度量衡的起源和发展［J］．雁北师院学报，1998（10）：19.

[224] 班固．汉书·律历志［M］．卷二十一，上海：上海古籍出版社，2008：972.

[225] 《史记》［M］．卷五，北京：中华书局，1954：76.

[226] 邱光明,邱隆,杨平. 中国科学技术史·度量衡卷[M]. 北京：科学出版社,2006：166.

[227] 国家计量总局. 中国古代度量衡图集[M]. 北京：文物出版社,1984：58-68.

[228] 国家计量总局. 中国古代度量衡图集[M]. 北京：文物出版社,1984：44.

[229] 国家计量总局. 中国古代度量衡图集[M]. 北京：文物出版社,1984：85.

[230] 杜佑. 通典卷一·权量[M]. 杭州：浙江古籍出版社,2000：751.

[231] 姬永亮. 张文收对传统计量的贡献[J]. 自然科学史研究,2008（10）：27.

[232] 嵇璜,刘墉. 清朝通典[M]. 杭州：浙江古籍出版社,2000：2505.

[233] 杨建伯. 流行病学方法[M]. 北京：北京医科大学协和医科大学联合出版社,1994：2.

[234] 史兰华等著. 中国传统医学史[M]. 北京：科技出版社,1992：38.

[235] 杨伯峻. 春秋左传注[M]. 北京：中华书局,2009：565.

[236] 薛瑞泽. 汉代疫病流行及救助[M]. 河南：大象出版社,2003：35.

[237] 王充著. 黄晖校译. 论衡校释[M]. 卷二,台北：台北商务印书馆,1968：42.

[238] 邹文卿. 明清山西自然灾害及其防治技术[J]. 山西大学博士学位论文,2014（6）：70.

[239] 南京中医学院编. 温病学[M]. 上海：上海科学技术出版社,1978：5.

[240] 史兰华等著. 中国传统医学史[M]. 北京：科技出版社,1992：109-112.

[241] 廖育群. 岐黄医道[M]. 辽宁：辽宁教育出版社,1991：168-169.

[242] 浙江省中医研究所评注. 吴有性著. 瘟疫论评注[M]. 北京：人民卫生出版社,1977：8.

[243] 南京中医学院编著. 温病学[M]. 上海：上海科学技术出版社,1978：6-7.

[244] 张继禹. 中华道藏[M]. 第30册. 北京：华夏出版社,2004：126.

[245] 道载[M]. 第6册. 北京：文物出版社·上海书店·天津古籍出版社联合出版,1988：41.

[246] 邱鸿钟. 医学与人类文化[M]. 湖南：湖南科学技术出版社,1993：43.

[247] 李经纬. 中医史[M]. 海口：海南出版社,2015：291.

[248] 韩毅. 宋代社会防治瘟疫的特点、作用与历史借鉴[M]. 北京：商务印书馆,2015：535.

[249] 叶亮,张静远.《黄帝内经》运气理论所蕴含的宇宙生成模式探讨[J]. 系统科学学报,2020（2）：118.

[250] 邱鸿钟. 医学与人类文化[M]. 湖南：湖南科学技术出版社,1993：43.

[251] 廖育群. 岐黄医道[M]. 辽宁：辽宁教育出版社,1991：75.

[252]《天地冥阳水陆仪文》卷下《观世音菩萨摩诃萨》,普林斯顿藏刻本.

[253] 周礼·天官·冢宰[M]. 上海：上海古籍出版社,2004：71.

[254] 南京中医学院校译. 诸病源候论校释下·腕伤病诸候[M]. 上海：人民卫生出版社,1980.

[255] 李乃民. 中国传统医学外治疗法[M]. 北京：学苑出版社,1997.

[256] 盖建民. 北京：道教医学[M]. 北京：宗教文化出版社,2006.

[257] 蔺道人. 仙授理伤断续秘方. 医治整理补次第口诀[M]. 北京：人民卫生出版社,2008.

[258] 王肯堂，陆拯集成．王肯堂医学全书卷之六［M］．北京：中国中医药出版社，1999．

[259] 王肯堂，陆拯集成．王肯堂医学全书卷之六［M］．北京：中国中医药出版社，1999：1362．

[260] 太谷县志·中国地方志集成·西府志19［M］．凤凰出版社、上海书店、巴蜀书社，2005：59．

[261] 太谷县志·中国地方志集成·山西府志19［M］．凤凰出版社、上海书店、巴蜀书社，2005：358．

[262] 太谷县志·中国地方志集成·山西府志19［M］．凤凰出版社、上海书店、巴蜀书社，2005，33-35．

[263] 道宣．续高僧传［M］．中华书局，2014．

[264] 戴晓云校点．天地冥阳水陆仪文校点［M］．北京：中国社会科学出版社，2014：178．

[265] 丁福保．佛学大辞典［M］．北京：文物出版社，2002，252．

[266] 戴晓云校点．天地冥阳水陆仪文校点［M］．北京：中国社会科学出版社，2014：36-39．

[267] 戴晓云校点．天地冥阳水陆仪文校点［M］．北京：中国社会科学出版社，2014：4-6．

[268] 竺法护．佛说盂兰盆经．乾隆大藏经29卷，财团法人桃源县至善教育事务基金会，529．

[269] 吴明．盂兰盆供讲义［J］．法音，1993（9）：6．

[270] 刘杰．宋前目连故事的流变及其文化阐释［J］．敦煌学辑刊，2009（1）：119．

[271] 李小荣．目连故事中国化的文化意义［J］．盐城师范学院学报（人文社会科学版），2004（5）：93．

[272] 戴晓云校点．天地冥阳水陆仪文校点［M］．北京：中国社会科学出版社，2014（5）：178-180．

[273] 戴晓云校点．天地冥阳水陆仪文校点［M］．北京：中国社会科学出版社，2014（5）：217-218．

[274] 刘宗迪．《摩睺罗与宋代七夕风俗的西域渊源［J］．民俗研究，2012（1）：73．

[275] 赵伟．神圣与世俗——宋代执莲童子图像研究［J］．艺术设计研究，2015（4）：19．

[276] 杨士弘《唐音》引唐《岁时纪事》。

[277] 孙发成．宋代的"磨喝乐"信仰及其形象——兼论宋孩儿枕与"磨喝乐"的渊源［J］．民俗研究，2014（1）：137-143．

[278] 程沁，苏汉臣《秋庭婴戏图》研究［J］．美与时代（下旬刊），2009（6）：64．

[279] 曹淦源："婴戏图"试论［J］．景德镇陶瓷，1987（4）：37．

[280] 沈纲，石谦飞．广灵水神堂——塞北地区民间祭祀建筑艺术探析［J］．建筑与文化，2019（11）：245-246．

[281] 刘成纪．百工、工官及中国社会早期的匠作制度［J］．郑州大学学报（哲学社会科学版），2015，48（03）：102-109．

[282] 刘伟．看文物、解历史——从《百工图》看清初蔚州地区的社会生态和经济特色［J］．文物鉴定与鉴赏，2019（19）：26-27．

[283] 沈克，王祯．《农器图谱》中图像的美术价值［J］．美术研究，2006（03）：51-54．

[284] 杨宽.中国古代冶铁技术开发史［M］.上海：上海人民出版社，2004.

[285] 张培富，王淑萍：山西古代对煤的认识和利用［J］.科学技术与辩证法，2000（01）：32-35.

[286] 宋应星.《天工开物》译注［M］.上海：上海古籍出版社，2013.

[287] 周祝英.五台山佛寺影壁艺术初探［J］.五台山研究，2015（02）：44-53.

[288] 周嘉胄.香乘卷十二·香事别录，《文渊阁四库全书》电子版《子部·谱录类》，迪志文化出版有限公司，1.

[289] 黄典权.香火承传考索［J］.成大学报，1991（17）.

[290] 中国第一历史档案馆.纂修四库全书档案［M］.上海：上海古籍出版社，1997.

[291] 张芳，杨秋颖，刘林西，蔡博，党小娟.山西隰县千佛庵彩绘泥塑制作工艺研究［J］.考古与文物，2019（01）：125-128.

[292] 蒋博光.明清古建筑裱糊工艺及材料［J］.古建园林技术，1992（03）：12-16.

[293] 沈克.元代市井百工图像初探［J］.新美术，2009，30（04）：100-102.

[294] 沈克.中国古代百工图像的艺术价值［J］.文艺研究，2005（12）：141-142.

[295] 徐胭胭.图像的"翻译"：中古时期莫高窟菩萨璎珞的流变［J］.艺术设计研究，2015（01）：18-26.

[296] 周志.画圣余韵·元明清寺观壁画［M］.北京：文物出版社，2004：16.

[297] 李有成.繁峙公主寺壁画［J］.文物季刊，1994（04）：10-17.

[298] 李淞主编.山西寺观壁画新证［M］.北京：北京大学出版社，2011：188.